Grenzenlose Weisheit
Ein Handbuch für die Mahāmudrā-Praxis

Shamar Rinpoche

Shamar Rinpoche

Grenzenlose Weisheit

Ein Handbuch für die Mahāmudrā-Praxis

Herausgegeben von Martina Draszczyk

NORBU VERLAG

Bibliografische Information der Deutschen Bibliothek

Die Deutsche Bibliothek verzeichnet diese Publikation in der Deutschen Nationalbibliografie; detaillierte bibliografische Daten sind im Internet über http://dnb.ddb.de abrufbar.

Titel der englischen Ausgabe:
Boundless Wisdom. A Mahāmudrā Practice Manual

Bird of Paradise Press, Lexington, VA, USA

1. Auflage 2018 JOY Verlag, Oy-Mittelberg
2. Auflage 2020 JOY Verlag, Oy-Mittelberg

ISBN 978-3-944885-36-0

Umschlaggestaltung und Satz: Gerd Pickshaus

Bildnachweis Umschlag:
Titelbild © Carol Gerhardt, Buchrücken © Thule Jug
Bildnachweis Inhalt:
S. 9 © Thule Jug, S. 21 © Alexander Draszczyk, S. 55 © Robert Polly

Druck: Steinmeier GmbH & Co.KG, Deiningen

Printed in Germany

INHALT

Dieses Buch ist der Aktivität
von Shamar Rinpoche gewidmet

Martina Draszczyk

The 17th Karmapa Trinley Thaye Dorje

New Delhi, April 18, 2015

The title of the present book, ***Boundless Wisdom***, is eminently suitable, since the late 14th Kunzig Shamar Rinpoche indeed embodied boundless wisdom in the Buddha dharma.

Most likely, few of us have had ample opportunity to bask in his limitless knowledge of the Buddha dharma, but I am sure all will agree when I say that even the littlest of teachings received from him were simply timeless and boundless, because of the extraordinary depth of his knowledge of the Buddha dharma, and the way in which he was able to put it into almost any context that was understandable and engageable for all of us.

Very few masters possess this quality, and so, beside the obvious sadness of his passing, one of the main things that I truly felt sad about was the knowledge that there would not be any more opportunities to receive further teachings from him. Therefore, it gives me great pleasure to know that at least some of his teachings have been recorded in various ways, such as the present book, and I am sure that everyone will appreciate this opportunity as much as I do.

The teaching of Mahamudra is the main teaching that exists in our lineage of the Kagyupa School. It is due to this teaching that our lineage has seen so many accomplished and realised masters. The teaching itself is vast and deep – not because it is complicated, but rather through its sheer simplicity. And that is what the late Rinpoche has conveyed in this book.

I would like to offer my gratitude and appreciation to Tina Draszczyk for the time, care and devotion she has put into preserving this teaching. It will benefit not only devotees but all sentient beings – directly or indirectly. I have known Tina for many years, and she is one of the few practitioners who truly excel at working with Buddhist texts. She has used all her knowledge to put together this book, and I look forward to many more like this.

Lastly, I would like to extend my gratitude to all those who have contributed to realising this material.

Karmapa Trinley Thaye Dorje

Karmapa Private Office Karmapa International Buddhist Institute
B - 19/20 Qutub Institutional Area New Delhi - 110016 India
Tel. +91 (0) 11 40793459 karmapaoffice@17karmapas.org
www.karmapa.org www.karmapa-news.org

Vorwort
von Karmapa Trinley Thaye Dorje

Grenzenlose Weisheit, der Titel des vorliegenden Buches, ist höchst treffend, verkörperte doch der verstorbene 14. Künsig Shamar Rinpoche tatsächlich grenzenlose Weisheit im Buddha-Dharma.

Höchstwahrscheinlich hatten wenige von uns reichlich Gelegenheit, in sein grenzenloses Wissen um die Lehren des Buddha einzutauchen. Ich bin mir jedoch der allgemeinen Zustimmung sicher, wenn ich sage, dass selbst die allerkürzeste Unterweisung, die man von ihm erhielt, einfach zeit- und grenzenlos war, und zwar aufgrund der außerordentlichen Tiefe seines Wissens um den Buddha-Dharma und der Art, diesen in so gut wie jeden für uns alle verständlichen und umsetzbaren Kontext zu stellen.

Sehr wenige Meister verfügen über diese Fähigkeit, und daher ist, neben der nahe liegenden Traurigkeit über sein Ableben, einer der wesentlichen Gründe für mein tiefes Bedauern, keine Gelegenheit mehr zu haben, weitere Unterweisungen von ihm zu erhalten. Deshalb ist es für mich auch eine große Freude zu wissen, dass zumindest einige seiner Erklärungen auf verschiedene Art aufgezeichnet worden sind, etwa in dem vorliegenden Buch, und ich bin mir sicher, dass diese Möglichkeit von allen genauso geschätzt wird wie von mir.

Die Mahamudra-Lehre ist die wichtigste Lehre in unserer Linie der Kagyüpa-Schule. Es ist dieser Lehre zu verdanken, dass unsere Linie so viele verwirklichte und realisierte Meister hervorgebracht hat. Diese Lehre selbst ist umfassend und tiefgründig – nicht, weil sie kompliziert wäre, sondern vielmehr aufgrund ihrer äußersten Einfachheit. Und genau das ist es, was der verstorbene Rinpoche in diesem Buch vermittelt.

Ich möchte Tina Draszczyk meine Dankbarkeit und Wertschätzung für die von ihr aufgebrachte Zeit, Sorgfalt und Hingabe ausdrücken, mit der sie dafür gesorgt hat, dass diese Unterweisungen erhalten bleiben. Dies wird nicht nur zum Nutzen für Praktizierende sein, sondern für alle Wesen – direkt oder indirekt. Ich kenne Tina seit vielen Jahren, und sie ist eine der wenigen Praktizierenden, die mit ihrer Arbeit mit buddhistischen Texten wirklich Herausragendes leistet. Sie hat ihr ganzes Wissen für die Zusammenstellung dieses Buches eingesetzt, und ich freue mich auf viele weitere dieser Art.

Schließlich möchte ich all jenen meine Dankbarkeit ausdrücken, die dazu beigetragen haben, dass dieses Material veröffentlicht werden konnte.

Karmapa Trinley Thaye Dorje
Neu-Delhi, 18. April 2015

Vorwort der Herausgeberin zur englischsprachigen Ausgabe

Am 9. Juni 2014, im Rahmen eines intensiven Kurses über die Praxis des Mahāyāna-Geistestrainings in Renchen-Ulm in Deutschland, sprach Shamar Rinpoche in aller Deutlichkeit von der Entwicklung auf dem spirituellen Weg. Dies war zwei Tage vor seinem Tod. Zwei Wochen zuvor, am 27. Mai, bei seinem letzten offiziellen Interview in Dhagpo Kagyü Ling, dem europäischen Hauptsitz der Karma Kagyü-Tradition in Frankreich, sagte er, dass sich die Dinge verändern werden, weil alles und jede bzw. jeder der Vergänglichkeit unterworfen sei. Er ermutigte seine Schülerinnen und Schüler, sich ganz auf ihre spirituelle Praxis zu konzentrieren und betonte, dass das Heilmittel gegen das Leid der Veränderung in einem selbst liege. Meditation, sagte er, sei das natürliche Mittel, um Täuschung und Unwissenheit zu überwinden. Das vorliegende Buch, *Grenzenlose Weisheit*, bietet einen genauen Leitfaden für Meditation. Shamar Rinpoche extrahiert hier die meditationsbezogenen Lehren aus dem Buch »Mahāmudrā-Mondlicht«[1], einem umfassenden Werk zur Praxis der Kagyü-Mahāmudrā, das von Dagpo Tashi Namgyal, einem namhaften Meister der Kagyü-Tradition aus dem 16. Jahrhundert, verfasst wurde.

Da ich wusste, dass Shamar Rinpoche dieses Werk besonders schätzte und ich von ihm bereits früher Erklärungen zu diesem Text bekommen hatte, bat ich ihn im Jahr 2012 nochmals um Unterweisungen anhand des »Mahāmudrā-Mondlichts«. Damals sagte er mir, dass er, auf der Grundlage dieses Werks, ein Lehrbuch für seine Schüler und Schülerinnen zusammenstellen wolle, und zwar mit den Anleitungen, die er zu diesem Thema über die Jahre hinweg in Hongkong und Frankreich gegeben hatte. Er fragte mich, ob ich ihm dabei behilflich sein könnte. So kam, auf der Basis der Original-Audioaufnahmen verschiedener Kurse und des bereits bestehenden schriftlichen Materials, vor allem aber auch mit Rinpoches zusätzlichen Erklärungen, das vorliegende Buch zustande. Wir begannen mit der Arbeit noch im selben Jahr und fuhren 2013 und 2014 damit fort. Den Titel *Grenzenlose Weisheit* – bzw. *Boundless Wisdom* – wählte Shamar Rinpoche im Jahr 2013 während einer unserer Arbeitssitzungen in seinem Bodhi Path-Zentrum in Renchen-Ulm.

Es war nicht das erste Mal, dass ich das große Glück hatte, Erklärungen von Shamar Rinpoche zum »Mahāmudrā-Mondlicht« zu erhalten. So hatte er bereits im Jahr 1990 die vollständige Übertragung durch Lesen für dieses Werk in Dhagpo Kagyü Ling in Frankreich gegeben. Damals ging er während des »Lung«, wie diese mündliche Übertragung im Tibetischen genannt wird, auch auf die wesentlichen Punkte der Praxis der Kagyü-Mahāmudrā ein. 1998 gab Shamar Rinpoche eine weitere Serie von Unterweisungen, wieder in Dhagpo Kagyü Ling und auf der Grundlage des gleichen Textes. Diese beiden Kurse in Frankreich wurden von der verstorbenen Hannah Nydahl ins Englische gedolmetscht. Schon in den frühen neunziger Jahren hatte Shamar Rinpoche im Rahmen seiner Lehrtätigkeit am Karmapa International Buddhist Institute (KIBI) in Neu-Delhi darauf hingewiesen, wie wichtig dieser Text für die Tradition der Kagyü Mahāmudrā sei, und ermutigte eine Reihe von Tibetisch-Übersetzern und -Übersetzerinnen einschließlich meiner selbst, eine entsprechende Terminologie zu entwickeln, um in der Zukunft Mahāmudrā-Texte übersetzen zu können. In den Jahren 1995 bis 1997 gab Shamar Rinpoche ausführliche Erklärungen zu diesem Text in Hongkong. Damals war sein Dolmetscher Ulrich Kragh.

Shamar Rinpoche betonte mit Nachdruck, dass die Kagyü Mahāmudrā auch ohne die Anwendung der höheren buddhistischen Tantras praktiziert werden könne. Dies entspricht sowohl dem »Amanasikāra«-Lehrzyklus von Maitrīpa (986–1063), d. h. dem Lehrzyklus des »Nicht-Vorstellens«,[2] als auch der Art, wie die Mahāmudrā-Praxis durch Gampopa (1079–1153), dem großen Vorvater der Kagyü-Tradition in Tibet, zugänglich gemacht wurde. Darüber hinaus ermutigte Shamar Rinpoche seine Schüler und Schülerinnen ausdrücklich, die Mahāmudrā-Praxis mit dem Mahāyāna-Geistestraining,[3] dem sogenannten Lojong, zu verbinden. In seinen Erklärungen zu jenem Aspekt der Lojong-Praxis, der sich mit dem Entwickeln des letztendlichen Bodhicitta befasst, unterrichtete er deshalb, wenn er zur Anleitung »Untersuche die ungeborene Natur des Geistes« kam, seine Schüler und Schülerinnen sehr sorgfältig darin, wie sie dieser und den folgenden Zeilen des Geistestrainings gemäß meditieren sollten. Auch empfahl er seinen Schülern und Schülerinnen, die Chenresig-Meditation[4] in der Tradition von Thangtong Gyalpo (14.–15. Jh.) zu praktizieren,[5] die nicht notwendigerweise das Ritual einer Ermächtigung[6] erfordert. Diese Meditation, sagte er, lasse den Geiststrom heranreifen und erleichtere daher die Mahāmudrā-Praxis ungemein.

Als wir an diesem Buch arbeiteten, gab Shamar Rinpoche einmal folgenden Rat, wie Praktizierende seine drei Anleitungstexte oder Handbücher, wie er sie zu nennen pflegte – *Grenzenloses Erwachen*, *Grenzenlose Weisheit* und *Lojong, der buddhistische Weg zu Mitgefühl und Weisheit*[7] –, miteinander verbinden könnten:

- Die erste Empfehlung ist, das kurze Büchlein *Grenzenloses Erwachen* zu lesen. Es gibt einen Gesamtüberblick über Meditationspraxis und deren Bedeutung.
- Im Anschluss sollte man die Kapitel 1 und 2 des Buchs *Grenzenlose Weisheit* lesen und entsprechend praktizieren. Hier geht es um vier Zugänge zu spiritueller Praxis sowie die Meditationen der geistigen Ruhe (Skr.: *Śamatha*) und der tiefen Einsicht (Skr.: *Vipaśyanā*), wie sie allen buddhistischen Zugängen gemeinsam sind.
- Auf dieser Basis sollte man das Buch *Lojong, der buddhistische Weg zu Mitgefühl und Weisheit* studieren, und zwar bis zum Vers »Untersuche die ungeborene Natur des Geistes«. Um das Verständnis dieser Schlüsselunterweisung für die Schulung in letztendlichem Bodhicitta zu vertiefen, sollte man sich dann mit den Kapiteln 3 und 4 von *Grenzenlose Weisheit* befassen. Was die Zeile im *Lojong*: »Reinige dich von der stärksten negativen Emotion zuerst« und die beiden darauf folgenden Verse angeht, empfiehlt Rinpoche, die spezielle Vipaśyanā-Praxis durchzuführen, wie sie in *Grenzenlose Weisheit* beginnend mit Kapitel 5 erklärt ist.
- Schließlich, wenn man im *Lojong* zur Zeile: »Außerhalb der Meditation verstehe, dass alle Dinge einem Trugbild gleichen« kommt, sollte man sich – sowohl für formale Meditationspraxis als auch für den Alltag – auf die in diesem Mahāyāna-Geistestraining enthaltenen Anleitungen konzentrieren.

Shamar Rinpoche betonte, dass Praktizierende, die sich so der Praxis widmen, mit Sicherheit den Zustand des Erwachtseins erlangen würden. Der Grund dafür sei, dass dadurch die Bedingungen zusammenkämen, die das Entfalten des Buddha-Potenzials ermöglichen, das jedem Lebewesen innewohnt. Außerdem hob er hervor, dass man keine Angst vor dem Tod zu haben brauche, wenn man sich dem Geistestraining widmet, dabei das Entwickeln von sowohl relativem als auch letztendlichem Bodhicitta miteinbezieht und damit die Mahāmudrā-Praxis darin integriert. Er wies darauf hin, dass in der Kagyü-Tradition großer Wert auf diese stufenweise Annäherung an Mahāmudrā gelegt werde.

In diesem Zusammenhang erzählte er während der Mahāmudrā-Erklärungen in Hongkong folgende Geschichte: Als Gampopa dieses System der stufenweisen Mahāmudrā-Praxis zum ersten Mal unterrichtete, kamen zwei Hirsche aus dem nahe gelegenen Wald und lauschten. Gampopa war erfreut und betrachtete es als Glück verheißendes Zeichen dafür, dass dieser Zugang zur Mahāmudrā-Praxis durch zukünftige Generationen hindurch erblühen, zahllosen Meditierenden Erfüllung bringen und den Wesen von großem Nutzen sein werde. Gampopa habe damals entsprechende Wunschgebete[8] gemacht. Seither würden, aufgrund von Gampopas Mitgefühl und Segen, diese Mahāmudrā-Lehren mit großem Erfolg praktiziert. Ein spezielles Merkmal dieses Zugangs, so Shamar Rinpoche, sei, dass die Übung von Mahāmudrā Śamatha und Vipaśyanā mit der Praxis der Vollkommenheiten, der Pāramitās,[9] kombiniert werde sowie mit Wunschgebeten, die darauf ausgerichtet sind, Lebewesen in jeder nur erdenklichen Art zu helfen. Dies, heißt es, säe positive Samen im Geiststrom der Meditierenden, wodurch es diesen möglich werde, sogar im Bardo, dem Zustand zwischen der jetzigen Existenz und der nächsten Wiedergeburt, an ihre Neigung, den Wesen zu helfen, sowie an ihre Vertrautheit mit Vipaśyanā-Meditation anzuknüpfen. So könnten Meditierende nach ihrem Tod – trotz der großen Verwirrung im Bardo – einen Zustand der Bewusstheit aufrechterhalten, kraftvolle Wünsche machen und nach einer guten Wiedergeburt streben, um dort die Praxis der Meditation und der anderen Pāramitās zum Wohl der Wesen fortzusetzen. Damit dies im Sterbeprozess und nach dem Tod eintreten könne, sei es, so Shamar Rinpoche, absolut essenziell, sich außerhalb der Meditation der Praxis der Wunschgebete zu widmen, liebende Güte zu pflegen und entsprechend zu leben.

Ich betrachte mich selbst als vom Glück sehr begünstigt, dass ich immer wieder für Shamar Rinpoche übersetzen durfte und bis zum Vortag seines Todes mit ihm am englischen Manuskript von *Boundless Wisdom* gearbeitet habe. Da Rinpoche die Publikation des Buchs bereits öffentlich angekündigt hatte, sah ich es als meine Verantwortung, diese Arbeit so bald wie möglich abzuschließen.

Wie bei jeder Arbeit an Übersetzungen und Texten mögen sich Fehler und Missverständnisse eingeschlichen haben. Sollte dies so sein, sind sie allein mir anzulasten und ich entschuldige mich dafür bei Shamar Rinpoche und den Lesern und Leserinnen.

Jetzt, da dieses Buch vor der Veröffentlichung steht, erinnere ich mich daran, dass Shamar Rinpoche im Verlauf unserer Arbeit am Manuskript gesagt hat, dass er all jenen seinen Dank aussprechen möchte, die über die Jahre an diesem Projekt mitgewirkt haben. Im Namen Rinpoches möchte ich daher Ulrich Kragh und Hannah Nydahl für ihre Dolmetschtätigkeit in den 1990ern vielmals danken. Die Anleitungen wurden in der Folge von Stephanie Yang, Bart Mendel und anderen transkribiert und ediert. Auch ihnen gebührt Dank für die enorme Mühe, die sie in diese Arbeit gesteckt haben. Wie oben beschrieben, nahm sich Shamar Rinpoche im Jahr 2012 dieses Materials wieder an, formulierte neu, strukturierte um und brachte es in die jetzige Form: *Grenzenlose Weisheit, ein Handbuch für die Mahāmudrā-Praxis*. In diesem Zusammenhang gilt Dr. Felix Wan ein besonderer Dank dafür, dass er die Original-Audioaufnahmen aus Hongkong so großzügig zur Verfügung gestellt hat. Und schließlich möchte ich auch den vielen anderen Mitwirkenden danken, die hier namentlich nicht erwähnt sind. Was die Fertigstellung des Textes betrifft, gilt mein Dank besonders Lara Braitstein für ihr umfangreiches Mitwirken beim Edieren, Chris Fang und Annie Heckman für ihre vielen hilfreichen Vorschläge, die in dieses Edieren eingeflossen sind, sowie Carol Gerhardt für ihr Design.

Vor allem jedoch möchte ich Shamar Rinpoche meinen innigsten Dank ausdrücken. Seine Güte entzieht sich jeder Beschreibung. Ich bin zutiefst dankbar für die dreiunddreißig Jahre, während derer ich die wunderbare Gelegenheit hatte, von ihm Anleitung und Inspiration für meine Praxis und mein Leben zu erhalten. Rinpoche hat immer klar gemacht, worauf es wirklich ankommt, und war eine konstante Quelle der Ermutigung. Er betreute seine Schüler und Schülerinnen mit unendlich viel Weisheit und Mitgefühl. Shamar Rinpoche hat sich sehr auf die Publikation dieses Buchs gefreut, und ich hoffe, dass es zur Fortdauer seines Wirkens zum Wohl anderer beiträgt.

Martina Draszczyk
Wien, November 2017

Vorwort der Herausgeberin zur deutschen Ausgabe

Ich bin sehr glücklich darüber, dieses Mahāmudrā-Handbuch nun auch in meiner Muttersprache herausgeben zu können, insbesondere auch deshalb, weil Shamar Rinpoche seit Beginn der 80er Jahre im deutschsprachigen Raum viel unterrichtet hat. Neben seinen Aktivitäten in Deutschland und in der Schweiz gab er zum Beispiel bereits 1981 den Anstoß für die Entstehung des Karma Kagyü-Zentrums in Wien, das er immer wieder besuchte. Seit Shamar Rinpoche in Renchen-Ulm in Deutschland den Hauptsitz für seine Bodhi Path-Organisation in Europa eingerichtet hatte und dort viel Zeit verbrachte, gab er in diesem Zentrum regelmäßig umfangreiche Unterweisungen, in denen er auch immer wieder auf die Wichtigkeit von Meditation hinwies. In all diesen Jahren hatten viele das Glück, von Rinpoche mündliche Anleitungen zu erhalten. Ich hoffe sehr, dass sowohl für sie als auch für jene, die ihm nicht persönlich begegnet sind, dieses Buch zu einer Quelle der Inspiration wird.

Im Zuge der Übersetzung ins Deutsche ist mir aufgefallen, dass ein paar zusätzliche Erklärungen zu einigen Fachbegriffen für Leser und Leserinnen, die mit dieser Terminologie nicht vertraut sind, hilfreich sein könnten. Aus diesem Grund sind die Endnoten hier etwas umfangreicher ausgefallen.

Für die Fertigstellung der deutschen Version gebührt mein Dank Isa Duffy, Sabine Krois, Marianne Krobath und Nikolai Soukup für ihre großartige Hilfe beim Korrekturlesen. Ganz besonders danken möchte ich meinem Mann Alexander, der mit seiner Genauigkeit und seinem Sprachgefühl viel zur Verbesserung der Lesbarkeit beigetragen hat, sowie Thomas Kettenring und Feliza K. v. Beckerath vom Joy Verlag für ihre Bereitschaft, dieses Buch zu publizieren und für ihre Geduld mit seinem Erscheinen.

Für diese dritte Auflage gilt mein Dank dem Norbu Verlag dafür, diese Art von Büchern zu verlegen.

Martina Draszczyk,
Wien, April 2024

Kurzes Mahāmudrā-Gebet

6 – 18 – 87

Blickst du immer wieder auf den Geist, der nicht sichtbar ist,
dann erkennst du, frei von aller Täuschung, deine eigene Natur.
Mögest du darin verweilen,
nicht verwässert durch künstliches Festhalten
und unerschütterlich, genauso wie der Raum.

Shamar Rinpoche, 18. Juni 1987, Halscheid

Shamar Rinpoche, während einer der Sitzungen im Jahr 1990 in Dhagpo Kagyü Ling, als er die Übertragung durch Lesen, den »Lung«, für das »Mahāmudrā-Mondlicht« gab. Der tibetische Text liegt vor ihm auf dem Tisch.

Einleitung

Der Geist ist die Grundlage für alles, sowohl für das Erwachtsein eines Buddhas als auch für die Unwissenheit eines gewöhnlichen Wesens. Da er also beides hervorbringt – unser gegenwärtiges Leid ebenso wie den freudvollen Buddha-Zustand – ist alles ausschließlich eine Erfahrung des Geistes. Solange wir mit der Natur des Geistes nicht vertraut sind, bleiben wir in einem Zustand der Verwirrung und es kommt leicht zu Geistestrübungen wie Begierde, Zorn, Unwissenheit, Eifersucht oder Stolz. Handlungen, die von diesen Emotionen ausgelöst werden, hinterlassen Spuren im Geist. Wiederholen sich diese Handlungen, vertiefen sich die entsprechenden Eindrücke. Im Laufe der Zeit werden diese zu Gewohnheiten, die unser Denken bestimmen und unsere individuelle Erfahrung der Welt bedingen. Kommen diese Gewohnheiten des Geistes zur Reife, manifestieren sich die verschiedensten Illusionen und – ganz wie in einem Traum – entstehen in der Erfahrung des bzw. der Einzelnen die Trugbilder ganzer Welten. Ein winziger, einzelner von einer bestimmten Handlung aus der Vergangenheit ausgelöster Eindruck kann sich in seiner Wirkungsweise ausdehnen und die Illusion von lebenslangem Elend auslösen.

Eure jetzige Existenz ist die Auswirkung solcher vergangener Handlungen und der von ihnen hinterlassenen Eindrücke, und genauso bestimmt auch euer jetziges Verhalten eure zukünftigen Existenzen. Unendlich viele solcher Eindrücke sind im Geiststrom eines jeden Lebewesens gespeichert. Kommen sie zur Reife, wird jeder einzelne Eindruck eine neue Illusion oder – anders gesagt – ein weiteres Leben hervorbringen. So heißt es daher, dass, solange wir unter dem Einfluss unserer Täuschung stehen, die Welt, wie wir sie kennen, ohne Anfang und ohne Ende sei. Der samsarische Geist bringt sie hervor, der Geist manifestiert sie. Der Geist ist anfangslos und endlos.

Die wahre Natur des Geistes ist jedoch von all diesen negativen Emotionen unberührt, und zwar auch, während wir in Bezug auf äußere und innere Begebenheiten unwissend und verwirrt reagieren. Der Sinn von Meditation[10] liegt nun darin, diese wahre Natur des Geistes zu erkennen, die Schichten von Unwissenheit aufzulösen und letztlich alle Täuschung zu überwinden. Ist grundlegende Unwissenheit, d. h. das Nicht-Sehen der wahren Natur des Geistes, einmal überwunden, verschwinden auch alle falschen Annahmen, die auf Unwissenheit beruhen. Meditation ist daher *die* Methode, um den vollkommen erwachten Zustand eines Buddhas zu erlangen.

Alle buddhistischen Lehren drehen sich darum, den Geist als solchen und seine derzeitigen Funktionsweisen zu verstehen. Sie haben daher nicht nur mit der Natur des Geistes zu tun, sondern gehen sowohl darauf ein, wie Lebewesen derzeit erleben als auch auf ihre Suche nach Befreiung von Leid und wie man die inhärente Buddha-Natur, die wahre Natur des Geistes, offenbar werden lässt. Der Buddha erklärte, wie der dualistische Geist eines gewöhnlichen Lebewesens funktioniert, und er beschrieb die Natur des Geistes eines erleuchteten Wesens. Er arbeitete heraus, dass sich ein erleuchtetes Wesen einzig und allein darin von einem allgemeinen Wesen unterscheidet, dass der Geist des Letzteren der Täuschung unterliegt.

Möchte man sich einen Überblick über die Inhalte der Lehre des Buddha verschaffen, findet man ihn in dem, was allgemein als die Vier Edlen Wahrheiten bekannt ist:

Die Wahrheit vom Leid: Als Auswirkung von Täuschung erfahren wir in diesem und in zukünftigen Leben sowohl körperliches als auch seelisches Leid. Buddha Śākyamuni sprach in diesem Zusammenhang von drei Arten von Leid: von Schmerz, von Glück, das sich unweigerlich wieder verändert, und von der subtilen, immer gegenwärtigen Anspannung, die mit unserer Existenz einhergeht.

Die Wahrheit vom Ursprung des Leids: Dieser liegt in Unwissenheit, mit der Ich-Anhaften einhergeht, das wiederum zu Begierde und Abneigung führt. Diese Haupttrübungen lösen viele weitere negative Geisteszustände aus. Ein Geist, der von negativen Zuständen aufgewühlt ist, unterliegt seiner Täuschung und ein der Täuschung unterliegender Geist löst Handlungen aus, die wiederum zu weiterem Leid führen.

Die Wahrheit vom Beenden des Leids: Es ist möglich, diese Täuschung und ihre leidhaften Auswirkungen zu überwinden, weil nichts davon ein dauerhaftes reales Wesen hat. Ein von Täuschung freier Geist hat Geistestrübungen und deren Auswirkungen überwunden und ist deshalb frei von Leid.

Die Wahrheit vom Weg: Hier werden die Methoden vermittelt, um Unwissenheit und deren Wirkungen, d. h. Leid in seinen verschiedenen Erscheinungsformen, zu überwinden. Dies ist der Weg, der zur Erleuchtung führt. Buddha Śākyamuni lehrte drei verschiedene Zugänge zu diesem Weg, die als Yānas oder Fahrzeuge bekannt sind, das Śrāvakayāna, das Pratyekabuddhayāna und das Bodhisattvayāna, das auch als Mahāyāna bekannt ist.

Zunächst geht es darum, sich Kenntnis über den gesamten buddhistischen Weg mit seinen drei Yānas[11] anzueignen. Dies ermöglicht euch, euren eigenen Zugang zu finden. Das Studium der drei buddhistischen Yānas mag durchaus umfangreich sein, vermittelt euch jedoch die nötige Information, damit ihr den für euch geeigneten Weg wählen und diesen einschlagen könnt. Dann reflektiert man über die Bedeutung der Lehren. Das Verständnis wird tiefer, es entsteht Sicherheit, und Zweifel lösen sich auf. Schließlich fokussiert man sich auf Meditation, um den Weg zur Vollendung zu praktizieren, denn Meditation ist und bleibt die einzige Möglichkeit, um das Ziel der Erleuchtung zu erlangen, ganz unabhängig davon, welches der drei Yānas ihr praktiziert.

Dieses Buch enthält die Lehren des sogenannten Mahāmudrā-Wegs, eine spezifische Praxis des Bodhisattvayānas, die das Erlangen vollkommener Erleuchtung ermöglicht. Die Praxis der beiden anderen Yānas ist ein integraler Bestandteil von Mahāmudrā und wird daher hier nicht eigens behandelt. Die Wirkung der Mahāmudrā-Praxis besteht darin, die wahre Natur des Geistes zu erkennen, und die wahre Natur des Geistes zu erkennen bedeutet, erwacht zu sein.

Der beste Zugang zu Meditation ist, die verschiedenen Stufen von geistiger Ruhe[12] und tiefer Einsicht[13] systematisch entsprechend den beschriebenen Methoden zu praktizieren. Ihr beginnt mit der allgemeinen

Śamatha-Meditation und macht dann mit der allgemeinen Vipaśyanā-Praxis weiter. Wie in den folgenden Kapiteln klar wird, bedeutet »allgemein« hier, dass die entsprechenden Anleitungen allen buddhistischen Zugängen gemeinsam sind. Andere gleichbedeutende Begriffe in diesem Zusammenhang sind »gewöhnlich« oder »nicht spezifisch«. Mit der allgemeinen Art der Śamatha- und Vipaśyanā-Meditation als solider Grundlage seid ihr dann bereit, mit der spezifischen Form von Mahāmudrā Śamatha und Vipaśyanā zu beginnen.

Achtet dabei darauf, die verschiedenen möglichen Fehler zu vermeiden. Meditiert ihr mit der Absicht, Erleuchtung zu erlangen, solltet ihr zum Beispiel nicht einfach von der Tradition abweichen und die Praxis modifizieren. Manchmal unterrichten Menschen Meditationen, die sie selbst erfunden haben. Bei Meditation sollte man jedoch nicht wie ein einfallsreicher Koch vorgehen, der eine neue kulinarische Kreation erschafft, indem er hier und da einige Extra-Gewürze hinzufügt. Die Annahme, dass neue Ideen die alten Übungen verbessern könnten, ist falsch und es läuft bei Meditierenden, die mit unerprobten Methoden experimentieren, normalerweise auf enttäuschende, wenn nicht gar unheilvolle Wirkungen hinaus. Wendet die verschiedenen authentischen Methoden an, um eine unumstößliche Gewissheit zu erlangen und sogar Schwierigkeiten zu Praxis werden zu lassen. Konsequentes Üben wird schnell zu Verwirklichung führen.

1

Vier Zugänge zu buddhistischer Praxis

Zunächst möchte ich ganz allgemein verschiedene Arten von Meditation erklären, die in buddhistischen Traditionen praktiziert werden. Darauf folgt dann eine detaillierte Ausführung der Mahāmudrā-Praxis, wie sie spezifisch in der Kagyü-Tradition angewandt wird. Da es leichter ist, diese Mahāmudrā-Meditation zu verstehen, wenn man verschiedene Formen buddhistischer Praxis kennt – und zwar sowohl in ihrer praktischen Anwendung als auch theoretisch –, möchte ich die Mahāmudrā-Lehren zunächst in den größeren Kontext der Lehren des Buddha stellen.

Der Buddha gab seinen Schülern und Schülerinnen auf die Person abgestimmte Unterweisungen, um ihren individuellen Bedürfnissen gerecht zu werden. In diesem Sinne sind die Lehren des Buddha grenzenlos. Diese Menge an Erklärungen und vielschichtigen Zugängen kann Anfangs durchaus verwirrend sein. Bei aller Verschiedenheit in Schwerpunkten und Methoden arbeiten jedoch alle buddhistischen Traditionen mit den zwei Aspekten von geistiger Ruhe (Śamatha) und tiefer Einsicht (Vipaśyanā). Seid euch dessen bewusst, dass die Schüler und Schülerinnen des Buddha in ihren Fähigkeiten, Vorlieben und Bestrebungen sehr unterschiedlich waren. Manche wollten einfach ein schönes Leben genießen, andere zogen die Praxis des Śrāvakayāna vor, andere jene des Pratyekabuddhayāna und wieder andere fühlten sich dem Mahāyāna verbunden. Dementsprechend lassen sich vier Zugänge zur Praxis unterscheiden.

Buddhistische Praxis für ein gutes Leben

Der erste der vier Zugänge spricht jene an, die sich nicht besonders für Erleuchtung interessieren, sondern eher ein gutes und angenehmes Leben führen und zukünftige Wiedergeburten in leidvollen Existenzen vermeiden wollen. Für Menschen mit dieser Motivation lehrte der Buddha unter anderem, wie man die zehn negativen Handlungen reduzieren und die zehn positiven[14] stärken kann. Wer diese Methoden in sein Leben integriert, wird ein liebevoller und großzügiger Mensch und in Folge dessen auch gute und angenehme Wiedergeburten erfahren.

Der Śrāvaka-Zugang

Der zweite Zugang ist für jene gedacht, die eine erneute Wiedergeburt unbedingt vermeiden wollen und deshalb nach Befreiung in diesem Leben streben. Fest entschlossen und ohne zu zögern konzentrieren sie sich darauf, ihren Geist von sämtlichen Ursachen des Leids, von Täuschung und Ruhelosigkeit zu befreien. Für sie lehrte der Buddha die Abkehr vom weltlichen Leben, um die geeigneten Bedingungen für Meditationspraxis zu schaffen. Śamatha-Praxis führt zu einem grenzenlosen inneren Frieden, der die geeignete Voraussetzung für Vipaśyanā ist. Mit dieser Übung in tiefer Einsicht meditieren diese Praktizierenden auf die Ichlosigkeit der Person und überwinden so ihre Unwissenheit, die im Verbund mit karmischen Eindrücken zu Wiedergeburten führt. Ist durch Vipaśyanā Ichlosigkeit schließlich vollkommen erkannt, gibt es niemanden mehr, der bzw. die wiedergeboren werden könnte. Dieser Weg, der Śamatha und Vipaśyanā umfasst, ist in sich vollständig und führt zur Befreiung aus dem Daseinskreislauf. Praktizierende, die diesen Zugang gewählt haben, werden Śrāvakas oder Hörer bzw. Hörerinnen genannt, weil sie den Lehren des Buddha zuhören, deren Bedeutung verwirklichen und sie an andere weitergeben.

Der Pratyekabuddha-Zugang

Der dritte Zugang ist jener von Praktizierenden, die, in Ergänzung zu den Methoden der Śrāvakas, durch ihr illusionsgleiches Samādhi[15] erkennen, dass alles, was sie wahrnehmen, der Natur nach leer ist. Mit diesem Samādhi können sie sich in den vielfältigen Daseinsbereichen der Lebewesen manifestieren und ihnen in großem Umfang helfen. Außerdem wünschen sie sich, zum Wohl der Wesen ein letztes Mal in einem sogenannten dunklen Zeitalter wiedergeboren zu werden, in dem kein Buddha erscheint. In dieser Lebenszeit wird ihre Erinnerung an die spirituelle Praxis aus früheren Leben zum Beispiel allein dadurch aktiviert, dass sie ein Stück Knochen sehen. Sie erkennen, dass Tod auf Geburt zurückzuführen ist, die wiederum vom Werden herrührt usw. So verstehen sie die »zwölf Glieder des Entstehens in Abhängigkeit«[16] in umgekehrter Reihenfolge, bis sie zum ersten Glied, der Unwissenheit, gelangen. Jetzt sind sie fähig, diese aufzulösen. Sie erkennen die Wahrheiten vom Leid, vom Ursprung des Leids, vom Beenden des Leids und vom Weg, der dorthin führt. So erlangen sie den Zustand eines Pratyekabuddhas und werden nicht mehr wiedergeboren. »Pratyekabuddha« bedeutet »aus sich selbst heraus erwacht«. Der Begriff bezieht sich darauf, dass diese Praktizierenden in einer Lebenszeit Befreiung erlangen, in der sie keine direkten Anleitungen eines Buddhas empfangen. Ihre Verwirklichung geht vielmehr, wie oben beschrieben, darauf zurück, dass sie sich an Unterweisungen erinnern, die sie früher von einem Buddha erhalten haben.

Buddha Śākyamuni lehrte jene den Pratyekabuddha-Weg, die aufgrund ihrer Mentalität und Fähigkeit den größten Nutzen daraus ziehen würden. Ihre Meditation ist nicht nur darauf ausgerichtet, das Festhalten am Ich zu überwinden, sondern ebenso auch das Festhalten an äußeren Phänomenen. Aus diesem Grund gilt ihre Vipaśyanā bzw. tiefe Einsicht als umfassender als jene der Śrāvakas und somit als dieser überlegen. Dennoch sehen Pratyekabuddhas den Geist als solchen als existent an, wenn auch ohne Bezug zu inneren oder äußeren Erscheinungen. Sowohl im Śrāvakayāna als auch im Pratyekabuddhayāna gibt es besondere schriftliche und mündliche Schlüsselunterweisungen, um das Entwickeln der Meditation zu fördern.

Der Bodhisattva-Zugang

Die Bodhisattva-Praxis als der vierte buddhistische Zugang führt zum vollkommenen Erwachen. Bodhisattvas sind dem Ziel verpflichtet, die letztendliche Erleuchtung eines Buddhas zum Wohl aller Wesen zu erlangen.

Praktizierende werden dadurch Bodhisattvas, dass sie das Bodhisattva-Gelübde ablegen[17]. Hat man sich diesem edlen Weg zur Erleuchtung einmal ernsthaft verpflichtet, sollte man alles nur Mögliche tun, um der beispielhaften Lebensweise eines echten Bodhisattvas zu folgen. Mit einem guten Verständnis der Praxis machen jene, die danach streben, als Bodhisattvas zu praktizieren, kraftvolle Wünsche für sinnvolle Wiedergeburten in Daseinsformen – welche diese auch immer sein mögen –, in denen sie den Lebewesen unbegrenzt helfen können. Sie setzen ihre umfassenden Wünsche in Handlungen zum Wohl anderer um und bauen damit Verdienst[18] auf. Außerdem vertiefen sie mithilfe der Śamatha- und Vipaśyanā-Praxis ihre Weisheit. Realisierte Bodhisattvas nehmen unzählige Wiedergeburten an, wo auch immer Hilfe vonnöten ist, und mit dem Erlangen vollkommener Buddhaschaft manifestiert sich ihre Buddha-Aktivität ungehindert sowohl in reinen als auch in allgemeinen Welten.

Die besondere Methode oder Schlüsselunterweisung der Bodhisattva-Praxis besteht darin, Verdienst und Weisheit zu vereinen. Um Verdienst anzusammeln, setzen sich Bodhisattvas mit zahlreichen heilsamen Handlungen für das Wohlergehen anderer ein. Was immer sie tun, beruht auf der Motivation zu helfen. Sie fügen niemandem Leid zu und geben schädliche Absichten völlig auf. Da ihr Geist rein ist, sind Bodhisattvas immer mitfühlend. Ihr unaufhörliches Mitgefühl bewirkt, dass ihr Verdienst immer stärker heranwächst. Im Allgemeinen führen heilsame Handlungen – auch ohne Weisheit – zu positiven Wirkungen, allerdings nur in einem gewissen Ausmaß. Sie sind nicht befreiend. Aus diesem

Grund streben Bodhisattvas auch danach, Weisheit zu entwickeln, und tun dies, indem sie Śamatha und Vipaśyanā praktizieren.

Die Śamatha-Meditation ist mehr oder weniger die gleiche, sei es in den Traditionen des Śrāvakayāna, des Pratyekabuddhayāna oder des Bodhisattvayāna. Die Vipaśyanā-Meditation ist jedoch hinsichtlich des Objekts der Meditation sehr unterschiedlich. In der Praxis des Śrāvakayāna und des Pratyekabuddhayāna wird über die Existenz eines Selbst kontempliert. Die Praktizierenden erforschen die individuelle Identität und erkennen mithilfe analytischer Meditation die Ichlosigkeit der fünf körperlich-geistigen Daseinsgruppen (*skandha*)[19] der Person. Dadurch erlangen sie Befreiung.

Im Mahāyāna, d. h. in der Bodhisattva-Praxis, ist das Kontemplationsobjekt der Vipaśyanā-Meditation umfassender. In Ergänzung zur Einsicht, dass es kein individuelles Selbst gibt, erforschen Bodhisattvas alle scheinbar wahrhaft vorhandenen inneren und äußeren Phänomene und erkennen, dass ihnen allen keinerlei echte Wirklichkeit innewohnt. Diese Erkenntnis befreit sie von der Gewohnheitstendenz, an dem anzuhaften, was in seinem Erscheinen illusionsgleich und der Natur nach leer ist. Bodhisattvas integrieren diese Einsicht der Einheit von Erscheinen und Leerheit in ihre täglichen Aktivitäten und wirken ohne jegliches Festhalten und Anhaften ungehindert zum Wohl anderer. Ihre mitfühlenden Handlungen sind natürlicherweise mit dem Verständnis von Leerheit verbunden, d. h. Verdienst ist mit Weisheit verknüpft, was das Verdienst immens vermehrt. Mit der Zeit führen Verdienst und Weisheit die Bodhisattvas bis zum Zustand des höchsten Erwachens, weit jenseits allgemeiner Handlungen wie Geben usw.

Verdienst wird durch die Kraft von Wünschen weiter verstärkt. Bodhisattvas machen intensive Wünsche für das Wohlergehen aller Lebewesen und sind sich aufgrund ihrer Vipaśyanā-Meditation gleichzeitig dessen bewusst, dass die Lebewesen in ihrem Erscheinen illusionsgleich und ihrer Natur nach leer sind. Dennoch streben sie danach, immer wieder inmitten der illusionsgleichen Lebewesen im illusionsgleichen Saṃsāra wiedergeboren zu werden, um all jenen zu helfen, die in Unwissenheit leiden. So werden diese weitreichenden Wünsche zur Ursache für ihre weiteren Geburten. Lange Zeit hindurch praktizieren Bodhisattvas mit

Freude und Ausdauer in diesen Wiedergeburten, bis sie schließlich die wahre Natur des Geistes mit Gewissheit erkennen und die erste spirituelle Stufe direkter Erkenntnis erlangen, die sogenannte »Bhūmi der großen Freude«.

Ab dieser ersten Bhūmi werden Bodhisattvas nicht mehr durch die Kraft von Karma wiedergeboren, wie dies bei gewöhnlichen Wesen der Fall ist, denn sie halten nicht mehr an der Illusion eines wahrhaft existenten Selbst fest. Stattdessen manifestieren sie sich kraft ihrer Wünsche in verschiedensten Formen, den Bedürfnissen all jener entsprechend, die ihre Hilfe benötigen. Ihre Fähigkeit, anderen zu helfen, nimmt über die weiteren Bhūmis an Kraft und Effizienz zu. Da sich die Intensität ihrer Wünsche und ihres Mitgefühls vergrößert, erlangen sie die zweite Bhūmi, dann die dritte, vierte usw., bis sie die zehnte Bhūmi erreichen. Schließlich gehen sie auch noch über diese hinaus und werden vollkommene Buddhas.

2

Śamatha und Vipaśyanā – wie sie allen buddhistischen Zugängen gemeinsam sind

Einleitung

Unabhängig davon, ob die Praxis gemäß dem sogenannten Śrāvakayāna, Pratyekabuddhayāna oder Bodhisattvayāna bzw. Mahāyāna durchgeführt wird oder ob der Schwerpunkt auf verschiedenen Aspekten der zum Mahāyāna zählenden Vajrayāna-Praxis liegt, können alle Formen buddhistischer Meditation in zwei Bereiche eingeteilt werden: Eine ist im Sanskrit als Śamatha bekannt, die Meditation der geistigen Ruhe, die andere als Vipaśyanā, die Meditation der tiefen Einsicht. Die tibetischen Entsprechungen sind *shine* und *lhagthong*. Ich möchte im Rahmen meiner Erklärungen die Sanskrit-Begriffe für diese zwei verschiedenen, doch einander ergänzenden Arten der Meditation verwenden.

Allgemeine Erklärungen zu Śamatha und Vipaśyanā

Die Praxis von Śamatha und Vipaśyanā wird anhand von sieben Punkten erklärt: (1) grundlegende Voraussetzungen für Meditation, (2) Hindernisse sowie diesbezügliche Gegenmittel, (3) das Wesen von Śamatha und Vipaśyanā, (4) die Fertigkeiten und Schritte in der Śamatha- und Vipaśyanā-Praxis, (5) die Reihenfolge der Śamatha- und Vipaśyanā-

Praxis, (6) die Einheit von Śamatha und Vipaśyanā und (7) die Früchte von Śamatha und Vipaśyanā.

Grundlegende Voraussetzungen für Meditation

Folgende fünf Voraussetzungen bilden die Grundlage für die Praxis von Śamatha und Vipaśyanā.

Die erste ist, in einer friedlichen und förderlichen Umgebung zu praktizieren, die der Meditation zuträglich ist, frei von Störungen und zermürbenden Unterbrechungen. Ideal ist ein Ort, der von einem bzw. einer hochrealisierten Meditierenden gesegnet wurde.

Die zweite Voraussetzung besteht darin, geringe Begierden zu haben. In Ergänzung zum äußeren Umfeld ist diese innere Qualität besonders förderlich für die Praxis. Ein intensives Streben nach weltlichem Besitz und Gewinn zusammen mit starkem Festhalten daran sind der Meditation abträglich. Daher solltet ihr es vermeiden, euch zu sehr in diese Aktivitäten zu verstricken. Möchtet ihr meditieren, beschränkt eure materiellen Wünsche auf ein Ausmaß, in dem ihr sie gut handhaben könnt.

Die dritte Voraussetzung für Meditierende ist Zufriedenheit. Seid zufrieden mit dem, was ihr habt, denn innerer Frieden unterstützt die Meditation. Diese bewundernswerte Qualität von Meditierenden geht oft auf den positiven Einfluss von Eltern zurück, die ein Verständnis von Meditation haben und ihre Kinder ermutigen, sich nicht zu sehr an materiellem Gewinn zu orientieren. Ehrgeiz in Bezug auf Anerkennung und Reichtum beansprucht Zeit und braucht die körperlichen und mentalen Ressourcen auf, die anderenfalls für ein fruchtbares und sinnvolleres Streben verfügbar wären.

Die vierte Voraussetzung für Meditierende ist ein ausgeprägter Sinn für Prioritäten. Reserviert täglich eine bestimmte Zeit für Meditation. Nehmt euch in euren täglichen Aktivitäten nicht mehr vor als das, was ihr bequem erledigen könnt. Es ist unklug, sich mit zu großer Verantwortung zu überlasten.

Die fünfte Voraussetzung ist Ethik. Sie ist im Allgemeinen äußerst wichtig, um auf positive Art zu leben, und im Besonderen, um gut zu meditieren. Ethik bedeutet, dass man schädliche Handlungen vermeidet und sich so gut wie möglich für das eigene Wohlergehen und jenes anderer einsetzt. Um Positives aufrechtzuerhalten und hinsichtlich negativer Handlungen achtsam zu sein, werden fünf Verhaltensweisen empfohlen: nicht töten, nicht stehlen, nicht lügen, kein sexuelles Fehlverhalten und sich nicht berauschen. Diese fünf sind Inhalt der sogenannten Laiengelübde, die im Sanskrit Upāsaka-Gelübde genannt werden. Es ist gut, nach der Zufluchtnahme wenn möglich auch diese Gelübde abzulegen. Natürlich gibt es auch die Verhaltensregeln für Mönche und Nonnen, die das Zölibat mit einschließen. Außerdem ist im Mahāyāna diese ethische Lebensweise immer mit der Geisteshaltung eines Bodhisattvas verbunden, allen Lebewesen mit unvoreingenommenem Mitgefühl zu begegnen. Mit dieser Haltung nimmt man das Bodhisattva-Gelübde. Nāgārjuna (ca. 2. Jh. AD) war zum Beispiel ein Bodhisattva mit Mönchsgelübden, während Marpa (1012–1097) seinen Bodhisattva-Weg als Laienpraktizierender ging. Nāgārjuna, der Pionier des Madhyamaka oder »Mittleren Wegs«, gilt als einer der wichtigsten Philosophen des Buddhismus, der die Lehren des Buddha über Leerheit und das Entstehen in Abhängigkeit weiter ausführte und systematisierte. Marpa zählt zu den wichtigsten Übersetzern im tibetischen Buddhismus und war einer der Vorväter der Kagyü-Tradition. Beide, der Mönch Nāgārjuna und der Laie Marpa, waren erleuchtete Meister.

Für die Vipaśyanā-Meditation gibt es zwei zusätzliche Voraussetzungen. Zunächst ist es wichtig, einen authentischen Lehrer bzw. eine authentische Lehrerin zu finden, auf den bzw. die ihr euch vertrauensvoll beziehen könnt. Dieser Lehrer bzw. diese Lehrerin sollte über ein umfassendes Verständnis der Lehren sowohl in Theorie als auch in Praxis verfügen, um euch mit der erforderlichen Klarheit anzuleiten. So sollte zum Beispiel ein guter Lehrer bzw. eine gute Lehrerin in den Traditionen des Śrāvaka- und Pratyekabuddhayāna die Fähigkeit haben, die Lehren der Ichlosigkeit genau und detailliert zu erläutern. Dafür sollte er bzw. sie selbst bereits umfassende Einsicht in die Ichlosigkeit der Person erlangt haben, da die Anleitungen ansonsten vage bleiben. Im Mahāyāna sollte ein guter Lehrer bzw. eine gute Lehrerin fähig sein, die Madhyamaka-Lehren – ein System von logischen Beweisführungen, durch die Leerheit als die wahre Natur jedes Phänomens verstanden wird – darzulegen. Er bzw. sie muss die Bedeutung von Leerheit selbst verstanden haben, um sie klar und genau vermitteln zu können.

Die zweite Voraussetzung für eine erfolgreiche Vipaśyanā-Praxis ist die Fähigkeit, die Lehren, die man von einem qualifizierten Lehrer bzw. einer qualifizierten Lehrerin bekommen hat, zu ergründen. Habt ihr zum Beispiel die Mahāyāna-Lehren über Leerheit erhalten, solltet ihr alle euch verfügbare Texte studieren, die es zu diesem Thema gibt. Dadurch vertieft ihr euer Verständnis von Leerheit in ihrer gesamten Bedeutung. Ihr analysiert, wendet die Lehren an und integriert sie in eure Praxis. Dies wird eure Vipaśyanā-Übung wesentlich fördern.

Hindernisse sowie diesbezügliche Gegenmittel

Sämtliche Hindernisse lassen sich im Allgemeinen in zwei wesentlichen Kategorien zusammenfassen: Unruhe und Dumpfheit. Etwas detaillierter betrachtet, gibt es sieben Hindernisse, denen Meditierende in der einen oder anderen Weise im Verlauf ihrer Praxis höchstwahrscheinlich begegnen. Diese sind Unruhe, Bedauern, Trägheit, Dumpfheit, Zweifel, Groll und Gier.

Unruhe: Der Geist ist oft unruhig. Er wendet sich dem zu, was ihm begehrenswert scheint, und weist zurück, was er als nicht wünschenswert erachtet. Ergreifen und Zurückweisen – der Geist setzt dies endlos fort, springt mit Gedanken von Hoffnung und Furcht hin und her, hofft dabei, das Begehrte zu bekommen, und fürchtet sich davor, das, was er bekommen hat, wieder zu verlieren.

Bedauern: Es ist vergeblich, Vergangenem nachzutrauern, weil es vorbei ist; es ist abgeschlossen und nicht mehr zu ändern. Lasst in der Meditation die Vergangenheit sein und fokussiert euch auf die Gegenwart. Seid zudem auch frei von übermäßiger Erwartungshaltung oder Sorge bezüglich der Zukunft.

Trägheit: Sie zeigt sich als Schwere in Körper und Geist und rührt von früherem Karma her. Habt ihr es mit diesem Problem zu tun, überfällt euch eine plötzliche Müdigkeit und Energielosigkeit, sobald ihr daran denkt, etwas Sinnvolles zu tun, wie zu meditieren. Wenden sich eure

Gedanken dagegen unwichtigen Aktivitäten zu, fällt alle Schwere ab und ihr fühlt euch plötzlich wieder frisch und vital.

Dumpfheit: Anders als Trägheit, der ein Mangel an Energie für Heilsames zugrunde liegt, entsteht Dumpfheit aus einem Mangel an geistiger Klarheit. Dies kann einerseits auf früheres Karma zurückzuführen sein, andererseits jedoch auch auf rein körperliche Faktoren, wie zum Beispiel einen niedrigen Blutdruck oder Unterzuckerung. Unabhängig von der jeweiligen Ursache beeinträchtigt Dumpfheit in jedem Fall die Meditationspraxis.

Zweifel: Dies ist ein ernst zu nehmendes Hindernis sowohl für die Śamatha- als auch für die Vipaśyanā-Meditation. Zweifel basiert auf Unsicherheit und bringt ein Gefühl von Unschlüssigkeit in die Praxis. Habt ihr zum Beispiel Zweifel am vollkommen erleuchteten Zustand der Buddhaschaft, werdet ihr kaum mit anhaltender Konzentration und aus ganzem Herzen meditieren, weil dann die Entschlossenheit für die Praxis zu gering ist.

Groll: Groll ist verbunden mit dem Wunsch, dass andere Schaden erleiden mögen. Eine übel gesinnte Person, die unbarmherzig, ichbezogen und verärgert ist, kann sich in ihrer Meditation niemals weit entwickeln.

Gier: Während übel gesinnter Groll eher selten ist, sind Gier und Anhaften weit verbreitete menschliche Schwächen – ein Hinweis darauf, wieviel Begehren bei uns im Spiel ist.

Es gibt eine weitere Gruppe von fünf Hindernissen, die einen von der Praxis abweichen lassen:

Abweichen durch das Aufgeben des Bodhisattva-Ideals: Dies ist eine bedauernswerte Entscheidung. Manche Meditierende lassen sich von der Tiefgründigkeit der Mahāyāna-Lehren und der Unermesslichkeit des Bodhisattva-Versprechens einschüchtern. Sie entwickeln vielleicht Zweifel an ihrer eigenen Fähigkeit, etwas so Edles verwirklichen zu können, wie die Befreiung aller Lebewesen aus Saṃsāra. Schließlich erfordert dies eine Praxis über viele Zeitalter. Einem spirituellen Weg, der die Befreiung von Leid noch in diesem Leben in Aussicht stellt, mag manchmal schwer zu widerstehen sein. Für Meditierende auf dem Bodhisattvayāna ist das Aufgeben des Bodhisattva-Versprechens, aus welchem Grund dies auch immer geschehen mag, jedoch ein ernsthaftes Abweichen vom Weg.

Abweichen aufgrund des Festhaltens an Äußerlichem, an Ruhm und Vermögen: Diese zweite Art des Abweichens von der Meditation hat mit Ruhm und Vermögen und all den schwer zu widerstehenden sinnlichen Freuden im Leben zu tun, die damit einhergehen.

Abweichen in Zusammenhang mit inneren Faktoren: Die dritte Abweichung besteht zum einen im inneren Hin- und Herschwanken zwischen Unruhe und Dumpfheit, zum anderen bezieht sie sich auf ein Hindernis, das auf einer weiter fortgeschrittenen Stufe der Meditation auftritt. Praktizierende, die in der Meditation Fertigkeiten erlangen, beginnen, eine innere Ruhe zu genießen, mit der sehr angenehme Empfindungen von vollkommenem Wohlbefinden und Genuss einhergehen. Dann kann es leicht sein, dass ihr an einem derart freudvollen Zustand festhaltet, wodurch er zu einem ernsten Hindernis für fortgeschrittene Meditation wird.

Abweichen aufgrund besonderer Kräfte: Auf den höheren Ebenen von Śamatha sind Meditierende zu tiefer Konzentration fähig. Ein Nebeneffekt davon ist die ungewöhnliche Fähigkeit, Phänomene umzuwandeln und ihr äußeres Erscheinungsbild zu verändern. Aus buddhistischer Sicht setzen sich alle materiellen Dinge aus den vier grundlegenden Elementen Erde, Wasser, Feuer und Luft zusammen. Weit entwickelte Meditierende sind in ihrer tiefen Konzentration dazu fähig, diese Elemente bewusst zu verändern, d. h. sie können Wasser in Feuer verwandeln, Feuer in Luft usw. Solche »Wunderkräfte« können durch physikalische Gesetzmäßigkeiten nicht erklärt werden. An diesen übernatürlichen Fähigkeiten festzuhalten, kann zu einer ernsthaften Abweichung von der weiteren Entwicklung der Meditation führen.

Abweichen aufgrund von Selbstbezogenheit: Dieses Abweichen besteht in einem zwanghaften und hartnäckigen Festhalten am Selbst als einer in sich geschlossenen Entität. Es ist ein negativer Geisteszustand, der schließlich zum Verfall der Meditation führt. Śamatha-Praxis versetzt den Geist in immer tiefere Zustände von Stille. Dennoch bleibt – unabhängig davon, wie tief oder stabil der Geisteszustand auch sein mag – die Tendenz bestehen, das Selbst als eine eigene Entität zu betrachten.

Vipaśyanā, tiefe Einsichtsmeditation, ist erforderlich, um dieses instinktive Festhalten am Selbst vollständig zu überwinden. Solange Meditierende diese Perspektive nicht in die Übung integrieren, werden sie mit diesen tiefen Zuständen von Stille den Daseinskreislauf nicht transzendieren. Frühere Handlungen haben zur derzeitigen Existenz geführt, und die jetzigen Handlungen bestimmen die zukünftigen Formen des Daseins. Bei Meditierenden mit der Fähigkeit zur vollen Konzentration, die ihr Leben der Śamatha-Praxis widmen, werden sich diese Zustände innerer Ruhe über dieses Leben hinaus in die nächste Wiedergeburt fortsetzen. In diesem Zusammenhang wird in Stufen der Konzentration mit Form und Stufen ohne physische Form[20] unterschieden, die sich auf eine zunehmende meditative Vertiefung[21] beziehen. Sie werden alle als »Orte« der Wiedergeburt verstanden, da sie karmische Auswirkungen der Śamatha-Praxis sind. Auf die ersten vier Stufen tiefer Konzentration, die mit der Empfindung eines subtilen Körpers verbunden sind, folgen vier formlose Zustände, die nach ihrem jeweiligen Objekt der Meditation benannt sind. Die erste Ebene ist die Erfahrung von »grenzenlosem Raum«. Darauf folgt die zweite Ebene, die Erfahrung von »grenzenlosem Bewusstsein«. Die dritte Ebene ist die Erfahrung von »überhaupt nichts« und die vierte die Erfahrung von »weder Wahrnehmung noch Nicht-Wahrnehmung«, auch bezeichnet als »Gipfel weltlicher Existenz«. Jeder dieser Zustände ist noch freudvoller als der vorhergehende. Aber selbst auf der höchsten Stufe bewirkt dieser Śamatha keine Befreiung; es sind lediglich angenehme Existenzen. Man kann Millionen Jahre in diesen Geisteszuständen von Stille verweilen, ohne der letztendlichen Erleuchtung auch nur irgendwie näherzukommen. Diese freudvollen Geisteszustände sind zweifellos angenehm, letztlich jedoch nicht nützlich. Unweigerlich wird die Zeit kommen, vielleicht erst ein Zeitalter später, in der das Karma für diese Glückseligkeit aufgebraucht ist und man in das Elend von Saṃsāra zurückfällt, das so schwer zu ertragen ist. Dies ist der Grund, warum Selbstbezogenheit, so subtil oder versteckt sie auch sein mag, als ein Abweichen gilt. Meditation erfüllt ihren eigentlichen Sinn nur, wenn sie zur Befreiung führt. Śamatha-Meditation allein führt jedoch ohne Vipaśyanā als ergänzende Praxis nicht zur Befreiung aus Saṃsāra.

Glücklicherweise gibt es Heilmittel gegen diese Hindernisse und Abweichungen.

Das Heilmittel gegen Unruhe: Was immer wir auch erlangen oder von uns fernhalten möchten, wir werden dies in unserem Leben letztlich nie vollständig verwirklichen. Deshalb ist es unsinnig, so vehement nach Dingen zu greifen oder ihretwegen übermäßig irritiert zu sein. Seid daher geschickt und entspannt euch. Ein ängstlicher und sorgenvoller Geist ist nicht in der Verfassung zu meditieren. Unruhe erwächst aus einem instinktiven Anhaften an das Leben, denn wir haben die tief verwurzelte Tendenz, unser physisches Wohlergehen zu sichern und den Körper zu schützen. Um einem unruhigen Geisteszustand entgegenzuwirken, ist es daher hilfreich, über Flüchtigkeit zu reflektieren. Ihr könnt Vergänglichkeit sowohl in der Meditation betrachten als auch im Alltag beobachten. Ihr könnt zum Beispiel den Wechsel der Jahreszeiten wahrnehmen und euch dessen bewusst werden, wie die Jahre vergehen. Winter, Frühling, Sommer und Herbst folgen aufeinander. Sekunden, Minuten, Stunden, Tage, Wochen, Monate und Jahre gleiten leise vorüber. Die Zeit steht niemals still. Seht ihr euch um, könnt ihr feststellen, wie sich die Welt und sämtliche ihrer Bewohner und Bewohnerinnen unablässig verändern. Um die Veränderlichkeit des menschlichen Körpers genauer zu begreifen, könnt ihr beobachten, wie ein Neugeborenes zu einem Kleinkind wird und ein Kleinkind zu einem Jugendlichen, wie ein Jugendlicher zum Erwachsenen heranreift, altert und schließlich stirbt. Dies ist das Schicksal eines jeden Menschen. Niemand entkommt dem Tod, auch wenn man sich noch so gut um den Körper kümmert. Kontempliert ihr über Vergänglichkeit auf einer subtileren Ebene, könnt ihr jedes Objekt untersuchen und werdet zu dem Schluss kommen, dass es nicht wahrhaft existiert, sondern nur eine Ansammlung von kleinsten Teilchen oder Atomen ist. Obwohl zum Beispiel der Körper den Eindruck von Stabilität vermitteln mag, bleiben die Teilchen, aus denen er zusammengesetzt ist, niemals statisch. Ihre Anordnung verändert sich innerhalb des Bruchteils einer Sekunde millionenfach. Die geringste Veränderung in der Kombination dieser Teilchen führt zu etwas Neuem, und das Alte hört auf zu bestehen. Die neu entstandene Entität wird wiederum von einer neuen Anordnung abgelöst. Dies ist die Realität der flüchtigen Existenz. Śamatha bedeutet, sich zu konzentrieren. Eine Art, diese Konzentration zu entwickeln, ist, sich auf Betrachtungen wie die der Vergänglichkeit zu fokussieren, sich also immer wieder zu vergegenwärtigen, dass die eigene Existenz flüchtig ist. Dies verringert auch das gewohnheitsmäßige Festhalten am Körper und verhindert, dass man sein Leben vergeudet. Ohne über Vergänglichkeit zu reflektieren, kann es sehr schwierig sein, sich vom Anhaften zu lösen. Versteht ihr jedoch, dass alles von Natur aus unbeständig ist, dann könnt ihr auch mit Unglück und seinen Auswirkungen besser umgehen. Vergänglichkeit wird euch nicht mehr in dem Maße zusetzen. Ihr habt vielleicht nicht die Antworten auf alle Probleme, aber ihr könnt ihnen, was auch immer geschieht, mit größerem Gleichmut begegnen.

Das Heilmittel gegen Bedauern: Bedauern kann man dadurch entgegenwirken, dass man erkennt, wie unnütz es ist. Die Vergangenheit ist vorbei. Soviel man auch darüber nachdenkt, nichts kann sie verändern. Konzentriert euch also auf die Gegenwart und lasst das Vergangene ruhen.

Das Heilmittel gegen Trägheit und Dumpfheit: Dumpfheit ist wie ein ernst zu nehmender und hinterhältiger Feind, der oft ohne Vorwarnung zuschlägt. Dies erfordert ein bestimmtes und entschlossenes Vorgehen. Der Vorsatz, aufmerksam zu sein, macht den Geist frisch, und man ist dann leichter bereit, die Herausforderung zu meistern. Ein klassisches Beispiel dafür ist ein General, der seine Soldaten vor einem Kampf zu äußerster Wachsamkeit anspornt, um eine möglicherweise tödliche Niederlage zu vermeiden. Ob ihr euch selbst nachdrücklich ermahnt oder subtil überzeugt, ihr solltet, wenn ihr es mit einem dumpfen, desinteressierten Geisteszustand zu tun habt, eure inneren Ressourcen aktivieren, da es sich dabei um einen besonders leisen Feind der Meditation handelt. Normalerweise ist Dumpfheit eine Wirkung von früherem Karma; Schwere in Körper und Geist kann aber auch mit gesundheitlichen Problemen zusammenhängen. Das beste Heilmittel, um Dumpfheit entgegenzuwirken, sind Vertrauen und Zuversicht in den Erleuchtungsgeist[22] und in die Wirksamkeit der Lehren des Buddha. Vergegenwärtigt euch die Qualitäten des Buddha, wie liebende Güte und Mitgefühl, die in Weisheit eingebettet sind. Vergegenwärtigt euch den Dharma, d.h. die Lehren und Methoden, die vertrauenswürdig und wahr sind. Die Praxis des Dharma führt zu letztendlicher spiritueller Erfüllung, dem Erlangen der Buddhaschaft. Vergegenwärtigt euch die Qualitäten des Sangha. In diesem Zusammenhang bezieht sich »Sangha« spezifisch auf jene, die höhere Stufen der Erkenntnis erlangt haben und es daher wert sind, die Rolle von spirituellen Mentoren und Mentorinnen einzunehmen. Indem ihr Vertrauen und Zuversicht in die Drei Juwelen entwickelt, überwindet ihr körperliche und geistige Trägheit, die der Meditation so abträglich ist.

Um Dumpfheit entgegenzuwirken, kann es auch hilfreich sein, Licht zu visualisieren. Stellt euch dafür ein Licht vor, wie man es bei einem Herbsthimmel nach Sonnenuntergang sieht, ein weiches, belebendes Leuchten in Rottönen.

Das Heilmittel gegen Zweifel: Den Geist zu fokussieren, wirkt der Tendenz des Zweifels entgegen. Schaut zuerst, ob ihr die Zweifel beiseitelassen und eure Praxis einfach fortsetzen könnt. Halten die Zweifel jedoch an, dann versucht, sie durch logische Überlegungen zu überwinden. Ihr könnt euch zum Beispiel darüber Gedanken machen, ob es einen Weg gibt, der zu letztendlicher Erleuchtung führt. Was ist ein Weg? Ein Weg ist in diesem Zusammenhang eine wohl bekannte Vorgehensweise, durch die Unwissenheit überwunden wird. Was ist Unwissenheit? Unwissenheit ist eine durch Ich-Anhaften verursachte falsche Auffassung im Geist. Was ist Ich-Anhaften? Es ist ein selbstverständliches Festhalten an einem Ego, welches von einem verwirrten Geist erfunden wurde. Da es also lediglich eine Erfindung ist, kann es auch aufgelöst werden. Wenn ihr dieser Überlegung folgt, erreicht ihr bald einen Punkt, an dem sich die Zweifel klären.

Das Heilmittel gegen Groll: Liebende Güte wirkt Groll entgegen. Meditiert zunächst auf liebende Güte in Bezug auf eure Familie. Dann dehnt den Bereich aus, indem ihr zuerst Freunde, Nachbarn, völlig Fremde und sogar Feinde und schließlich jedes Lebewesen mit einschließt. Liebende Güte ist eine sehr kraftvolle Praxis. Meditierende, die liebevolle Güte entwickelt haben, bewirken, dass auch andere in ihrem Umfeld auf unerklärliche Weise liebevoll miteinander umgehen, ja sogar, dass wilde Tiere zahm werden. Es gibt viele Geschichten von Tieren, die ihre instinktive Furcht vor Menschen überwunden und die sanfte Gegenwart von Meditierenden aufgrund deren liebender Güte akzeptiert haben.

Das Heilmittel gegen Gier: Habt ihr Verlangen, zum Beispiel nach Geld, haltet einen Moment inne und überlegt, was Geld euch geben kann. Gibt es euch wirklich Glück und völlige Befriedigung? Tatsächlich ist Wohlstand die Auswirkung von gutem Karma und nicht etwa die Folge davon, nach Reichtum zu streben. Verlangen macht den Geist nur unruhig und hält euch davon ab, gern zu praktizieren. Pflegt daher einen zufriedenen Geisteszustand und ihr werdet gut meditieren.

Eine grundlegende Eigenschaft kann all diese verschiedenen Probleme in der Meditation beseitigen: natürliche Entspanntheit. Auf den ersten Stufen der Meditation ist ein gewisses Maß an willentlicher Bemühung erforderlich, damit der Geist weniger angespannt und aufgewühlt ist. Im Laufe der Zeit wird er jedoch während der Meditation natürlicherweise entspannt und friedvoll, wodurch die Energien oder »Winde« in den Energiebahnen[23] des Körpers reibungslos fließen. Dies bewirkt wiederum, dass sich Stress und Anspannung im Körper lösen. Manche mögen der Meinung sein, dass nur der Körper den Geist beeinflusst, tatsächlich jedoch ist auch das Gegenteil der Fall. Ein ruhiger Geist wirkt sich förderlich auf die Energiebahnen aus, was wiederum das Fließen der Energien darin harmonisiert. Dies bringt körperliche Entspannung mit sich, eine gute Basis für Meditation.

Zwei weitere Qualitäten sind wesentlich, um einen friedvollen, meditativen Geisteszustand zu entwickeln. Die erste ist Achtsamkeit[24], d. h. man erinnert sich daran, den Fokus aufrechtzuerhalten, bleibt geistesgegenwärtig und vermeidet so, dass die Aufmerksamkeit vom Objekt bzw. von der Stütze »abgleitet«. Die zweite Qualität ist fortlaufende Bewusstheit[25], d. h. man ist sich dessen bewusst, was im Geist abläuft, und nimmt wahr, was auch immer in ihm vorgeht.

Mit Achtsamkeit erinnert ihr euch also daran, aufmerksam zu bleiben, während ihr euch durch fortlaufende Bewusstheit der Qualität der Aufmerksamkeit bewusst seid und Hindernisse bemerkt. Dies befähigt euch auch, die geeigneten Gegenmittel anzuwenden. Achtsamkeit und fortlaufende Bewusstheit sind somit zwei sich ergänzende Qualitäten, die hilfreich sind, um natürlich und mühelos zu meditieren.

Und abschließend noch ein paar allgemeine Empfehlungen: Vermeidet Abhängigkeiten wie Rauchen, Trinken usw. Esst auch nicht zu viel, denn dies führt zu Trägheit. Wenn ihr viel meditiert, ist es außerdem hilfreich, nach dem Mittagessen nichts mehr zu sich zu nehmen, vor Mitternacht schlafen zu gehen und morgens früh aufzustehen.

Das Wesen von Śamatha und Vipaśyanā

Śamatha und Vipaśyanā im eigentlichen Sinne sind erst dann gegeben, wenn die Praxis natürlich und mühelos geworden ist. Bis dahin ist es eher so, dass wir uns darin üben, Śamatha und Vipaśyanā zu erlangen.

Die allgemeine Śamatha-Praxis erfordert einen Bezugspunkt, auf dem der Geist verweilen kann, ohne von Zerstreuung und Gedanken fortgetragen zu werden. Ist dafür kein gezieltes Bemühen mehr erforderlich, handelt es sich um echten Śamatha – einen Geist der Stille. Folgendes Beispiel verdeutlicht den Unterschied zwischen der Schulung in Śamatha und echtem Śamatha. Es gibt eine spezielle Śamatha-Meditation, durch die man sich sehr deutlich an die Vergangenheit erinnert, sodass man sogar um frühere Leben weiß. Bei dieser Śamatha-Praxis konzentriert man sich auf die einzelnen Momente des Geistes. Man ist sich des Entstehens und Vorübergehens jedes einzelnen Moments bewusst. Tatsächlich ist der Geist niemals statisch, er ändert sich von Moment zu Moment, da er ein fließender Bewusstseinsstrom ist. Jeder Bewusstseinsmoment ist mit der Vergangenheit, der Gegenwart und der Zukunft verbunden. Der Moment vor dem jeweils jetzigen Bewusstseinsaugenblick ist die Vergangenheit, der Moment seines Bestehens ist die Gegenwart und der Moment danach ist die Zukunft. Ein Moment kollidiert nicht mit dem nächsten, denn es sind unterschiedliche Momente. Bei dieser Śamatha-Meditation werden die Momente als solche nicht analysiert. Vielmehr bleibt man, mit dem jeweils entstehenden und vergehenden Moment als Bezugspunkt, völlig konzentriert und bewusst. Während man also ohne grobe oder subtile Ablenkung die Momente betrachtet, ist man sich ihrer tatsächlichen Abfolge bewusst. Am Anfang erfordert es Mühe, aufmerksam und fokussiert zu bleiben. Ist man erst einmal in der Lage, die vorbeiziehenden Bewusstseinsmomente ohne jegliche

Mühe genau und klar wahrzunehmen, befindet man sich nicht mehr im Prozess, sich in Śamatha zu schulen, sondern ist vielmehr in die echte Praxis von Śamatha eingetreten. Auf dieser Stufe setzt ein besonderes Erinnerungsvermögen ein, durch das man zunächst um die nähere Vergangenheit weiß, sich dann an die Kindheit erinnert und schließlich an vorgeburtliche Erfahrungen. Sich der genauen Abfolge vorbeiziehender Momente bewusst zu sein bewirkt, dass man sich allmählich sogar an Dinge aus früheren Leben richtig erinnert. Das Ausmaß des Erinnerungsvermögens hängt vom Ausmaß der Fähigkeit ab, natürlich und mühelos zu meditieren, und intensiviert sich, je mehr man die echte Śamatha-Praxis verfeinert. Dabei erinnert man sich zunächst an alles Vergangene bis in die Kindheit, so als hätte es sich gerade gestern ereignet. Ist echte Śamatha-Praxis einmal völlig natürlich geworden, kann jede Erinnerung ganz nach Belieben abgerufen werden.

Was bedeutet nun Vipaśyanā im Zusammenhang mit diesem Beispiel? Bezieht man den Vipaśyanā-Aspekt der Praxis mit ein, konzentriert man sich nicht auf das Beobachten des Stroms vorbeiziehender Momente, sondern erforscht systematisch die eigentliche Natur jedes einzelnen Moments. Solange man mit dem Intellekt begrifflich untersucht, handelt es sich dabei um die Schulung in Vipaśyanā. Man identifiziert dadurch die eigentliche Natur des jeweils vorübergehenden Moments. Um echte Vipaśyanā handelt es sich dann, wenn der Prozess nicht mehr auf einer rein begrifflichen Ebene erfolgt. Auf dieser Stufe der Entwicklung ist das Erfassen der Natur jedes Geistmoments zu einer direkten Erfahrung geworden. Echte Vipaśyanā bedeutet, die Natur des Geistes so zu sehen, wie sie wirklich ist – dafür ist eine direkte Wahrnehmung erforderlich. Direkte Wahrnehmung ist eine Bewusstheit, die nicht über Namen bzw. Begriffe erfolgt, mit denen wir üblicherweise die Dinge zusammenfassen, verallgemeinern und kategorisieren. Bei direkter Wahrnehmung werden grundsätzlich keine begrifflichen Vorstellungen im Geist gebildet. Auch wenn ihr es kaum jemals bemerkt, gibt es in unseren Alltagserfahrungen laufend Momente direkter Wahrnehmung. Sieht man zum Beispiel ein weißes Blatt Papier, gibt es einen Moment direkter Wahrnehmung, bevor der Gedanke »weißes Papier« im Bewusstsein auftaucht. Diese direkte Wahrnehmung währt allerdings nur einen Augenblick. Sobald das begriffliche Denken einsetzt, ist die direkte, unmittelbare Erfahrung vorüber und das Erleben ändert sich, denn dann wird die Erfahrung abstrahiert. Sobald man benennt, vergleicht und verallgemeinert, ist die einzigartige Qualität der direkten Wahrnehmung vorüber – das Konzept »weiß« trifft schließlich auf Vieles zu. Dies war nur ein Beispiel für eine allgemeine direkte Sinneswahrnehmung im Alltag.

Die Art der direkten Wahrnehmung, auf die es hier ankommt, geht jedoch noch viel weiter. Bei echter Vipaśyanā-Meditation erfasst man, während man zum Beispiel ein weißes Blatt Papier direkt sieht, gleichzeitig auch dessen wahre Natur. Echte Vipaśyanā bedeutet, die eigentliche Natur jedes wahrgenommenen Phänomens zu sehen. Dies ist die »yogische direkte Wahrnehmung«, das direkte Erkennen der wahren Natur der Wirklichkeit.

Einfach ausgedrückt entfernt die Schulung in Śamatha und Vipaśyanā die Hindernisse für Meditation. Man ruht dann in echter Śamatha-Praxis, wenn man völlig frei von Ablenkung, Trägheit und Dumpfheit in Meditation verweilt. Um echte Vipaśyanā-Praxis, d. h. um eine direkte Wahrnehmung der wahren Natur der Wirklichkeit, handelt es sich dann, wenn dabei weder Unruhe noch Bedauern noch Zweifel aufkommen. Solche Hindernisse stellen sich dann nur noch außerhalb der Meditation gelegentlich ein. Erst wenn man Erleuchtung erlangt hat, werden sie völlig ausgeräumt sein und erst dann gibt es überhaupt keinen Unterschied mehr zwischen dem meditativen und dem post-meditativen Zustand.

Die Fertigkeiten und Schritte in der Śamatha- und Vipaśyanā-Praxis

In der Śamatha-Praxis werden neun sogenannte Fertigkeiten unterschieden, in der Vipaśyanā-Praxis ist von verschiedenen Schritten die Rede.

Die neun Fertigkeiten in der Śamatha-Praxis sind: den Geist (1) im Innen ruhen lassen, (2) kontinuierlich ruhen lassen, (3) bestimmt ruhen lassen, (4) intensiv ruhen lassen, (5) zähmen, (6) beruhigen, (7) vollständig beruhigen, (8) in einem ununterbrochen konzentrierten Zustand stabilisieren und (9) in Gleichmut verweilen lassen.[26] Die Abfolge dieser Fertigkeiten, die zum Beispiel im *Abhidharmasamuccaya* (das »Kompendium des Abhidharma«[27]) beschrieben ist, wird unten im Abschnitt über die allgemeine Śamatha-Praxis weiter erklärt.

Vipaśyanā-Praxis wird oft in vier Schritte unterteilt: Phänomene (1) unterscheiden, (2) genau unterscheiden, (3) vollkommen untersuchen und (4) vollkommen analysieren.[28] Diese Einteilung findet sich zum Beispiel im *Saṃdhinirmocanasūtra* (das »Sūtra, das die Absicht enthüllt«). Der generelle Ablauf dieser vier und einige andere Zugänge zur Vipaśyanā-Praxis wird im Abschnitt zur allgemeinen Vipaśyanā erklärt.

Die Reihenfolge der Śamatha- und Vipaśyanā-Praxis

In der Regel beginnt ihr mit der Übung für Śamatha und schult euch darin, bis ihr Gelöstheit[29] erlangt, d. h. einen friedlichen Geisteszustand und ein gewisses körperliches Wohlbefinden. Ist dieser echte Śamatha erreicht und Geistesruhe natürlich geworden, übt ihr euch in den verschiedenen Schritten von Vipaśyanā. Insbesondere in der Mahāmudrā-Tradition können Śamatha und Vipaśyanā jedoch auch gleichzeitig praktiziert werden. Sind die Lehrer bzw. Lehrerinnen hochverwirklichte Meditierende, können sie je nach Fähigkeit der einzelnen Schüler bzw. Schülerinnen entscheiden, welche Reihenfolge die beste ist. Eine Auswirkung von Śamatha ist die Fähigkeit, den Geist anderer zu kennen. Deshalb nützen Lehrer bzw. Lehrerinnen, die in Meditation weit entwickelt sind, diese Fähigkeit, um zu sehen, was für den Einzelnen bzw. die Einzelne am geeignetsten ist. Die Methode dafür ist übrigens die gleiche wie die oben erwähnte, durch die man sich an die Vergangenheit erinnert, allerdings mit dem Unterschied, dass man sich hier auf den Geist anderer konzentriert statt auf den eigenen. Dies hört sich zwar leicht an, ist aber schwer zu verwirklichen.

Das sicherste und beständigste Vorgehen ist jedoch, mit Śamatha zu beginnen und dann, wenn die verschiedenen Fertigkeiten der Geistesruhe erlangt worden sind, stufenweise die diversen Schritte von Vipaśyanā zu praktizieren. Wie oben bereits erwähnt, gilt als allgemeine Regel dafür, dass ihr dann bereit seid, mit Vipaśyanā zu beginnen, wenn euer Śamatha mühelos und natürlich geworden ist.

Die Einheit von Śamatha und Vipaśyanā

Vipaśyanā ohne Śamatha ist theoretisch zwar möglich, in der Praxis jedoch nicht empfehlenswert. Ohne die Stabilität von Śamatha ist der Geist nämlich wie eine Flamme, die im Wind flackert: Sie gibt zwar Licht, aber schon ein plötzlicher Luftzug kann sie auslöschen. Gleichermaßen wird die Einsicht von Vipaśyanā ohne die ruhige und friedliche Grundlage von Śamatha instabil bleiben.

Śamatha ohne Vipaśyanā ist ebenso wenig empfehlenswert, weil dies niemals Ursache für die Befreiung aus dem Elend von Saṃsāra sein kann. Es kann sogar zu einem großen Hindernis für die Meditation werden. Die tiefsten Zustände von Entspannung und Konzentration sind, wie bereits erwähnt, unvorstellbar erhaben und friedvoll. Dennoch aber bleibt Unwissenheit, die Grundlage aller Täuschung, in Form von Selbstbezogenheit tief verwurzelt. Praktiziert ihr daher Śamatha ohne Vipaśyanā, werdet ihr vielleicht Zeitalter hindurch in einem göttlichen Zustand wiedergeboren. Geht nach dieser Periode der freudvolle Zustand der Ruhe jedoch zu Ende, finden sich die weit entwickelten Śamatha-Meditierenden, die von sich selbst wahrscheinlich dachten, tatsächlich Befreiung von Wiedergeburt erlangt zu haben, in den leidvollen Zuständen von Saṃsāra wieder. Der Grund dafür liegt darin, dass die latenten Gewohnheiten des Ich-Anhaftens erneut zum Vorschein gekommen sind. Die tief verwurzelte Unwissenheit kann nur durch Vipaśyanā-Meditation aufgelöst werden.

Die Fähigkeit, Śamatha und Vipaśyanā zu einer Einheit werden zu lassen, stellt sich mit der neunten Fertigkeit von Śamatha ein, d. h. dann, wenn der Geist in Gleichmut verweilt. Zu diesem Zeitpunkt kann sich Vipaśyanā mühelos entwickeln und die beiden Praktiken verschmelzen auf dieser Basis natürlicherweise in eine.

Die Früchte von Śamatha und Vipaśyanā

Die Frucht von Śamatha ist die sogenannte Reinheit des Geistes, und zwar in dem Sinne, dass Geistestrübungen »völlig zur Ruhe gebracht« worden sind. Die Frucht von Vipaśyanā ist die Vervollkommnung von

Weisheit dahingehend, dass die Hindernisse für Weisheit »vollständig überwunden« sind. Geistestrübungen werden dann als »völlig zur Ruhe gebracht« bezeichnet, wenn sie ganz eingedämmt wurden. Hindernisse für Weisheit gelten dann als »vollständig überwunden«, wenn sich grundlegende Unwissenheit, Täuschung und alle subtilen Spuren emotionaler Geistestrübungen aufgelöst haben.

Die Früchte von Śamatha und Vipaśyanā bestehen also darin, dass zwei Arten von Fesseln gelöst sind: jene der emotionalen Geistestrübungen und jene der grundlegenden Unwissenheit. Sie sind die Ketten, die uns in Saṃsāra gefangen halten. Śamatha befreit uns von der Fessel der emotionalen Geistestrübungen, Vipaśyanā von der Fessel der Unwissenheit.

Śamatha reinigt uns auch vom Festhalten an den Dingen, indem er Erwartungen, Zweifel und Ängste verringert. Aufgrund von Begierden und Anhaften schwanken wir nämlich zwischen der Hoffnung, etwas zu erhalten, und der Befürchtung, Dinge wieder zu verlieren, die wir unter vielen Ängsten und Mühen erworben haben. Zweifel, Erwartungen, Ängste und Sorgen haben ihren Ursprung in intensiver Begierde und Anhaften.

Mit Vipaśyanā, insbesondere auf den höheren Stufen, geht einher, dass man – selbst dann, wenn man Wünsche und Bestrebungen hegt – frei ist von übermäßigen Hoffnungen und Ängsten. Sind selbstbezogene Begierde und Anhaften einmal wirklich überwunden, gibt es keine Basis mehr für Erwartungen, Ängste, Sorgen oder Zweifel. Die letztendliche Frucht von Vipaśyanā ist die Befreiung aus Saṃsāra und das Erlangen der Buddhaschaft.

Allgemeine Śamatha-Praxis im Detail

Meditationshaltung und generelle Einstellung

Die Bedeutung der Sitzhaltung für die Meditation sollte nicht unterschätzt werden. Dies trifft sowohl für Śamatha als auch für Vipaśyanā zu.

- Der Rücken sollte aufrecht sein. Sitzt ihr auf einem Stuhl, ist es am besten, die Füße parallel auf den Boden zu stellen. Falls ihr auf einer Matte sitzt, können die Beine im sogenannten Lotussitz[30] übereinander verschränkt sein oder so angewinkelt, dass das linke Bein innen und das rechte Bein außen[31] liegt. Menschen mit langen Beinen sollten normalerweise auf einem höheren Kissen sitzen, wobei die Höhe des Kissens von den Körperproportionen abhängt. Wichtig ist, dass die Wirbelsäule kerzengerade ist. Der Balance wegen ist der Oberbauch leicht nach innen bzw. hinten eingezogen, während der Unterbauch leicht nach vorn gewölbt ist. Damit ist sichergestellt, dass die Körpermitte im Lot ist. Um den Oberkörper in seiner aufrechten Haltung zu unterstützen, sollten auch die Schultern auf gleicher Höhe und entspannt sein. Es besteht kein Grund dafür, die Schultern nach oben zu ziehen.
- Die Hände können in der sogenannten Meditationshaltung im Schoß liegen bzw., falls ihr in der vollen Lotusposition sitzt, auf den Fersen, wobei die Handflächen nach oben zeigen und die rechte Hand auf der linken liegt. Diese Position stabilisiert die gerade, aufrechte Wirbelsäule noch mehr. Ihr könnt die Hände auch in derselben Haltung, jedoch einige Fingerbreit unterhalb des Nabels halten oder auch mit den Handflächen nach unten auf die Knie legen, wobei ihr darauf achten solltet, dass die Schultern auf einer Ebene sind.
- Der Kopf sollte leicht nach vorne geneigt sein, sodass das Kinn ein klein wenig in Richtung des Brustbeins zeigt.
- Die Augen sollten halb geöffnet sein, der Blick nach vorn und etwas nach unten gerichtet.
- Der Mund sollte weder offen noch fest geschlossen sein, die Lippen entspannt in einer ganz natürlichen Stellung. Atmet hauptsächlich durch die Nase.

Dies sind die wesentlichen Punkte einer korrekten Körperhaltung für die Meditation. Behaltet diese Position natürlich bei, ohne Stress oder Anstrengung.

Manche Meditierende haben nie gelernt, richtig zu sitzen. Dies ist problematisch, da eine schlechte Haltung zur Ablenkung des Geistes beiträgt.

Bei einer guten Körperhaltung hingegen sind die Energiebahnen in der richtigen Position. Dies ermöglicht, dass die Winde oder Energien ruhig durch den Körper fließen, was zu Ausgewogenheit und Entspanntheit führt. Wichtig ist, sich daran zu erinnern, immer natürlich und gelöst zu sein. Druck führt zu nichts. Zwingt ihr euch zum Beispiel dazu, die Augen zu weit offen zu halten, beginnen sie nur zu tränen, schließt ihr die Augen hingegen ganz, kann sich Dumpfheit einstellen.

Am Anfang erfordert Meditation ein gewisses Maß an gezieltem Bemühen. Resultate stellen sich nicht kurzfristig ein. Übt ihr jedoch mit Ausdauer, Hingabe und Geduld, werdet ihr mit Sicherheit gute Resultate erzielen. Ist die Haltung jedoch nicht korrekt, praktiziert ihr mit häufigen Unterbrechungen und mit Missbehagen und seid ihr dabei auch noch kleinmütig oder unglücklich, voller Zweifel oder Erwartungen, dann werden die Resultate selbst bei tausendjähriger Praxis immer noch enttäuschend sein.

Im Kloster Rumtek, dem Hauptsitz des 16. Gyalwa Karmapa in Sikkim, lebte ein älterer Mönch, dessen Meditation hervorragend war. Er hielt keine festen Meditationszeiten ein. Er erzählte, dass er über die Jahre viele Meditierende gesehen habe, die zwar ein formales Dreijahres-Retreat[32] absolviert hatten, ohne dabei jedoch irgendetwas erreicht zu haben. Manche, erklärte er, hätten dabei sogar den Mut verloren und die Praxis ganz aufgegeben. Zusammen mit ein paar anderen hatte dieser Mönch bei einem damals längst verstorbenen ausgezeichneten Meditationslehrer gelernt. Viele Jahre hindurch haben er und diese anderen Mönche ihre Meditation frei von Zweifeln oder Erwartungen fortgesetzt. Sie waren klug genug, sich dessen bewusst zu sein, dass ihre Meditationsübung das Wichtigste in ihrem Leben war. Manchmal war der besagte Mönch mit seinen Pflichten im Kloster voll beschäftigt und erfüllte sie still und effizient. Ohne sich je zu beschweren, kehrte er nach getaner Arbeit einfach wieder zu seiner Meditation zurück. Hatte er nichts Bestimmtes zu tun, konnte er sich tagelang seiner Praxis widmen. Seine Meditation war erfolgreich, weil sein Lebensinhalt rein und einfach und seine Beweggründe eindeutig waren. In seinem Leben war ihm nichts wichtiger als seine Meditationspraxis, und dennoch kam er all seinen Verpflichtungen nach.

Glaubt nicht, dass sich dadurch, dass ihr zu bestimmten Zeiten besondere Anstrengungen an den Tag legt, sofortige Resultate einstellen. Ihr liegt auch falsch mit der Vorstellung, dass ihr ab einer bestimmten Ebene in der Meditation diese einfach beiseitelassen und euch anderen Beschäftigungen zuwenden könnt. Wie könnt ihr meditieren, wenn ihr von solchen Hoffnungen, Ängsten, Zweifeln und Erwartungen erfüllt seid? Derartige Gedanken lenken euch ab und schwächen den Entschluss zur Praxis. Möglicherweise kommt auch eine Zeit, in der ihr meint, die Praxis ganz aufgeben zu müssen.

Versteht, dass es keine Beschäftigung im Leben gibt, die lohnender wäre als Meditation. Es spielt keine Rolle, ob es ein ganzes Leben oder nur einen Tag dauert, bis sich gute Resultate einstellen. Ihr solltet eure Meditation ohne Ablenkung in einer entspannten Art fortsetzen. Setzt ihr euch dabei nicht unter Druck, wird es euch leichter fallen, dabei zu bleiben. Es ist nicht unbedingt nötig, feste Zeiten für die tägliche Meditation einzuhalten: Mit dem eindeutigen Verständnis, dass es absolut nichts Wichtigeres im Leben als Meditationspraxis gibt, meditiert einfach, wann immer es euch während des Tages möglich ist. Tatsächlich gibt es im Leben sonst nichts zu erlangen. Dies ist vielleicht der Grund, warum der ältere Mönch im Kloster Rumtek und seine Kollegen in ihrer ganzen Einfachheit erfolgreicher waren als andere, die das strenge Training eines formalen Dreijahres-Retreats durchlaufen sind.

Um die ersten Śamatha-Fertigkeiten zu erwerben, braucht ihr Geduld, weil sich anfangs durchaus einige Schwierigkeiten und manchmal auch Unbehagen einstellen. Dennoch werden schon in diesen ersten Phasen einige positive Veränderungen Mut machen. Eure Meditation wird merklich spontaner und natürlicher.

Verschiedene Arten der Śamatha-Praxis

Śamatha-Praxis ist eine Methode, die den Geist ruhig und klar werden lässt. Dabei steht euch eine ganze Reihe von Techniken zur Auswahl. Manche Śamatha-Praktiken wirken dabei zusätzlich ganz bestimmten Geistestrübungen entgegen. Vielleicht fragt ihr euch, mit welcher Methode ihr beginnen solltet. Natürlich könnt ihr mit der Art von

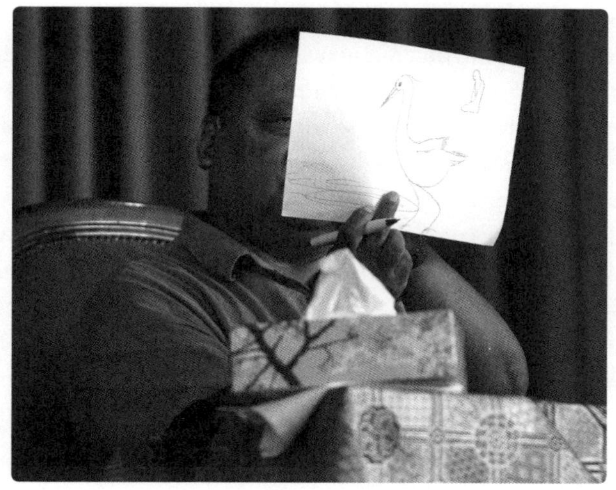

Shamar Rinpoche zeichnete diese Skizze am 9. Juni 2014 während einer seiner letzten Unterrichtseinheiten und hielt sie hoch, damit seine Schüler und Schülerinnen sie sehen konnten. Die Skizze zeigt die von Shamar Rinpoche wiederholt verwendete Metapher: So wie ein Reiher sich auf einen Fisch konzentriert, so sollte man sich während der Śamatha-Meditation fokussiert konzentrieren.

Śamatha-Praxis anfangen, die eurem eigenen Bedürfnis am ehesten entgegenkommt. Im Allgemeinen ist jedoch die Śamatha-Meditation, bei welcher der Fokus auf der Atmung liegt, für Anfänger bzw. Anfängerinnen am besten geeignet. Sie wirkt als Mittel gegen Unruhe, die bei uns allen ein konstanter Störfaktor ist. Bei dieser Übung liegt der Fokus auf einem einzelnen Objekt, auf dem der Geist konzentriert verweilt. Die anderen Arten von Śamatha-Praxis, bei denen ihr euch zum Beispiel in bestimmten Gedankengängen bzw. Geisteshaltungen oder auch mit geistigen Bildern schult, wirken spezifischen Geistestrübungen entgegen, die Praktizierenden jedoch nicht ständig zu schaffen machen. Sie werden weiter unten erklärt.

Entwickeln von Śamatha mit der Stütze des Atems

Die Meditation, bei der der Atem als Stütze dient, gilt im Allgemeinen als das beste Mittel gegen einen unruhigen Geist. Ihr solltet daher mit dieser einfachen Meditationsform beginnen. Seid ihr einmal mit der Atem-Betrachtung vertraut, könnt ihr zu den anderen Śamatha-Übungen wechseln.

Fokussiert den Geist, indem ihr jeden Atemzyklus – einmal ein- und ausatmen – zählt, bis ihr insgesamt einundzwanzig Wiederholungen erreicht habt. Ihr könnt dabei mit einem sanften Einatmen anfangen und dann, nach dem Zyklus des Aus- und Einatmens, mit »eins« zu zählen beginnen. Aus und ein – »zwei«. Aus und ein – »drei« usw. Ihr könnt genauso mit einem sanften Ausatmen anfangen und dann, nach dem Zyklus des Ein- und Ausatmens, mit »eins« beginnen. Ein und aus – »zwei«. Ein und aus – »drei« usw. Eine Māla (Meditationskette) oder ein Handzähler kann das Zählen unterstützen. Zählt einundzwanzig Atemzyklen, legt eine kurze Pause ein und beginnt dann von Neuem, wobei ihr wieder einundzwanzig Atemzyklen zählt. Anschließend legt erneut eine kurze Pause ein usw.

Eine ergänzende Methode ist, sich den Atem als weißen Lichtstrahl vorzustellen, der beim Einatmen in den Körper eintritt, im Körper bis etwa auf Nabelhöhe hinunterströmt und den Körper dann mit dem Ausatmen wieder verlässt, wobei dieser Lichtstrahl solange begleitet wird, bis er fast den Boden vor einem berührt.

Eine andere Methode ist, dem Atem einfach zu folgen, während man ein- und ausatmet, ohne dabei das Ein- und Ausatmen zu zählen oder den Lichtstrahl zu visualisieren.

Bei den ersten Versuchen, euch auf den Atem zu fokussieren, ist der Geist vielleicht abgelenkt, und es mag schwierig sein, einundzwanzig Atemzyklen hindurch konzentriert zu bleiben. Seid unbesorgt, auch wenn es zu Beginn sehr mühsam sein mag. Lasst die Konzentration einfach ganz ruhig immer wieder zum Atem zurückkehren. Einundzwanzig Atemzyklen hindurch gut konzentriert zu sein, wird zu einem Zustand der Ruhe in Körper, Rede und Geist führen. Gelingt es euch, einundzwanzig Atemzyklen ohne jegliche Ablenkung zu zählen, habt ihr bereits eine sehr gute Qualität in der Konzentration erreicht. Könnt ihr dann, mit kurzen Zwischenpausen, oft hintereinander bei einundzwanzig Atemzyklen konzentriert bleiben, wird der Geist mit dieser Übung schnell vertraut werden. Habt ihr einmal diese Übung von einundzwanzig Atemzyklen in völliger Konzentration tausend Mal wiederholt und damit insgesamt die Zahl von 21.000 Atemzyklen erreicht, stellt sich ein wirklich gutes Ergebnis ein: Ihr werdet echte Ruhe erlangt haben. Dies erfordert natürlich entsprechend viel Zeit. Einundzwanzig Atemzyklen hindurch zu üben, dauert ungefähr fünf Minuten, was bedeutet, dass man pro Stunde ungefähr 252 Atemzyklen hindurch konzentriert verweilen kann. Die vollständigen 21.000 Atemzyklen würden also dreieinhalb Tage an fortlaufender Konzentration in Anspruch nehmen. Natürlich könnt ihr zwischendurch auch Pausen einlegen! Übt ihr zum Beispiel acht Stunden täglich, dann ist es möglich, in zehneinhalb Tagen die 21.000 Atemzyklen hindurch konzentriert zu verweilen. Wer so praktiziert, wird herausragende Resultate haben.

Entwickeln von Śamatha mit einer Meditation auf den Buddha

Eine andere bekannte Śamatha-Praxis ist, vor einer Buddha-Statue zu meditieren. Voller Hingabe zum Buddha lasst ihr den Geist auf seiner Darstellung ruhen. Auch dies ist, ebenso wie die Meditation mit dem

Atem als Stütze, eine für Anfänger bzw. Anfängerinnen hervorragend geeignete Praxis. Die Fokussierung auf die Darstellung hat den zusätzlichen Nutzen, den Segen des Buddha zu bekommen. Da bei dieser Praxis jedoch das religiöse Element mehr im Vordergrund steht, ist sie vielleicht nicht für alle geeignet. Sollte dies der Fall sein, ist es empfehlenswert, die Atem-Meditation als reine, einfache und effektive Methode anzuwenden, um den Geist zur Ruhe zu bringen.

Eine weitere Möglichkeit, mit dem Buddha als Stütze zu meditieren ist, diesen vor sich im Raum zu visualisieren, und zwar so deutlich wie möglich: Er sitzt auf einem Sitz, so kostbar, wie man ihn sich nur vorzustellen vermag. Hinter ihm befindet sich der herrliche Bodhi-Baum[33]. Der Körper des Buddha ist golden und strahlend. Er sieht euch mit grenzenloser Liebe und unendlichem Mitgefühl direkt an. Konzentriert euch sorgfältig auf jedes Detail seiner Gestalt: seinen wunderschönen Blick, seine Augen, seinen Mund, sein Haar, seinen Oberkörper, seine Schultern, seine Arme und seine Beine. Konzentriert euch auf ihn und entwickelt tiefe Hingabe zu ihm. Habt ihr diese große Hingabe hervorgebracht, verwandelt sich der Buddha in Licht, das in euch hineinfließt. Diese Meditation ist in vielerlei Hinsicht nützlich. Unmittelbar hilft sie, die Konzentration zu schulen, indem ihr euch ganz auf den Buddha fokussiert. Ein weiterer direkter Nutzen ist, dass diese Praxis jene Eindrücke im Geist verstärkt, die bewirken, dass die Meditation von eurer eigenen Weisheit geleitet werden wird. Der letztendliche Nutzen ist, dass ihr euch immer weiterentwickelt, bis ihr schließlich selbst zu einem vollkommenen Buddha geworden seid und zahllosen Lebewesen in unendlichem Ausmaß helft.

Entwickeln von Śamatha als Heilmittel gegen die drei Geistesgifte

Bei einer anderen Art der Śamatha-Praxis wird der Geist auf bestimmte Gedankengänge und weitere Visualisationen ausgerichtet, eine Schulung, die darauf abzielt, Geistestrübungen zur Ruhe zu bringen und in der Folge auch das durch diese ausgelöste Verhalten entsprechend zu verändern. Bei diesen Übungen wird die Auswahl des Kontemplationsobjekts danach getroffen, welche Geistestrübung in einem selbst vorherrscht. Die entsprechende Methode wirkt dann, neben der allgemeinen Schulung in Śamatha, als spezifisches Heilmittel gegen die jeweilige Geistestrübung. Im Folgenden werden gezielte Übungen gegen die drei Haupttrübungen, d. h. Begierde, Zorn und Unwissenheit, vorgestellt.

Konzentration auf die Unschönheit des Körpers – ein Heilmittel gegen Begierde

Um Begierde zu verringern, konzentriert euch auf die Unschönheit und die Vergänglichkeit des Körpers. Diese Übung bewirkt, dass der Geist zur Ruhe kommt. Konzentriert euch darauf, wie die verschiedenen Körperteile miteinander verbunden sind und wie sie gemeinsam die Gestalt als Ganzes ergeben. Dann wendet euch dem Inneren des Körpers zu, den Muskeln, dem Blut, den Knochen, den Organen usw. Kontempliert, wie jede einzelne dieser Komponenten des Körpers einerseits deutlich von den anderen Teilen unterscheidbar, andererseits jedoch eng mit ihnen verbunden ist. Versucht, die gesamte Struktur des Körpers mit der Haut, die ihn wie ein Zelt umgibt, zu spüren. Dann stellt euch vor, dass sich auf der Stirn, gleich über den Augenbrauen, eine kleine offene Wunde mit einem Fäulnisfleck befindet. Die Fäulnis beginnt sich auszudehnen und breitet sich rasch auf die Stirn und den Kopf aus. Sie dehnt sich weiter aus, bis sie jeden Körperteil überzieht. Das verwesende Fleisch ändert seine Farbe von rot zu bläulich, platzt auf und fällt ab. Nur an der Oberseite des rechten Fußes bleibt ein kleines Stück Fleisch gesund und intakt, nicht größer als das oberste Daumenglied. Der Körper ist jetzt nur mehr ein Skelett und selbst dieses fällt dann auseinander. Die Knochen fallen zu Boden, werden immer größer und vervielfältigen sich. Bald erstrecken sie sich von Küste zu Küste und bedecken schließlich die gesamte Erdoberfläche. Beobachtet dies ruhig mit eurem geistigen Auge, solange es geht. Dann stellt euch vor, dass sich die verstreuten Knochen zu bewegen beginnen und sich erneut zusammenfügen, bis sie wieder die Form eines Skeletts annehmen. Schließlich schrumpft dieses dann auf seine ursprüngliche Größe. Der kleine unversehrte Fleck am rechten Fuß beginnt zu wachsen, sodass das Skelett mit den Organen usw. aufgefüllt und schließlich mit der Haut umgeben wird. Damit ist der Körper wiederhergestellt, mit Ausnahme einer winzigen offenen

Wunde auf der Stirn, über den Augenbrauen. Nachdem ihr einen ganzen Visualisationskreislauf abgeschlossen habt, könnt ihr eine kleine Pause einlegen. Wiederholt dies dann mit allen Details sooft ihr wollt. Lasst euch dabei Zeit und vergegenwärtigt euch die Vorstellung deutlich. Die Vergänglichkeit oder Unschönheit des menschlichen Körpers zu visualisieren, ist ein hervorragendes Heilmittel gegen intensive Begierde. Übt euch ab und zu in dieser Praxis, jedoch nicht täglich. Die Wirkung zeigt sich bald, auch wenn diese Übung nur gelegentlich angewendet wird. Falls euch dabei übel werden sollte, setzt diese Praxis eine Zeitlang aus.

Konzentration auf liebende Güte – ein Heilmittel gegen Zorn

Diese Methode zielt darauf ab, einen ruhigen und liebevollen oder mitfühlenden Geisteszustand zu entwickeln und hat somit einen doppelten Nutzen. Bedenkt zu Beginn, wie ihr normalerweise auf angenehme und widrige Lebensumstände reagiert. Erlebt ihr Glück, ist eure Stimmung unbeschwert und heiter, bei einem Unglück hingegen seid ihr verzweifelt und bekümmert. Dies sind natürliche emotionale Reaktionen, die bei allen gleich sind. Die Meditation der liebenden Güte und des Mitgefühls beruht auf dem Verständnis, dass wir alle das gleiche Bestreben nach Wohlergehen haben, und besteht in dem Wunsch, dass wir selbst und andere echtes Glück und dessen Ursachen genießen mögen.

Das Wesen von Liebe ist Freude. Versetzt euch daher in einen Geisteszustand, der von Freude und Liebe euch selbst und jenen gegenüber erfüllt ist, die euch am nächsten stehen, wie eure Eltern, Kinder oder Geschwister. Im Allgemeinen ist es so, dass wir, wenn sie leiden, mit ihnen leiden. Sind sie hingegen glücklich, freuen wir uns für sie. Wünscht ihnen Glück und vollkommenes Wohlergehen! Liebende Güte in Bezug auf die eigene Familie und Freunde bzw. Freundinnen sollte sich im eigenen Herzen leicht einstellen. Wünscht euch aus tiefstem Herzen, dass sie glücklich sein mögen. Dann dehnt diese Haltung und den gleichen Wunsch auf Fremde aus. Wünscht ihnen genau das gleiche Glück und Wohlergehen. Dehnt liebende Güte sogar auf Menschen aus, die euch feindlich gesinnt sind, und bezieht schließlich unvoreingenommen alle Lebewesen mit ein. Seid ihr von liebender Güte durchdrungen, hat Zorn keinen Platz mehr, und so seid ihr jetzt nur noch von liebender Güte für jedes Wesen erfüllt. Diese Śamatha-Meditation der liebenden Güte besteht also darin, Gedanken der Güte zu entwickeln, diese Haltung auszudehnen, bis sie alle Lebewesen umfasst, und den Geist konzentriert in diesem Zustand verweilen zu lassen. Wann immer der Geist wandert, bringt ihn zurück zu dieser Haltung der liebenden Güte.

Nachdem ihr liebende Güte entwickelt habt, könnt ihr den gleichen Prozess mit Mitgefühl durchlaufen, wobei ihr jetzt den Wesen wünscht, dass sie frei sein mögen von Leid und dessen Ursachen.

Geisteszustände von liebender Güte und Mitgefühl sind frei von Anhaften und Stress, sanft und weit. Seid euch der leeren und ungehinderten Natur des eigenen Geistes bewusst, der jetzt von Güte durchdrungen ist. Da der Geist eines jeden Lebewesens ebenfalls Leerheit und ungehinderte Klarheit ist, kann in ihnen als Resonanz liebende Güte entstehen. Stellt euch daher vor, dass auch andere Lebewesen beginnen, liebende Güte in ihrem Geist zu empfinden. Übrigens ist dies die Art und Weise, wie Bodhisattvas Bedingungen schaffen, damit andere ebenfalls auf ganz natürliche Weise Güte in ihrem Geist entwickeln können.

Es gibt eine weitere Art, sich in liebender Güte und Mitgefühl zu schulen, ein anderes effektives Heilmittel gegen Zorn:

Visualisiert vor euch einen Feind bzw. eine Feindin. Falls euch spontan niemand einfällt, bringt ihn bzw. sie künstlich im Geist hervor. Stellt euch vor, dass dieser Feind bzw. diese Feindin versucht, euch zu betrügen, anzugreifen oder zu schaden. Ihr als Opfer seid zornig auf diesen Feind bzw. diese Feindin, der bzw. die jedoch nichts anderes ist als eine Vorstellung eures eigenen Geistes.

Wechselt dann die Perspektive. In eurer Vorstellung seid ihr jetzt selbst der Feind bzw. die Feindin. Ihr sitzt da und starrt auf das Opfer, das ebenfalls ihr selbst seid. Ihr seid jetzt also beides, der feindliche Aggressor und das Opfer. Während ihr nach wie vor die Sicht des feindlichen Angreifers bzw. der feindlichen Angreiferin aufrechterhaltet und euch vorstellt, dass da ein Opfer vor euch ist, verändert jetzt die innere Haltung des Opfers.

Lasst das Opfer, also euch selbst, Mitgefühl anstelle von Groll für den Aggressor empfinden, denn er bzw. sie sammelt in Unwissenheit negatives Karma an. All dies mag sich ziemlich verrückt anhören. In der Śamatha-Praxis, bei der man systematisch Gedanken und Vorstellungen durchgeht, hilft dieser Prozess jedoch, echtes Mitgefühl zu entwickeln und den Geist zu fokussieren. Spürt ihr, dass in euch, d. h. dem unschuldigen Opfer, echtes Mitgefühl für den Feind aufkommt, strahlt dieses Mitgefühl zu diesem boshaften Menschen aus, der lediglich in eurer eigenen Vorstellung existiert. Wünscht ihm bzw. ihr Glück und einen guten Lebensweg. Oberflächlich betrachtet mag dies ungeheuerlich erscheinen, dennoch ist es ein wirkungsvolles geistiges Training, um Mitgefühl zu entwickeln.

Konzentration auf die kausale Beziehung zwischen den zwölf Gliedern des Entstehens in Abhängigkeit – ein Heilmittel gegen Unwissenheit

Ein Mittel gegen Unwissenheit ist die Meditation auf die kausale Beziehung zwischen den zwölf Gliedern des Entstehens in Abhängigkeit, d. h. die Kontemplation darüber, wie sich das Leben in Saṃsāra entfaltet. Der Ausgangspunkt dieser zwölf Glieder ist

(1) Unwissenheit. Beginnt die Kontemplation, indem ihr euch vor Augen führt, dass der eigene Geist derzeit in einem Zustand von Unwissenheit ist. In unserer Täuschung haben wir eine Illusion verdichtet und halten diese für die Realität – ein gravierender Irrtum. Haltet ihr einen Moment inne, könnt ihr erkennen, dass das Leben an sich aus nichts als Augenblicken besteht und dass diese vergangenen, gegenwärtigen und zukünftigen Momente weder lokalisierbar noch identifizierbar sind. Dies führt zu dem Schluss, dass das Leben an sich substanzlos und flüchtig ist. Tatsächlich gleicht es einem Traum, der nichts weiter ist als eine Illusion des sie erlebenden dualistischen Geistes. Wenn wir träumen, wissen wir nicht, woher der Traum gekommen oder wohin er verschwunden ist, wenn er vorbei ist. Wir wissen auch nicht, warum wir träumen. Genau das Gleiche trifft auf das Leben zu, das nichts weiter ist als ein Produkt der eigenen Unwissenheit. Wir können uns die Frage stellen, wohin ein derart getäuschter und unwissender Geisteszustand führt. Die Folge eines unwissenden, dualistisch erlebenden Geistes mit seinen der Täuschung unterliegenden Vorstellungen ist

(2) gestaltendes Karma, das den Geist mit seiner Täuschung widerspiegelt; ein samsarischer Geist kann nicht anders als innerhalb seiner Täuschung zu agieren. Dies bringt wiederum

(3) Bewusstseinszustände von Täuschung hervor, welche

(4) eine physische Form annehmen, durch die sie sich mit äußeren Phänomenen in Beziehung setzen. Mit einem Körper gehen automatisch

(5) die sechs Sinne einher, d. h., das Bewusstsein dehnt sich aus und funktioniert über das Sehen, Hören, Riechen, Schmecken, Tasten und Denken. Wann immer diese Sinne aktiv sind, kommt es zu

(6) Kontakt mit einer Welt. Durch den Kontakt mit einer äußeren Welt stellen sich

(7) Empfindungen ein. Die Sensibilität für bestimmte Empfindungen führt zu

(8) Festhalten, d. h. Anhaften bzw. Abneigung in Bezug auf das, womit man gerade zu tun hat, was immer dies auch sein mag. Dieses Festhalten führt zu

(9) Ergreifen. Im Ergreifen fühlt man sich spontan bestätigt; das Gefühl der Existenz wird bekräftigt. Alle möglichen Existenzen, seien es jene der Menschen, Tiere, Insekten oder unzähliger anderer Lebensformen, die uns unbekannt sind, entstehen einfach, wenn die Bedingungen dafür reif werden. Dieser gesamte Zyklus, der verschiedenste Lebensformen auslöst, hat seinen Anfang also im Geist der Unwissenheit, wie oben beschrieben. Der buddhistischen Denkweise zufolge entstehen alle Dinge durch ein intensives, wenn auch unbewusstes Streben nach Existenz, und es gibt grenzenlose Varianten möglicher Daseinsformen. Fragt euch selbst, wo diese Existenzformen tatsächlich zu finden sind. Ich würde antworten, dass sie im Geist existieren. Die Erde, die Planeten, die Galaxien, Glück und Leid – alles existiert im Geist, ebenso wie alle möglichen latenten Fähigkeiten. Der Geist hat grenzenlose Fähigkeiten. Im unwissenden Geist bewirkt das Ergreifen, dass all diese Möglichkeiten des Erlebens entstehen, was unter dem Begriff des

(10) Werdens[34] zusammengefasst wird. Dennoch ist jede Existenz nichts weiter als eine Illusion und entbehrt jeglicher realen Wirklichkeit. Dieser intensive traumartige Zustand der Illusion, der sich zäh im Geist eines Lebewesens hält, verursacht, dass es zur

(11) Geburt in der jeweiligen Existenz kommt. Dabei gibt es unzählige Arten von Daseinsformen, von denen viele mit dem menschlichen Auge nicht wahrnehmbar sind. Geburt führt unweigerlich

(12) zu Altern, Tod und Leid.

Nach dem Tod löst Unwissenheit die nächste Wiedergeburt aus und der Daseinskreislauf in diesem Ozean von Leid beginnt von Neuem. Der buddhistischen Denkweise gemäß ist der Ozean des Leids deshalb selbst gemacht, entstanden aus der eigenen Unwissenheit, die Saṃsāra hervorbringt.

Haben wir aufgrund unserer Unwissenheit ähnlich wie andere gehandelt, dann teilen wir ähnliche Formen karmischer Ursachen mit ihnen, die zu ähnlichen Wirkungen führen. Deshalb können wir in einem gewissen Ausmaß miteinander kommunizieren. In diesem Fall erleben wir ähnliche Täuschungen. Ansonsten könnten wir nicht miteinander in Kontakt treten, ja, wir könnten einander nicht einmal wahrnehmen.

Bei der Śamatha-Praxis, die die kausalen Beziehungen zwischen den zwölf Gliedern des Entstehens in Abhängigkeit zum Thema hat, solltet ihr euch mit jedem dieser zwölf Glieder sowie dessen verschiedenen Ursachen und Folgen befassen und nach und nach erkennen, dass ohne Unwissenheit keines der anderen Glieder entstehen würde. Geht dann der Frage nach, ob Unwissenheit als solche im Geist wirklich lokalisierbar ist. Gäbe es sie wirklich, dann müssten wir fähig sein, sie zu identifizieren. Verweilt in dem Verständnis, dass es im Geist an sich tatsächlich keine Unwissenheit gibt. Diese Meditation auf die zwölf Glieder ist ein bewährtes Mittel gegen Unwissenheit.

Konzentration auf die Natur der zwölf Glieder des Entstehens in Abhängigkeit – ein weiteres Heilmittel gegen Unwissenheit

Oben ging es um die Kontemplation der Ursache-Wirkung-Beziehung zwischen den zwölf Gliedern des Entstehens in Abhängigkeit. Nun liegt der Fokus darauf, deren Natur zu untersuchen. Wir beginnen damit, das erste der zwölf Glieder zu betrachten, nämlich

(1) Unwissenheit. Untersucht ihr Unwissenheit, werdet ihr feststellen, dass sie keine Realität an sich hat; sie ist substanzlos und unwirklich. Dennoch aber manifestiert sie sich in unserer Erfahrung als subtiles

Leid und innere Anspannung. Erforscht, in welcher Art und Weise Unwissenheit eine Form von Leid darstellt. Im Allgemeinen wird im Buddhismus von den drei Arten von Leid gesprochen. Zunächst gibt es das offenkundige Leid des Schmerzes, dann das Leid aufgrund von Vergänglichkeit, d. h. die Tatsache, dass jedes Glück vergeht, und schließlich, worum es uns hier im Wesentlichen geht, die subtilste Form, nämlich das existenzielle Leid, das mit dem Leben als solchem einhergeht. Es impliziert, dass jede Erfahrung in unserem gegenwärtigen verwirrten Geisteszustand letztlich nicht zufriedenstellend ist, denn solange Unwissenheit vorherrscht, kann es keine wahre, anhaltende Freude geben. Eine samsarische Existenz bedeutet daher immer Ruhelosigkeit, subtile Unzufriedenheit und Anspannung. Zwar ist das existenzielle Leid so subtil, dass es sich normalerweise unserer Wahrnehmung entzieht, dennoch ist es tatsächlich die Basis für all die verschiedenen Formen von Leid. Da wir uns normalerweise dessen nicht bewusst sind, mag es zwar nicht so störend sein, das Gefühl vager Ruhelosigkeit und Unzufriedenheit ist jedoch immer gegenwärtig. Im Allgemeinen leben wir mit dieser subtilen Anspannung und Unzufriedenheit so gut es eben geht und denken kaum an eine mögliche und wirkliche Lösung dafür. Meditierende hingegen, die die höheren Ebenen von Vipaśyanā erreicht haben, sind sich dieser Art von Leid sehr wohl bewusst. Sie haben erkannt, dass kein Glück, wie wir es kennen, von Dauer ist.

Oben hieß es, dass Unwissenheit, das erste Glied, subtiles Leid sei. Stellt euch in der Śamatha-Meditation die Frage, ob sich in einem unwissenden Geisteszustand anhaltende Gefühle von Frieden und Erfüllung überhaupt einstellen können. Haltet euch außerdem vor Augen, dass ohne dieses subtile existenzielle Leid auch die anderen Formen von Leid nicht entstehen könnten. Natürlich kann Schmerz durch äußere Bedingungen ausgelöst werden. Hätte man jedoch keinerlei entsprechendes Empfindungsvermögen, dann könnte dieser Schmerz nicht erfahren werden. Da jedoch das subtile existenzielle Leid als eine sehr feine Empfindung bereits in uns gegenwärtig ist, erfahren wir auch die anderen Formen von Leid.

Die Tatsache, dass wir Leid oder innere Anspannung erleben, selbst in dieser subtilen Art, impliziert jedoch nicht, dass dies auch wirklich lokalisierbar wäre. Subtiles Leid, d. h. kurz gesagt Unwissenheit, ist tatsächlich unwirklich, vergänglich und substanzlos. Anderenfalls könnte Unwissenheit nie überwunden und Erleuchtung nie erlangt werden.

Untersucht auch die restlichen der zwölf Glieder des abhängigen Entstehens, (2) gestaltendes Karma, (3) Bewusstsein, (4) Name und Form, (5) die Sinne, (6) Kontakt, (7) Empfindungen, (8) Festhalten, (9) Ergreifen, (10) Werden, (11) Geburt sowie (12) Altern, Tod und die damit verbundenen Schmerzen, und fragt euch, in welcher Weise sie substanzlos und vergänglich sind und wie sie alle Leid beinhalten.

Konzentration auf die fünf Skandhas – ein weiteres Heilmittel gegen Unwissenheit

Diese Art der Śamatha-Praxis ist für die zukünftige Vipaśyanā-Meditation besonders hilfreich, da wir uns damit verdeutlichen, dass es in der Person kein wahrhaft existentes Selbst im Sinne einer in sich einheitlichen und unveränderlichen Eigennatur gibt. Wir unterliegen dem Trugschluss, dass wir als Personen eine eigene, eine Einheit bildende Identität hätten, die uns von allen anderen Individuen abhebt. Jedes einzelne Lebewesen hat die angeborene Tendenz, an dieser Identität festzuhalten, sogar das kleinste Insekt. Die Existenz eines Selbst beruht auf den fünf geistig-körperlichen Daseinsgruppen, die im Sanskrit die fünf Skandhas genannt werden: Form, Empfindungen, Unterscheidungen, Formkräfte und Bewusstsein. Diese fünf machen in Summe die Erfahrung eines individuellen Selbst aus.

In dieser Śamatha-Praxis fokussiert man den Geist auf jeden einzelnen dieser fünf Teilaspekte und auf deren Natur. Wird einem dadurch klar, dass die fünf Skandhas der Natur nach leer sind, legt sich das Festhalten am Selbst natürlicherweise und kommt somit zur Ruhe. Wir fokussieren uns auf jede der fünf Daseinsgruppen, weil das Konzept des Selbst darauf beruht, ihre Summe für etwas real Existentes zu halten. Bezieht man sich auf sich *selbst*, nimmt man Bezug auf die Gesamtheit dieser fünf Bestandteile. Bezieht man sich auf andere, nimmt man wiederum auf deren fünf Daseinsgruppen Bezug. Es gibt kein Lebewesen außerhalb dieser fünf und es ist eine Tatsache, dass sie keine inhärente Wirklichkeit haben, auch wenn man dies – solange man sie nicht genau erforscht – nicht bemerkt.

(1) Die erste der fünf Daseinsgruppen ist Form bzw., in Bezug auf einen Menschen, der physische Körper. Da ihr mit der Anatomie des Körpers vertraut seid, könnt ihr euch des Körpers bewusst sein und ihn leicht visualisieren. Betrachtet in diesem Fall den Körper nicht als unschön oder vergänglich wie in der weiter oben erklärten Meditation, deren Sinn es war, starke Begierde zur Ruhe zu bringen. Konzentriert euch hier stattdessen auf die verschiedenen Teile des Körpers und seine Gesamtstruktur. Seid euch dessen bewusst, dass ihr eine Vorstellung von euch selbst habt, und stellt euch die Frage, ob im Körper ein unabhängiges, wahrhaft existentes, als *ein* Ganzes bestehendes Selbst auffindbar ist. Durch diesen Prozess werdet ihr feststellen, dass ihr im Körper kein derartiges Selbst findet, weil es weder in den Knochen, in der Haut, in den Muskeln usw. noch in den verschiedenen Körperteilen, wie den Gliedern, dem Oberkörper, dem Kopf usw., auffindbar ist. Bei weiterer Untersuchung wird deutlich, dass auch in den inneren Organen usw. kein solches, eine Einheit bildendes Selbst identifizierbar ist.

(2) Die zweite Daseinsgruppe besteht aus Empfindungen, die durch die Sinne bei der Wahrnehmung von Sinnesobjekten aktiviert werden. Dabei werden angenehme, unangenehme und neutrale Erfahrungen unterschieden. Bei letzteren ist die Empfindung weder angenehm noch unangenehm. Untersuchen wir unsere Empfindungen genau, wird deutlich, dass ein als *ein* Ganzes bestehendes wahres Selbst in keiner dieser drei Arten von Empfindungen lokalisierbar ist. Würde man gefragt, auf welcher dieser Empfindungen die Vorstellung eines solchen wahrhaft existenten, unveränderlichen Selbst beruht, wäre man nicht fähig, eine klare Antwort zu geben, denn in keiner dieser Empfindungen existiert ein solches Selbst. Es ist weder identisch mit den angenehmen Gefühlen noch mit den unangenehmen noch mit den neutralen. Wäre das als *ein* Ganzes bestehendes Selbst, nach dem man sucht, identisch mit einem angenehmen Gefühl, dann müsste dieses immer da sein. Da es jedoch angenehme, unangenehme und neutrale Empfindungen in verschiedensten Variationen gibt, würde man am Ende zahllose Ichs anstelle einer konstanten Identität haben.

(3) Die dritte Daseinsgruppe besteht aus Unterscheidungen bzw. Wahrnehmungen. Es ist die Fähigkeit des Geistes, dann, wenn er Eindrücke über die Sinne empfängt, geistige Abbilder zu erstellen und diese inneren Bilder und Assoziationen zu verarbeiten. Unterscheidungen und Wahrnehmungen sind die Gedankenströme, Assoziationen und Ideen, die durch den Geist fließen. Sieht man ein Objekt, erstellt der Geist ein inneres Abbild davon, das der visuellen Form ähnlich ist. Berührt man ein Objekt, nimmt man ein inneres Abbild des tastbaren Objekts wahr. Während der Geist äußere Eindrücke empfängt, benennt und kategorisiert er sie. Dies ist ein Teil des Wahrnehmungsprozesses. Diese Unterscheidung erfolgt genauso, wenn man sagt »Ich bin« – was eine bestimmte Bedeutung vermittelt, ein gewisses Gefühl von Identität. Beobachtet ihr jedoch genau die inneren Bilder, Ideen und Gedanken, die durch den Geist strömen, werdet ihr bemerken, dass es nicht gelingt, darin das *eine* Selbst, eine unabhängige wahre Natur, zu finden. Wäre in diesen Bildern, Ideen und Gedanken ein Selbst, dann müssten wir für jede Idee oder jeden Gedanken ein Selbst haben. Mit je einem Selbst für jede Idee oder jeden Gedanken wären wir von Ichs überschwemmt. Das ist nicht vorstellbar und außerdem hätten wir dann eindeutig keine als ein Ganzes bestehende, gleichbleibende Identität. Daraus folgt, dass es das *eine*, wahrhaft vorhandene Selbst in den Unterscheidungen oder Wahrnehmungen nicht gibt.

(4) Die vierte Daseinsgruppe besteht aus den Formkräften. Diese sind die Millionen von geistigen Impulsen, die im Geist aufkommen und den jeweils gegenwärtigen Bewusstseinsmoment einfärben. Ich gehe an dieser Stelle nur kurz auf dieses Thema ein. Es gibt positive Geisteszustände, wie ein in Meditation fokussierter Geist. Ebenso gibt es negative Geisteszustände, wie Zorn, und neutrale Zustände, zum Beispiel etwas desinteressiert zu beobachten. Unser dualistischer Geist setzt sich von Augenblick zu Augenblick fort, indem er sich auf alles Mögliche bezieht, und er tut dies immer aus der Perspektive eines wahrhaft existenten einheitlichen Selbst. Fragt euch: Gibt es nur *ein* Selbst innerhalb dieser unzähligen Geisteszustände oder ist da etwa jeweils ein Selbst, das in jedem vorübergehenden Geisteszustand existiert? Genaues Untersuchen macht deutlich, dass nirgendwo in diesen flüchtigen Geisteszuständen

ein Selbst existiert, das *ein* einheitliches Ganzes bildet. Diese Geisteszustände wurden von buddhistischen Gelehrten detailliert analysiert und kategorisiert. Es wäre gut, sich damit zu befassen.[35]

(5) Die fünfte Daseinsgruppe ist das Bewusstsein, die Fähigkeit des Geistes, die vier vorangegangenen Bestandteile zu erleben. Hier wird besonders deutlich, dass auch das Bewusstsein nicht *ein* Ding ist, sondern aus vielen Momenten besteht. Die verschiedenen Sinnesfunktionen des Geistes sind die fünf physischen Sinne, nämlich das Sehen, Hören, Riechen, Schmecken und Tasten. Dann gibt es noch das sechste Bewusstsein, den »inneren Sinn«, nicht zu verwechseln mit Intuition, die im Westen häufig als sogenannter sechster Sinn bezeichnet wird. Aus buddhistischer Sicht aktiviert der sechste Aspekt des Bewusstseins die Funktionen des Geistes unabhängig von den fünf physischen Sinnen. Ein Blinder kann zwar nicht sehen, sein innerer Geist ist jedoch nicht beeinträchtigt, da sein sechstes Bewusstsein vom Sehsinn unabhängig ist. Dieses sechste Bewusstsein empfängt seine Information von den fünf physischen Sinnen im ersten Moment als direkte Wahrnehmung und verarbeitet sie dann begrifflich. So »herrscht« es über die Sinne. Außerdem findet im sechsten Bewusstsein das Ich-Anhaften statt, der Trugschluss »Ich bin«, d. h. die grundlegende Identifikation mit dem fortlaufenden Bewusstseinsstrom. Das Bewusstsein mit seinen verschiedenen Funktionen ist weder eines noch unveränderlich. Mit jedem vergehenden Moment kommt es zu einem nächsten Bewusstseinsmoment, einer anderen Erfahrung. Daher ist ein dauerhaftes, in sich einheitliches, als ein Ganzes bestehendes Selbst auch in keiner der verschiedenen Bewusstseinsfunktionen zu finden.

Diese Meditation heißt »das Entwickeln von Śamatha, indem man die fünf Daseinsgruppen versteht«. Um das beste Ergebnis zu erzielen, solltet ihr systematisch und der Reihe nach in Hinblick auf die fünf Bestandteile praktizieren, also mit dem ersten beginnen. Konzentriert euch gut darauf, bevor ihr zur jeweils nächsten Daseinsgruppe übergeht. Dort, wo diese weiter unterteilt sind, widmet eure Aufmerksamkeit jedem einzelnen Aspekt davon.

Weitere Arten, Śamatha zu entwickeln

Entwickeln von Śamatha durch die Konzentration auf positive und negative Geisteszustände

In Zusammenhang mit positiven und negativen Geisteszuständen gibt es eine weitere Śamatha-Praxis. Lasst den Geist zunächst in einem neutralen Zustand verweilen und beobachtet in dieser entspannten Haltung, ob verschiedene Gedanken oder Gemütszustände entstehen. Während diese aufkommen, solltet ihr entscheiden, ob sie positiv oder negativ sind. Früher wandten tibetische Meditierende dafür eine ganz einfache Methode an. Sie hatten links vor sich ein Häufchen mit schwarzen Steinchen und rechts mit weißen, die schwarzen für negative Gedanken und die weißen für positive. In der Mitte war eine Trennlinie. Kam während der Meditation ein positiver Gedanke auf, legten sie einen weißen Stein auf die eine Seite, für einen negativen Gedanken einen schwarzen Stein auf die andere Seite. Heutzutage könntet ihr ganz einfach zwei Handzähler dafür verwenden. Jedes Mal, wenn ein negativer Gedanke auftaucht, könnt ihr diesen mit dem linken Zähler registrieren; kommt ein positiver Gedanke auf, zählt ihn mit dem rechten. Versucht nicht, die Gedanken zu manipulieren, bleibt vielmehr neutral und beobachtet einfach. Produziert nicht heilsame Gedanken, um dadurch Punkte zu gewinnen. Natürlich wäre es erfreulich, wenn die positive Seite anwachsen würde, der springende Punkt dieser Meditation ist aber eher, die Konzentration zu schulen. Während dieser Übung werdet ihr bemerken, dass negative Gedanken natürlicherweise abnehmen und positive sich vermehren. Was ist mit negativen Geisteszuständen gemeint? Geistestrübungen wie Begierde, Zorn, Eifersucht oder Stolz gelten als negative Zustände. Unwissenheit als ein natürlicher Zustand in allen Lebewesen ist nicht leicht zu entdecken, denn sie taucht nicht in der gleichen Weise auf wie Zorn, Eifersucht oder Stolz. Allzu oft sind wir uns ihrer Gegenwart nicht einmal bewusst. Als Anfänger kann man in diesem Kontext Unwissenheit als negativen Geisteszustand zunächst durchaus außer Acht lassen, ansonsten wird der Zähler für Negatives unaufhörlich beansprucht! Auf den höheren Stufen der Vipaśyanā-Meditation, wenn es leichter wird, Unwissenheit zu identifizieren, sollte sie in jedem Fall als Geistestrübung mit in Betracht gezogen werden. Hier, bei der Śamatha-Übung, ist das Ziel jedoch, einen ruhigen, konzentrierten Geist zu erfahren. Widmet daher der Unwissenheit nicht zu viel Aufmerksamkeit, andernfalls produziert ihr eine zu große und unnötige Unruhe im Geist. Aus diesem Grund ist es anfangs ratsam, Unwissenheit nicht zum Thema zu machen. Oben wurden erst einmal nur die grundlegenden Geistestrübungen genannt, doch jeder Geisteszustand, der mit ihnen in Zusammenhang steht, sollte ebenso als negativer gezählt werden. Positive Geisteszustände sind zum Beispiel Mitgefühl, Güte, Vertrauen, Rücksichtnahme auf andere und der Wunsch, hilfreich zu sein.

Eine alternative Variante ist, den Geist in liebender Güte verweilen zu lassen. Übt dann so, wie dies oben als Heilmittel bei Zorn beschrieben wurde, und zählt nur die negativen Gedanken, die möglicherweise entstehen, nicht aber die positiven. Verweilt einfach in einer liebevollen Geisteshaltung und seid euch dessen bewusst, wann immer diese auf negativ oder neutral wechselt.

Entwickeln von Śamatha durch die Praxis »Ausstrahlungen verändern«

Bei dieser Śamatha-Praxis fokussiert man sich auf den Körper. Es ist eine interessante Übung, die »Ausstrahlungen verändern« genannt wird. Mit Ausstrahlungen sind hier Projektionen des Geistes gemeint, die man visualisiert, während man sich gleichzeitig ihrer illusionsgleichen, traumähnlichen Qualität bewusst bleibt. Die Praxis besteht darin, die Illusion eines physischen Körpers zu visualisieren, so wie in einem Traum. Wie wir wissen, haben ein Traum und ein im Traum erlebter Körper keinerlei substanzielle Basis. Dass auch der Körper, der aus dem Traum erwacht, nämlich unser eigener Körper, keine substanzielle Basis hat, dessen sind wir uns weniger bewusst. Tatsächlich sind beide – sowohl der im Traum erlebte Körper als auch jener im Wachzustand – Illusionen des Geistes.

Beginnt, mit diesem Verständnis als Grundlage, die Meditation, indem ihr euch eures eigenen Körpers eine Weile bewusst seid. Visualisiert als Nächstes – zusätzlich zum Gewahrsein des eigenen Körpers –, dass ein Ebenbild eurer eigenen physischen Form vor euch sitzt, so wie in einem Spiegel. Es ist nicht nötig, über einen allgemeinen Eindruck dieser beiden Erscheinungen hinaus ins Detail zu gehen. Beobachtet einfach diese beiden illusionsgleichen Körper, wie sie einander gegenüber sitzen. Konzentriert euch und lasst den Geist eine Weile auf diesen beiden Körpern ruhen. Dann betrachtet, wie sich die Gestalt des außen visualisierten Körpers auflöst und wieder in euren eigenen Körper, den Meditierenden, verschmilzt. Stellt euch zu diesem Zeitpunkt den eigenen Körper nicht als etwas Konkretes, sondern als substanzlose und unwirkliche Lichtform vor. Die Vorstellung einer Lichtform wird hier auch empfohlen, um Schläfrigkeit und Trägheit in der Meditation vorzubeugen. Versucht also, den eigenen Körper als dreidimensionale Erscheinung aus Licht zu sehen. Nachdem ihr euch eine Weile darauf konzentriert habt, stellt euch vor, dass aus eurem eigenen Lichtkörper ein weiterer Lichtkörper ausstrahlt. Diese beiden Lichtkörper sitzen einander jetzt gegenüber. Haltet diese Vorstellung eine Weile aufrecht. Dabei ist es wichtig, den Geist vollkommen bewusst zu halten und die Aufmerksamkeit gut zu fokussieren. Nach einer Weile löst sich die Lichtgestalt, die vor euch im Raum ist, wieder in euch selbst auf, und schließlich wird die eigene Lichtform wieder zum eigenen echten Körper aus Fleisch und Blut. Betrachtet diese Meditation als Spiel. Seid euch darüber im Klaren, dass all die vorgestellten Erscheinungen wie ein Traum und eine Illusion sind; dies ist ein wesentlicher Aspekt der Übung.

Entwickeln von Śamatha durch die Entstehungsphasen des Vajrayāna

Eine weitere Art, Śamatha-Meditation zu praktizieren, besteht darin, sich den eigenen Körper in der Erscheinung von Chenresig bzw. Avalokiteśvara oder eines anderen Buddha-Aspekts vorzustellen.

Wir sind jetzt verschiedene Möglichkeiten des Trainings für Śamatha-Meditation durchgegangen. Es spielt keine große Rolle, welche Methode ihr wählt. Worauf es jedoch bei jeder Meditation ankommt, ist, immer achtsam und wissensklar zu sein. Achtsamkeit bedeutet, den Geist auf das Meditationsobjekt zu konzentrieren, ihn nicht überall umherschweifen zu lassen. Fortlaufende Bewusstheit bedeutet, sich der Qualität der Aufmerksamkeit bewusst zu sein. Sie befähigt euch, sobald ihr abgelenkt seid, die Aufmerksamkeit geradewegs zum Objekt zurückzubringen. Gleichermaßen ermöglicht sie euch, sobald sie einen anderen Mangel wie Dumpfheit usw. entdeckt, das erforderliche Gegenmittel anzuwenden. Achtsamkeit und fortlaufende Bewusstheit sind die Stützpfeiler für Śamatha und sollten daher niemals vernachlässigt werden.

Die neun Fertigkeiten der Śamatha-Praxis

In der Śamatha-Praxis verweilt der Geist, wie oben beschrieben, auf einer der Stützen für die Meditation. Im Verlauf der Übung geht man durch unterschiedliche Entwicklungsphasen und entfaltet verschiedene Fertigkeiten, die man den Umständen entsprechend einsetzt. Die sogenannten neun Fertigkeiten stellen daher nicht notwendigerweise eine festgelegte Abfolge dar. Sie sind eher unterschiedliche Hilfsmittel, mit denen ihr all den Hindernissen begegnen könnt, die in eurer Meditation auftreten.

(1) Die Śamatha-Fertigkeit, den Geist im Innen ruhen zu lassen: Normalerweise fühlt sich der Geist zu allen möglichen äußeren Dingen und Ablenkungen hingezogen. Diese erste Fertigkeit besteht darin, dass ihr euch von dieser Geschäftigkeit zurückzieht. Dafür schult ihr euch darin, den Geist innerlich mithilfe der Stütze eines Meditationsobjekts zu fokussieren und ihn frei von Ablenkung in Ruhe verweilen zu lassen.

(2) Die Śamatha-Fertigkeit, den Geist kontinuierlich ruhen zu lassen: Ist einmal keine besondere Anstrengung mehr erforderlich, um den Geist in voller Konzentration zu halten, ruht ihr in einem Geisteszustand, in dem äußere Eindrücke eure Aufmerksamkeit nicht mehr ködern. Die Meditation ist so natürlich, dass der Geist auf seiner Stütze verweilt. Ihr könnt eure Konzentration über einen ziemlich langen Zeitraum aufrechterhalten und beginnt, euch dabei entspannt und wohl zu fühlen. Jetzt solltet ihr euch in der Fertigkeit üben, den Geist kontinuierlich in einem Zustand entspannter Konzentration verweilen zu lassen, und dies so lange ihr möchtet.

(3) Die Fertigkeit, den Geist bestimmt ruhen zu lassen: Diese Fertigkeit solltet ihr anwenden, wenn euer Geist im Großen und Ganzen ruhig und beständig in Konzentration verweilen kann. In diesem Zustand treten von Zeit zu Zeit dennoch Ablenkungen auf, die der Aufmerksamkeit des Meditierenden nicht entgehen sollten. Die Fertigkeit besteht darin, einsetzende Ablenkungen zu bemerken und diesen schnell und bestimmt zu begegnen, ohne die Meditation zu unterbrechen. Der Geist – einmal

zurückgebracht – bleibt ruhig, stabil und entspannt; eure Konzentration setzt sich mühelos und natürlich fort. In diesem Sinne ist sie bestimmt und kontinuierlich.

(4) Die Fertigkeit, den Geist intensiv ruhen zu lassen: Im Alltag ist man oft in zahlreiche Aktivitäten eingebunden, was bedeutet, dass der Geist sehr geschäftig ist und ständig darüber nachdenkt, was als Nächstes zu tun ist. Mit einem derart überaktiven Geist kann man jedoch schlecht meditieren, da ungestörte Konzentration dann praktisch unmöglich ist. Es gibt in diesem Zusammenhang eine bewährte Technik, um den Geist zur Ruhe zu bringen und sich konzentrieren zu können. Beschäftigen euch beispielsweise gerade drei Aufgaben gleichzeitig, beginnt ihr die Meditation, indem ihr kurz zur Kenntnis nehmt, dass alle drei eure Aufmerksamkeit beanspruchen. Dann reduziert geistig die drei Aufgaben auf zwei und schließlich die verbleibenden zwei auf eine. Mit dieser einen verbleibenden Aufgabe könnt ihr nun gut zurechtkommen, euer Geist beruhigt sich und ihr könnt euch wieder auf das Meditationsobjekt konzentrieren.

(5) Die Fertigkeit, den Geist zu zähmen: Es gibt ein effektives Mittel, um den Geist zu zähmen, das normalerweise in den Phasen außerhalb der Meditation eingesetzt wird. Wenn ihr nicht meditiert, reflektiert darüber, dass die Śamatha-Praxis als Ursache außergewöhnliche Wirkungen nach sich ziehen wird. Es besteht die Aussicht darauf, übersinnliche Kräfte und sogar Wunderfähigkeiten zu erwerben. Was jedoch noch wichtiger ist: Auf der Grundlage der Śamatha-Praxis könnt ihr mit der Vipaśyanā-Meditation beginnen und letztlich Erleuchtung erlangen. Bereits auf einer frühen Stufe geht mit Śamatha ein Gefühl von Entspannung und Wohlbefinden einher. Ihr fühlt euch freudvoll und vital; Schläfrigkeit sowie Dumpfheit fallen ab. Motiviert euch selbst mit diesen inspirierenden Aussichten und betrachtet Śamatha als etwas, das wirklich der Mühe wert ist.

(6) Die Fertigkeit, den Geist zu beruhigen: Diese Technik ist der fünften sehr ähnlich, nur wird dasselbe Thema nun von der anderen Seite her beleuchtet. Kontempliert über die Nachteile, die Qualitäten von geistiger Ruhe nicht zu haben. Reflektiert über die negativen Auswirkungen der verschiedenen störenden Eigenschaften des Geistes, wie Unruhe,

Ablenkung, Dumpfheit und Schläfrigkeit. Sie sind die ganze Zeit da, unabhängig davon, ob wir meditieren oder nicht, und belasten ständig unser Leben. Durch Śamatha-Praxis können wir sie hinter uns lassen, und es wäre tatsächlich das Beste, sie vollständig zu überwinden. Wenn ihr euch immer wieder vor Augen haltet, in welchem Ausmaß ein zerstreuter und unruhiger Geist eure Lebensqualität beeinträchtigt, werden diese Ablenkungen euch viel weniger beeinflussen – sei es während oder außerhalb der Meditation.

(7) Die Fertigkeit, den Geist vollständig zu beruhigen: Diese Fertigkeit solltet ihr anwenden, wenn ihr euch einmal mit Meditation sehr vertraut gemacht habt und eure Konzentration natürlich und mühelos ist. Seid ihr dazu fähig, mit einem konzentrierten Geist frei zu spielen und beispielsweise das Meditationsobjekt ohne Schwierigkeit zu wechseln, solltet ihr herausfinden, mit welcher Art von Ablenkung ihr besonders arbeiten solltet. Nutzt dann die geeigneten Gegenmittel, die an früherer Stelle bereits erklärt wurden, zum Beispiel liebende Güte im Fall von Zorn. Jetzt ist die Zeit gekommen, um sie konzentriert anzuwenden. Zorn zum Beispiel kann sich wie eine überwältigende Emotion anfühlen, die Fähigkeit jedoch, den Geist in Ruhe verweilen zu lassen, ist stärker. So könnt ihr nach und nach alle Ablenkungen ausräumen und der Geist wird ganz zur Ruhe kommen, und zwar ohne irgendwelche Unterbrechungen.

(8) Die Fertigkeit, den Geist in einem ununterbrochen konzentrierten Zustand zu festigen: Bei dieser Fertigkeit geht es darum, den Geist kontinuierlich, ruhig und ohne Unterbrechung auf ein Objekt zu richten. Dies ist ein sehr fortgeschrittener Zustand der Śamatha-Meditation. Ihr habt dann alle Ablenkungen aufgelöst, seid entspannt und fühlt euch wohl. Ihr genießt die Meditation. An diesem Punkt besteht jedoch die Gefahr, dass unachtsame Meditierende in ernsthafte Schwierigkeiten geraten, weil versteckte geistige Schwächen zum Vorschein kommen und ihre gute Meditation stören können. Läuft die Meditation hervorragend, seid ihr vielleicht in Hochstimmung, was jedoch leicht zu geistiger Unruhe führen kann. Eine weitere versteckte Schwachstelle ist ein übersteigertes Selbstvertrauen, das in Nachlässigkeit münden kann. Dabei geht es hier nicht um geistige Trägheit, denn Letztere rührt von Langeweile her. Meditation öde und eintönig zu finden, ist ein Anfän-

gerproblem. Fortgeschrittene Meditierende genießen Meditation; sie ist entspannend und belebend. Wenn ihr dann mit eurem Fortschritt zufrieden seid, besteht die Gefahr, dass ihr die Praxis für eine Weile beiseitelegt und euch Dingen zuwendet, die euch dringlicher erscheinen. Ist die Meditation einmal unterbrochen, verschleppen selbstzufriedene Meditierende die Dinge. Nehmen sie ihre Meditation dann irgendwann wieder auf, drängen sich nutzlose Gedanken auf und versteckte Hindernisse tauchen unerwartet auf, mit denen man dann erst wieder zurechtkommen muss. Der meditative Zustand ist nicht mehr, was er einmal war. Damit es nicht so weit kommt, vermeidet es unbedingt, eure Praxis zu unterbrechen. Genau das ist gemeint, wenn es heißt, die Meditation in einem gleichmäßigen Strom aufrechtzuerhalten oder in einem ununterbrochen konzentrierten Zustand zu festigen.

(9) Die Fertigkeit, den Geist in Gleichmut ruhen zu lassen: Dies bedeutet, dass keine problematischen Ablenkungen mehr aufkommen. Śamatha, geistige Ruhe, entsteht spontan. Der Geist ist vollkommen klar und wird durch nichts abgelenkt. Es ist, als habe jemand den Autopiloten angestellt und das Flugzeug fliege von selbst. Auf dieser Stufe hält der Meditierende Gleichmut aufrecht. Die Meditation ist völlig spontan, mühelos und natürlich und der Geist lässt sich von keinerlei Umständen und Bedingungen aus der Ruhe bringen. Dies ist die höchste Ebene von Śamatha.

Wie bereits erwähnt folgen die neun Fertigkeiten, den Geist ruhen zu lassen, nicht zwingend einer festen Sequenz. Es sind Gegenmittel und Methoden, die ihr mit fortschreitender Praxis sehr hilfreich finden werdet. So ist es zum Beispiel an einem bestimmten Punkt für euch wichtig, den Geist mit großer Bestimmtheit konzentriert verweilen zu lassen. Zu einem anderen Zeitpunkt mag es hingegen ratsam sein, den Druck zu lösen, der von zu intensivem Bemühen herrührt. Es steht euch frei auszuprobieren, was immer euch nötig erscheint, um den Geist angenehm und kontinuierlich mithilfe der jeweils gewählten Meditationsstütze verweilen zu lassen.

Die sechs Kräfte

Die folgenden sechs Kräfte helfen uns, die neun Śamatha-Fertigkeiten zu vollenden: die Kraft (1) des Zuhörens und Lernens, (2) des Reflektierens, (3) der Achtsamkeit, (4) der fortlaufenden Bewusstheit, (5) der freudigen Anstrengung und (6) der Vertrautheit.

(1) Die Kraft des Zuhörens und Lernens: Dies bezieht sich auf die Fähigkeit, unvoreingenommen all den relevanten Anleitungen über Meditation zuzuhören und sie zu lernen. Dies schließt auch die Fähigkeit mit ein, authentische Meister bzw. Meisterinnen von anderen zu unterscheiden, die lediglich als solche auftreten. In den Worten wahrer Meister bzw. Meisterinnen schwingt eine natürliche Autorität mit, die auf authentischen Erfahrungen beruht. Hochstapler können hingegen nur aus ihrem Erfindungsreichtum schöpfen. Heutzutage gibt es alle möglichen Formen nicht-buddhistischer Meditation. So gibt es neben den hinduistischen Methoden verschiedenste New-Age-Varianten, bei denen sich Menschen eigenartige Meditationen ausdenken, die weder für sie selbst noch für andere von besonderem Wert sind. Der einzige Zweck von Śamatha-Meditation ist es, den Geist zu stabilisieren – wie effektiv sind dabei diese anderen Methoden?

Die Biografie von Milarepa (1040–1123) enthält eine Fülle guter Anleitungen für ernsthaft Meditierende. Er gilt als einer der bedeutendsten Yogis, die Tibet je hervorgebracht hat. Als Haupterbe der Überlieferung von Marpa war er einer der wichtigsten Vorväter der Kagyü-Tradition und der Lehrer von Gampopa. Die Sammlung seiner Gesänge sprudelt nur so vor nützlichen Anleitungen. Wann immer ihn eine meditative Erfahrung inspirierte, stimmte er einen Gesang an. Wann immer ein Problem auftrat, sang er Verse. Wann immer sich ein Problem löste, stimmte er einen weiteren Gesang an. In diesen Gesängen erklärte er auch Heilmittel für jedes Problem und wie diese anzuwenden sind. Für jede Situation entstand ein eigener Gesang, jeder davon ist voll Weisheit. Ähnlich wie Milarepa hatten auch andere verwirklichte Meditationsmeister bzw. Meditationsmeisterinnen der Vergangenheit die Angewohnheit, von ihren meditativen Erfahrungen inspiriert, zu singen. Diese Verse sind wirklich tiefgründig. Sie verdienen unsere größte Bewunderung und Wertschätzung, weil sie die inspirierenden Äußerungen großer Meditierender vermitteln. Später verfassten auch Lehrer ohne meditative Erfahrung sogenannte meditative Gesänge in der Hoffnung, damit als großartige Meditierende und verwirklichte Meister zu gelten. Manche dieser Gesänge mögen poetisch durchaus ungewöhnlich schön sein. Dennoch bleiben sie das gekünstelte Produkt mittelmäßiger Lehrer. Da ihnen die Grundlage authentischer Meditationserfahrung fehlt, sind sie nicht mit den Gesängen verwirklichter Meistern oder Meisterinnen vergleichbar und daher für ernsthaft Meditierende von geringer Bedeutung.

Die erste der sechs Kräfte, die Kraft des Zuhörens und Lernens, bedeutet, die relevanten Anleitungen hauptsächlich dadurch zu erhalten, dass man sich auf authentische Lehrer bzw. Lehrerinnen und entsprechende Schriften stützt. Dies ist insbesondere hilfreich für die erste Śamatha-Fertigkeit, den Geist im Innen ruhen zu lassen. Mit guten Anleitungen für Meditation solltet ihr fähig sein, die erste Śamatha-Fertigkeit ohne allzu große Schwierigkeiten zu entwickeln.

(2) Die Kraft des Reflektierens: Mit all den Anleitungen, die ihr bis dahin gesammelt habt, seid ihr dann in der Lage, darüber zu reflektieren, die Informationen zu integrieren und gut in eurem Geist aufzunehmen. Die Kraft der Reflexion ist eine sehr gute Grundlage, um die zweite Śamatha-Fertigkeit zu verwirklichen, nämlich den Geist kontinuierlich ruhen zu lassen. Zu diesem Zeitpunkt solltet ihr alle Aspekte von Śamatha betrachten und herausfinden, welche spezifische Methode für euch selbst am besten geeignet ist. Dieses Reflektieren führt zu kontinuierlicher Stabilität und dadurch zu müheloser Klarheit.

(3) Die Kraft der Achtsamkeit: Während der Meditation erinnert ihr euch achtsam daran, den Geist konzentriert zu halten, frei von allen Ablenkungen. Dies hilft, die dritte und vierte Śamatha-Fertigkeit zu verwirklichen. Bei der dritten geht es darum, den Geist bestimmt ruhen zu lassen, frei von allen störenden Unterbrechungen, und bei der vierten, den sehr aktiven Geist, wie er sich außerhalb der Meditation durch Stress und Belastungen einstellt, zur Ruhe zu bringen.

(4) Die Kraft der fortlaufenden Bewusstheit: Diese hilft uns, die fünfte und sechste Fertigkeit, das Zähmen und das Beruhigen des Geistes, zu vervollkommnen. Wissensklar zu sein bedeutet, zu bemerken, wenn der

ungezähmte Geist abgleitet. Geistestrübungen und Gedanken werden im Moment ihres Entstehens bemerkt. Ihr nehmt zur Kenntnis, was immer gerade aufkommt, und lenkt dann die Aufmerksamkeit zurück. Achtsamkeit bedeutet, den Geist vollkommen konzentriert zu halten – trotz seiner Tendenz abzugleiten. Fortlaufende Bewusstheit bedeutet, immer aufmerksam zu sein, ob der Geist in irgendeine Richtung abschweift. Achtsam zu sein besteht im Wesentlichen darin vorzubeugen; wissensklar zu sein bedeutet, etwas zu bemerken und zu korrigieren.

(5) Die Kraft freudiger Anstrengung: Mit fortlaufender freudiger Anstrengung könnt ihr sowohl die siebte als auch die achte Fertigkeit verwirklichen, d. h. den Geist vollständig beruhigen und darauf achten, dass er kontinuierlich in einem fokussierten Zustand bleibt. Diese Fertigkeiten beziehen sich auf das stetige Bemühen, die Meditation fortzusetzen und zu vollenden.

(6) Die Kraft der Vertrautheit: Hier ist die Meditation spontan und natürlich. Der Geist verweilt in Ausgeglichenheit. Der meditative Zustand ist den Meditierenden so vertraut, dass zwischen Meditierenden und Meditation keinerlei Unterschied mehr besteht. Dies ermöglicht, Gleichmut zu verwirklichen, die neunte Fertigkeit.

Während man sich in den neun Fertigkeiten übt, um den Geist immer besser in sich ruhen zu lassen, brauchen wir diese sechs Kräfte genauso wie Bergsteiger ihre Ausrüstung; sie sind absolut unerlässlich. Anfangs, bis die ersten beiden Fertigkeiten erlangt sind, müsst ihr euch noch in höchstem Maße darum bemühen. Von der dritten bis hin zur siebten Fertigkeit ist die Konzentration noch nicht konstant. Im Vergleich zu den ersten beiden Fertigkeiten gibt es zwar offensichtliche Zeichen der Entwicklung, dennoch kommt es hier immer wieder zu Unterbrechungen. Habt ihr einmal die achte Fertigkeit erlangt, ist die Konzentrationskraft viel stärker als die Hindernisse, sodass Letztere kaum mehr auftreten. Sollten sie sich dennoch einstellen, könnt ihr sie leicht überwinden. Vor der neunten Fertigkeit ist daher eine subtile Achtsamkeit und Anstrengung erforderlich, da Hindernisse wie Hochstimmung und Selbstzufriedenheit noch in feinen Nuancen auftreten können. Mit der Verwirklichung der neunten Fertigkeit gibt es keine Hindernisse mehr und die Praktizierenden sind von der Meditation untrennbar geworden. Sobald ihr meditiert, verweilt euer Geist dann stabil und kontinuierlich, ohne die geringste Unterbrechung. Die neun Fertigkeiten und die sechs Kräfte können mit jeder der oben beschriebenen Śamatha-Techniken verwirklicht werden, zum Beispiel mit jener, bei der der Atem als Stütze genutzt wird.

Die vier Ebenen der Reifung

Durch Śamatha-Praxis kommen Verwirrung und Aufgeregtheit im Geist zur Ruhe. Allgemein gesprochen stellen sich dadurch vier Ebenen von Reifung ein, die in echtem Śamatha, d. h. in vollkommen friedlichen und ruhigen Geisteszuständen, bestehen. Wenn ihr die erste Ebene erlangt, ist während der Meditation Leid, das durch Verwirrung ausgelöst wurde, völlig beruhigt. Stille durchdringt den Geist. Setzt ihr die Praxis fort und erreicht ihr die zweite Ebene, wird der Geist noch friedvoller. Rückblickend wird deutlich, wie verwirrt, aufgewühlt und unruhig der Geist ursprünglich war. Während ihr auf der zweiten Stufe voranschreitet, wird euch daher klar, um wieviel stabiler euer Geisteszustand schon geworden ist. Die dritte und vierte Ebene gehen noch weiter.

Diese vier Ebenen der Reifung in Meditation gehören zu einer anderen Kategorie als die neun Śamatha-Fertigkeiten, die oben erklärt wurden. Die »neun Fertigkeiten« sind verschiedene Techniken, die in der Meditation angewandt werden. Die »vier Ebenen« stellen hingegen die Wirkung reiner Śamatha-Meditation dar, die nicht mit Vipaśyanā-Meditation verbunden wurde. Indem man immer höhere Ebenen von Śamatha erlangt, tritt man in eine immer tiefere Stille ein. Dies ist nichts anderes als das wahre Gesicht des dualistischen Geistes, wenn Unruhe befriedet wurde. Aufgrund massiver Verwirrung kann der Geist zeitweise extrem verstört sein und, je nach Bedingungen, zu anderen Zeiten erstaunlich friedvoll. Der dualistische Geist ist daher wie eine Schaukel, die sich mal in die eine und mal in die andere Richtung neigt. Auf der einen Seite ist der dualistische Geist unruhig und verwirrt, auf der anderen ruhig und friedlich. Aber auch Letzteres ist kein befreiter Zustand.

Meditierende, die sich daran gewöhnt haben, an dem besonderen Wohlbefinden eines Geisteszustands der völligen Stille festzuhalten, und die die Sichtweise von Vipaśyanā nicht in die Meditation integriert haben, finden sich nach dem Tod in einem fortlaufenden Zustand von Ruhe wieder. Mit anderen Worten, sie werden in den Bereichen der Form oder der Formlosigkeit wiedergeboren. Diese sind nichts anderes als genau die vier Arten der Reifung reiner Śamatha-Praxis. Welche konkrete Wiedergeburt erfolgt, hängt dabei von der Art von Śamatha ab, die man im vorangegangenen Leben erlangt hat. Diese Art der Wiedergeburt wird unmittelbar nach dem Tod erlangt, d. h. ohne dass man durch einen Zwischenzustand geht. Anders gesagt setzt sich die Meditation ununterbrochen in das nächste Leben fort. Zeitalter später, wenn sich das Karma von Śamatha erschöpft hat, fallen diese Meditierenden gegen ihren Willen und mit der trostlosen Aussicht, nicht als Mensch wiedergeboren zu werden, in andere samsarische Existenzen.

Im Bereich der Form gibt es vier Ebenen der meditativen Vertiefung, die in siebzehn Stufen unterteilt werden. Eine detaillierte Liste dieser siebzehn Stufen findet sich im Anhang. Zu allen Śamatha-Ebenen gibt es sehr ausführliche Erklärungen, die einen sorgsam durch jede Stufe hindurchleiten. Im Bereich der Form behalten die Meditierenden das Gefühl, einen Körper zu haben, wobei dies kein physischer Körper aus Fleisch und Blut ist, wie wir ihn kennen. Der Geist ruht in einem fortlaufenden meditativen Zustand, bis ein immer tiefer werdendes Gefühl von Frieden die Meditierenden in den Bereich der Formlosigkeit führt, in dem kein Körper mehr wahrgenommen wird. Im Bereich der Formlosigkeit werden vier Ebenen unterschieden: »grenzenloser Raum«, »grenzenloses Bewusstsein«, »überhaupt nichts« und »weder Wahrnehmung noch Nicht-Wahrnehmung«, auch »Gipfel weltlicher Existenz« genannt. Dennoch sind selbst diese höchsten meditativen Zustände nicht befreiend. Vielmehr wächst für Meditierende mit fortlaufender Übung die Gefahr, sich so weit in den friedlichen Zustand von Śamatha zu vertiefen, dass es ihnen letztlich nicht gelingt, sich aus Saṃsāra zu befreien.

Für Meditierende, die Befreiung aus dem Daseinskreislauf erlangen und als Bodhisattvas den Lebewesen helfen möchten, ist es deshalb von größter Bedeutung, tiefe Einsicht oder Vipaśyanā zu entwickeln. Dies bringt uns zu der Frage, wie man Vipaśyanā mit Śamatha verbindet. Śamatha ist die Meditation, bei der der Geist in einem Zustand von Ruhe und Klarheit verweilt. Frei von jeglicher Ablenkung ist der Geist kontinuierlich auf einen Bezugspunkt fokussiert. In Śamatha geht es jedoch nicht um die wahre Natur der Wirklichkeit, um das Fehlen einer Identität und die wahre Natur des Geistes. Dies sind Vipaśyanā-Themen. Doch braucht Vipaśyanā die Stütze von Śamatha, denn der Geist muss ruhig und klar sein, damit er tief in seine wahre Natur blicken und die letztendliche Wirklichkeit entdecken kann.

Abschließende Empfehlungen zu Śamatha

Mit echtem Śamatha seid ihr fähig, den Geist in sich ruhen zu lassen. Da dies erforderlich ist, um die Vipaśyanā-Praxis wirklich durchführen zu können, ist Śamatha sehr wichtig. Und es ist die Vipaśyanā-Praxis, durch die ihr Erleuchtung erlangen werdet. Praktiziert ihr Vipaśyanā auf der Grundlage von Śamatha, werdet ihr sie ohne Probleme verwirklichen können; sie wird sich natürlicherweise einstellen. Derzeit könnt ihr die volle Bedeutung von Śamatha und Vipaśyanā nicht erfassen, unabhängig davon, wie detailliert sie erklärt werden. Es sind meditative Erfahrungen, die nicht in Worte gefasst, sondern nur erlebt werden können. Erklärungen vermitteln nur eine vage Idee von Meditation. Grundsätzlich gilt: solange der Geist getrübt ist, erlebt man Saṃsāra; sobald Täuschung überwunden ist, erfährt man den Buddha-Zustand. In den Texten heißt es oft, der Geisteszustand der Täuschung habe keinen Anfang, da Täuschung und Unwissenheit keine tatsächliche Existenzgrundlage und somit auch keinen echten Ursprung haben. Derzeit sind wir jedoch von Täuschung stark vereinnahmt, wodurch die Unwissenheit uns fest im Griff hat. Ein der Täuschung unterliegender Geist kann diese nicht auf einmal entfernen, ganz gleich, wie gut man auch meditiert. Theoretisch kann Unwissenheit zwar auf Anhieb überwunden werden, in der Praxis ist dies jedoch noch nie vorgekommen, denn Täuschungen müssen Schicht für Schicht abgetragen werden. Dies ist der Grund für die verschiedenen Etappen des Wegs, wie die fünf Pfade spiritueller Entwicklung und die zehn Bodhisattva-Stufen[36]. Ihr müsst über einen sehr langen

Zeitraum ausdauernd arbeiten, um Unwissenheit auszuräumen. Dabei ist es jedoch beruhigend zu wissen, dass Unwissenheit kein inhärenter Teil des Geistes ist und sie daher überwunden werden kann.

Praktiziert Śamatha Schritt für Schritt und entwickelt dabei die neun Fertigkeiten, wie sie oben ausgeführt wurden. Arbeitet anfangs daran, den Geist im Innen ruhen zu lassen, was ganz einfach bedeutet zu lernen, wie man richtig meditiert. Ihr verweilt bei einer Stütze, wodurch der Geist von allen äußeren Ablenkungen frei wird. Mit der nächsten Fertigkeit übt ihr euch darin, den Geist für eine Weile kontinuierlich auf die Stütze zu fokussieren. Folgende Vorgehensweise kann euch dabei unterstützen: Haltet den Geist ganz einfach dadurch konzentriert, dass ihr äußere Ablenkungen reduziert. Jeder, der familiäre, soziale oder geschäftliche Verpflichtungen hat, ist automatisch von den damit verbundenen Angelegenheiten in Anspruch genommen, was einen auch während der Meditation innerlich weiter beschäftigen kann. Ihr erzielt in der Meditation bessere Resultate, wenn ihr versucht, die Ursachen für Ablenkung zu begrenzen. Schränkt die Menge der täglichen Aktivitäten ein, indem ihr sie von einer großen Zahl auf nur wenige reduziert. Ihr könntet bei euren Aktivitäten auch eine nach der anderen weglassen, aber das mag sich als weniger effektiv und letztlich als schwieriger erweisen, als viele auf einmal abzustellen.

Von den neun Śamatha-Fertigkeiten kann man die damit verbundenen meditativen Zustände bis zur siebten Fertigkeit intellektuell verstehen, darüber hinaus ist dies jedoch nicht möglich. Es ist ohnehin sinnlos, sich mit den eigentlichen meditativen Zuständen und verschiedenen Fertigkeiten nur theoretisch zu beschäftigen. Wichtig ist es, die verschiedenen hier dargestellten Methoden und Techniken sowie deren Anwendungsbereiche zu kennen. Die unterschiedlichen meditativen Zustände könnt ihr nur durch direkte Erfahrung erleben. Es bringt nichts, über sie zu diskutieren, da sie mit Worten und Begriffen nicht erfassbar sind. Was die erste Fertigkeit angeht, mag es für eine meditative Erfahrung zu früh sein. Doch sobald ihr die zweite Fertigkeit entwickelt, bei der der Geist beständig und kontinuierlich auf dem Bezugspunkt verweilt, stellen sich kleine meditative Erfahrungen ein, die euch ermutigen werden. Das Gleiche gilt für die weiteren Fertigkeiten.

Die Erklärungen zu Meditation werden durch Worte vermittelt. Wörter beziehen sich im Allgemeinen auf bestimmte Dinge. Weiß man nicht, worauf sie sich beziehen, sind sie nichts weiter als bedeutungslose Laute. Wir können ein Glas Wasser als Beispiel heranziehen. Wir alle wissen, was ein Glas ist, weil wir dies sowohl visuell als auch durch unseren Tastsinn erfahren. Wir sehen ein Glas, können es in der Hand halten und kennen auch seine Funktion. Es ist ein Gefäß, das Wasser zum Trinken enthält. Aus diesem Grund vermitteln uns die Wörter »Glas«, »Wasser« oder »trinken« eine bestimmte Bedeutung, die auf unseren jeweiligen gemeinsamen Konventionen beruht. Meditative Erfahrung dagegen ist eine innere, persönliche Erfahrung. Sie ist anderen nicht vermittelbar, sofern nicht bereits einige übereinstimmende Erfahrungen vorhanden sind. Vergleichen zwei hoch entwickelte Mahāmudrā-Meditierende ihre meditativen Erfahrungen, verwenden sie eine spezifische Wortwahl, um bestimmte Erfahrungen auszudrücken. Dies funktioniert in ihrem Fall sehr gut. Käme jedoch zufällig eine dritte, in Meditation unerfahrene Person hinzu, wäre sie bei dieser Unterhaltung vermutlich ziemlich verloren. Sie könnte vielleicht hier und da einige Wörter erkennen, wäre aber nicht in der Lage, diese auch zu verstehen. Wichtig ist es daher, die Meditation mithilfe der verschiedenen Methoden und Techniken, die in den Anleitungen genannt wurden, zu vertiefen, anstatt wertvolle Zeit durch müßige Spekulationen hinsichtlich der Resultate zu verschwenden. Versucht, nicht zu neugierig hinsichtlich der Ergebnisse zu sein. Sie werden sich in Form von meditativen Erfahrungen zeigen. Wenn die Zeit kommt, ist es, als würde sich ein Tor zu einem neuen Horizont öffnen. Ihr werdet feststellen, dass dieses eine Tor zu weiteren Toren führt. Neue Welten werden sich in euch auftun.

Derzeit erleben wir alle in einem Zustand starker Verwirrung. Dies trifft auf alle Lebensformen im gesamten Universum zu. Der buddhistischen Sichtweise gemäß befinden wir uns im sogenannten Bereich der Begierde, der die Lebensformen der Menschen, Tiere, hungrigen Geister, Höllenwesen, Halbgötter und Götter umfasst. All diese Lebewesen haben eines gemeinsam: Sie sind hochgradig verwirrt. Diese Verwirrung rührt von der Unwissenheit her, d. h. die wahre Natur des Geistes nicht zu kennen. Verwirrung, die von Unruhe begleitet ist, bringt Leid mit sich. Daher befinden sich all diese Lebewesen ausnahmslos in einem permanenten Zustand von Leid. Sogar das kleinste Insekt ist nicht frei von Leid in Form eines rastlosen Unbehagens. Eine Ameise ist sich ihrer selbst nicht bewusst. Sie kann weder richtig von falsch unterscheiden noch verstehen, dass die Dinge anders sein könnten. Das Ergebnis, in diesem Zustand höchster Verwirrung zu sein, ist ständiges Leid. In rastloser Unzufriedenheit ist man dauernd mit neuen Problemen und den damit verbundenen Komplikationen konfrontiert. Dies macht das Leben phasenweise unerträglich. Dennoch sind Verwirrung und Unruhe lediglich das Produkt eines Geistes, der seiner eigenen Täuschung unterliegt.

Meditierende, die die Fertigkeiten von Śamatha praktizieren, werden das entsprechende Resultat erlangen – der Geist verweilt in seinem natürlichen Zustand, in tiefster Ruhe und Stille. Mit fortschreitender Praxis wird der Geist immer friedlicher, so friedlich, dass die ersten Stufen im Nachhinein betrachtet wie Zustände der Unruhe erscheinen. Wie bereits erwähnt, lauert hier eine Gefahr: Beginnt man die höheren Zustände von Ruhe zu erfahren, besteht das Risiko, daran festzuhalten, denn sie sind genauso friedvoll und still wie angenehm und erholsam. Verwirklicht man zum Beispiel den echten Zustand geistiger Ruhe, der mit dem Bereich der Form in Verbindung steht, erlebt man tiefe Ebenen von körperlichem und geistigem Wohlbefinden. Fast automatisch hält man daran fest, allerdings nicht in einer groben Art des Anhaftens, wie uns das aus dem Bereich der Begierde bekannt ist, sondern auf subtilere Weise. Doch dieses Festhalten an bloßem Frieden unterbindet die weitere Entwicklung hin zur Erleuchtung. Darüber hinaus kann Śamatha den hoch entwickelten Meditierenden auch durch die Kräfte, die sich damit einstellen, ein großes Maß an Freude und Genuss bereiten. So können Meditierende zum Beispiel mit Hellsicht im Geist anderer lesen oder in deren Vergangenheit und Zukunft blicken, ohne dass diese es bemerken. Aber seid damit vorsichtig! Es geht hier nicht um einen Zeitvertreib, dem man sich hingibt! Ihr haftet schnell daran an, was schwerwiegende Hindernisse für euren eigenen Meditationsfortschritt nach sich ziehen kann. Nutzt man solche Fähigkeiten, muss die Motivation vollkommen rein sein. Ansonsten ist die Gefahr weitreichender und verheerender Konsequenzen viel größer als der scheinbare momentane Vorteil.

Ein extremes diesbezügliches Beispiel war Buddha Śākyamunis Cousin Devadatta, ein schlechter Mensch. Er missbrauchte seine Śamatha-Fertigkeiten gezielt, da er negative Absichten gegen den Buddha hegte. Von Neid besessen wollte er ihn in jeder Hinsicht übertreffen, vor allem an übersinnlichen Kräften. Da er wusste, dass er durch Meditationspraxis besondere Kräfte erlangen würde, wollte er Meditation verwirklichen und suchte dafür eines Tages den ehrwürdigen Kāśyapa auf, einen engen Schüler des Buddha und verwirklichten Meditationsmeister. Devadatta gab sich bescheiden und bat um Śamatha-Anleitungen. Der ehrwürdige Kāśyapa, ein Arhat, verfügte über die besonderen Kräfte hellsichtiger Fähigkeiten während seiner Meditation. Wenn er jedoch nicht meditierte und nicht entsprechend fokussierte, funktionierte seine Hellsicht nicht, weshalb er Devadattas negative Absichten nicht erkannte. Grundsätzlich wusste Kāśyapa von Devadattas früheren Übeltaten, aber da er voll Mitgefühl war, berührte es ihn, dass sich Devadatta gewandelt und ernsthaft dem Dharma zugewandt zu haben schien. Daher lehrte er Devadatta liebevoll alles, was er wusste. Bald war Devadatta in den Śamatha-Fertigkeiten und den damit verbundenen Möglichkeiten, die Umgebung zu manipulieren, weit fortgeschritten. Als er sich schließlich seines Könnens sicher genug fühlte, suchte er den lokalen Prinzen Ajātaśatru auf und bot ihm seine Dienste an. Ajātaśatru war der Sohn und Thronfolger von Bimbisāra (ca. 558–491 v. Chr.), dem König von Magadha, der ein enger Freund und Gönner des Buddha und dessen Gemeinschaft war. Im Gegenzug bat Devadatta den Prinzen um dessen Unterstützung. Der Prinz, beeindruckt von Devadattas Kräften, vertraute ihm und gewährte ihm seinen Wunsch. Bald darauf manipulierte Devadatta den Prinzen so, dass dieser eine Revolte gegen seinen eigenen Vater anzettelte. Dann organisierte Devadatta einige Mönche und sie griffen den Buddha brutal an. Von Neid getrieben dachte er sich abscheuliche Taten aus, führte sie durch und versuchte sogar, den Buddha zu ermorden.

Die Fähigkeit, all dies zu tun, beruhte auf seiner Śamatha-Meditation – kein Wunder, dass Meditationsmeister und -meisterinnen seither beim Vermitteln fortgeschrittener Śamatha-Anleitungen wohlüberlegt vorgehen und die Schüler und Schülerinnen dazu ermutigen, zu meditieren, um Befreiung von Saṃsāra bzw. Buddhaschaft, die letztendliche

Erleuchtung, zu erlangen. Dies ist der Grund dafür, dass so viel Nachdruck auf eine reine Motivation gelegt wird.

Allgemeine Vipaśyanā-Praxis im Detail

Einleitung

Vipaśyanā, die Meditation der tiefen Einsicht, wird auf der Basis von echtem Śamatha praktiziert, welche Ebene davon man auch immer verwirklicht hat. Hinsichtlich der meditativen Konzentration kann dies daher der ersten, zweiten, dritten oder vierten Ebene des Bereichs der Form entsprechen. Außerdem erfordert Vipaśyanā ein intellektuelles Verständnis des damit angestrebten Ziels, dem Festhalten an einem Selbst entgegenzuwirken. Die allgemeine Vipaśyanā-Praxis verwendet analytische Methoden, um die Natur des Geistes zu untersuchen. Dadurch werdet ihr erkennen, dass es kein reales individuelles Selbst gibt. Auf Basis dieser allgemeinen Vipaśyanā-Praxis wird auch die Bedeutung der Mahāmudrā-Meditation und somit der speziellen Vipaśyanā-Art von Mahāmudrā klar werden.

Sehen wir uns zunächst die Bedeutung von Vipaśyanā an, damit ihr in der Zukunft, wenn ihr zu eurer eigenen Vipaśyanā-Meditation gelangt, fähig seid, die Sichtweise in die Meditationspraxis zu integrieren:

Der samsarische Geist befindet sich in einem Zustand von Täuschung. Aus diesem Grund ist alles, was im dualistischen Geist vor sich geht, verzerrt oder unrichtig. Jedes Lebewesen, das sich der wahren Natur seines Geistes nicht bewusst ist, ist in der gleichen Täuschung gefangen. Was immer gedacht oder gefühlt, gesehen oder gehört wird, ist demnach zwangsläufig falsch und trügerisch. Vipaśyanā bedeutet, dass ihr mithilfe eines genauen Untersuchens und einer präzisen Analyse[37] – der genaue Verlauf wird weiter unten erklärt – zu einem gewissen intellektuellen Verständnis des gegenwärtigen Geisteszustands kommt und fähig werdet, irrige von nicht irrigen Wahrnehmungen zu unterscheiden. Indem ihr dieses Verständnis durch den Prozess der Meditation, d. h. des Sich-Vertrautmachens, vertieft, erkennt ihr die wahre Natur des Geistes,

d. h. den nichtdualistischen Geist. So reift Vipaśyanā allmählich zum vollkommen erwachten Zustand der Buddhaschaft heran, zu letztendlicher Erleuchtung.

Vereinfacht gesagt gibt es drei Arten von Vipaśyanā. Die erste ist eine weltliche Art, die beiden weiteren sind jene Formen von Vipaśyanā, die über das Weltliche hinaus und somit tatsächlich zur Erleuchtung führen. Die erste Art ist begrifflich und analytisch. Die zweite Art ist die nichtbegriffliche Vipaśyanā-Praxis, wie sie in den Śrāvaka- und Pratyekabuddhayānas angewandt wird, und die dritte ist die nichtbegriffliche Vipaśyanā-Praxis des Mahāyāna oder Bodhisattvayāna.

Dabei beruhen sowohl die zweite als auch die dritte zunächst auf der ersten, weltlichen, d. h. begrifflichen Art von Vipaśyanā. Auf dem Weg der tiefen Einsicht arbeitet man also zunächst mit abstrakten Vorstellungen. Bevor ihr nämlich eine direkte, nichtbegriffliche Erfahrung machen könnt, müsst ihr euch vorübergehend noch auf euer intellektuelles Verständnis verlassen und damit auf eine allgemeine Vorstellung oder ein inneres Bild von der Natur des Geistes. Irgendwann in der Entwicklung macht das intellektuelle Verständnis jedoch einer direkten Erfahrung Platz, d. h. der zweiten oder dritten Form von Vipaśyanā. Zu diesem Zeitpunkt werdet ihr völlig zweifelsfrei wissen, worin die letztendliche Wirklichkeit besteht.

Je nachdem, wie diese Einsicht entwickelt wird, können zwei Arten von Erleuchtung erlangt werden: die Erleuchtung, wie sie durch die Vipaśyanā-Praxis gemäß den Śrāvaka- und Pratyekabuddhayānas verwirklicht wird, sowie die Erleuchtung, wie sie durch die Praxis von Mahāyāna-Vipaśyanā erlangt wird. Ist man Saṃsāra müde und überdrüssig, sucht man instinktiv Befreiung für sich selbst. Praktizierende der Śrāvaka- und Pratyekabuddhayānas verfolgen dieses Ziel, und die Motivation, dadurch letztlich *allen* anderen leidenden Wesen zu helfen, ist in ihrem Streben, wenn überhaupt, lediglich latent vorhanden. Die Befreiung stellt sich auf diesem Weg ein, wenn Ichlosigkeit erkannt wird. Der Grund dafür ist einfach: Lässt sich niemand finden oder identifizieren, der leidet, wird erkannt, dass das Leiden als solches keine Existenzgrundlage hat. Die Einsicht, dass es kein reales Selbst gibt, löst das Festhalten an einem vermeintlichen Selbst. Dies ist die Erleuchtung, wie sie von Śrāvakas und Pratyekabuddhas durch ihre Art der Vipaśyanā-Praxis erlangt wird. Da die innere Haltung dieser Suchenden auf die eigene Erleuchtung abzielt, wird sie, im Vergleich zu jener der Mahāyāna-Praxis, als »geringer« verstanden. Diejenigen, die das Bodhisattvayāna praktizieren, widmen sich ihrem spirituellen Weg von Anfang an mit der Zielsetzung, *alle* Lebewesen in ihrem Streben zu unterstützen, sich vom Leid zu befreien.

Durch Vipaśyanā auf Ebene des Mahāyāna versteht ihr, dass die *gesamte Welt der Erscheinungen*, man selbst und andere mit eingeschlossen, substanzlos und unwirklich ist. Dies führt gleich von Anfang an zu der Ausrichtung, den zahllosen Wesen bedingungslos helfen zu wollen, dem Wunsch also, dass ausnahmslos jedes Lebewesen in Saṃsāra letztendliche Erleuchtung erlangen möge. Ihr erkennt auch, in welcher Weise ihr unterstützend wirken könnt. Einerseits werdet ihr euch der leeren Natur von allem bewusst, nämlich dass jedes Phänomen leer von einer inhärenten Wirklichkeit ist. Andererseits versteht ihr, dass, solange sich Täuschung fortsetzt, die Dinge als etwas eindeutig Existentes erfahren werden. Ihr erkennt, dass es sich genauso verhält wie mit einem Traum. Bodhisattvas sind daher dessen gewahr, dass ihre uneigennützigen Handlungen der Natur nach leer sind, und gleichzeitig tun sie ihr Bestes, um all die Wesen zu unterstützen. So wird auf dem Bodhisattva-Weg tiefgründige Einsicht und, untrennbar davon, die Motivation entwickelt, Lebewesen aus ihrem Leid herauszuhelfen. Während sich Bodhisattvas der illusionsgleichen Natur aller Phänomene bewusst sind, gehen sie damit unbeschwert um und helfen den illusionsgleichen Wesen. Die Praxis von Bodhisattvas besteht also darin, ihren Geist auf die illusionsgleiche Natur von allem zu fokussieren und zugleich praktische Fertigkeiten zu entwickeln, um anderen zu helfen. In diesem Sinne umfasst die Weisheit von Bodhisattvas, die sich in Śamatha und Vipaśyanā geschult haben, sowohl die Erkenntnis der Wesenlosigkeit der Person und jene aller Phänomene als auch unvoreingenommene liebende Güte und Mitgefühl für alle Lebewesen. Um es auf den Punkt zu bringen: Die Lebensweise und Praxis eines Bodhisattvas – zu wissen, wie man den Wesen hilft – ist eine Begleiterscheinung der Vipaśyanā-Meditation. Vipaśyanā lässt uns die Ursache des Daseinskreislaufs, d. h. Täuschung, verstehen; man begreift jetzt, wie sie funktioniert, und es ist diese Weisheit, durch die man anderen helfen kann.

Für die Praxis von Vipaśyanā im Mahāyāna ist es wichtig, das Bodhisattva-Gelübde abzulegen. Dieses besteht aus zwei Teilen. Der erste beinhaltet die Motivation, Erleuchtung erlangen zu wollen, um alle Wesen so zu unterstützen, dass sie sich von ihren Leiden befreien können. Der zweite Teil bezieht sich auf den praktischen Aspekt dieser Verpflichtung, nämlich die sechs Vollkommenheiten (*pāramitās*) zu praktizieren, d. h. Geben, Ethik, Geduld, freudige Ausdauer, Meditation und Weisheit. Die Pāramitās von Meditation und Weisheit führen zur Verwirklichung des Dharmakāya oder des »Wahrheitskörpers« der Buddhaschaft. Die Praxis von Geben, Ethik und Geduld führt zum Erlangen des Nirmāṇakāya und des Sambhogakāya, d. h. der verschiedenen physischen Manifestationen eines Buddhas. Nirmāṇakāya bedeutet, dass sich ein Buddha in zahllosen körperlichen Formen manifestiert, um alle Wesen in den sechs Daseinsformen aus Saṃsāra zu befreien. Als Sambhogakāya verkörpert er den natürlichen Zustand des Wohlbefindens in von ihm manifestierten reinen Welten und unterstützt realisierte Bodhisattvas. Freudige Ausdauer, das vierte der sechs Pāramitās, trägt zur Verwirklichung aller Aspekte der Praxis und der hilfreichen Aktivitäten eines Bodhisattvas bei; sie bringt sie zur Reife, wodurch die anderen fünf Pāramitās vollendet werden.

Sehen wir uns noch einmal den Unterschied zwischen der Vipaśyanā-Praxis der Śrāvaka- und Pratyekabuddhayānas einerseits und des Mahāyāna andererseits an. In der Vipaśyanā-Praxis der Śrāvaka- und Pratyekabuddhayānas untersuchen und analysieren Meditierende zunächst auf intellektueller Ebene die fünf Skandhas, um schließlich zu verstehen, dass darin kein Selbst auffindbar ist. Genaues Erforschen bringt sie also zu der Einsicht, dass das Selbst nicht wahrhaft existiert – schließlich lässt es sich in keiner dieser fünf geistig-körperlichen Daseinsgruppen orten oder identifizieren. Ist dadurch einmal erwiesen, dass das Selbst keine Grundlage hat, dann ist folglich die Existenz einer einzigartigen, unabhängigen Eigennatur widerlegt. So wird die Ichlosigkeit deutlich verstanden. Dies ist die weltliche oder begriffliche Vipaśyanā-Praxis der Śrāvaka- und Pratyekabuddhayānas. Es handelt sich um ein schlussfolgerndes Wissen um Ichlosigkeit, eine abstrakte Vorstellung davon. Meditierende, die sich in der Folge damit in der Meditation vertraut machen und dieses Verständnis in ihre Praxis integrieren, werden intuitiv eine immer tiefer werdende Einsicht in Ichlosigkeit entwickeln und diese schließlich durch direkte Erfahrung erkennen. Letzteres führt dann zur Befreiung. Hier wird die Einsicht, dass in den Skandhas kein Selbst vorhanden ist, zu einer unerschütterlichen inneren Gewissheit. Während des gesamten Prozesses sind das Interesse und die Aufmerksamkeit der Meditierenden in den Śrāvaka- und Pratyekabuddhayānas auf die eigene Befreiung ausgerichtet.

Auch in der Vipaśyanā-Praxis im Mahāyāna erforschen Meditierende das Selbst und erkennen dadurch, dass es nicht vorhanden ist. Sie verstehen dabei nicht nur, dass die fünf geistig-körperlichen Daseinsgruppen frei von einem Ich sind, sondern auch, dass die Skandhas als solche substanzlos und unwirklich sind. Sie untersuchen also die Wirklichkeit von äußeren und inneren Phänomenen, um herauszufinden, ob irgendein erdenkliches Phänomen existiert oder nicht existiert. Dadurch umfasst ihre Erkenntnis der Wesenlosigkeit jedes nur mögliche Phänomen.

Ist euch dieses grundlegende Konzept der allgemeinen Mahāyāna-Vipaśyanā einmal klar, dann könnt ihr schrittweise und ohne allzu große Schwierigkeiten die verschiedenen Perspektiven in der Meditation praktizieren, wie sie in der Folge beschrieben werden. Beginnt mit einem systematischen Untersuchen, d. h. der begrifflichen Ebene von Vipaśyanā. Seid ihr mit diesem Verständnis durch regelmäßige Meditation einmal vertraut geworden, wird sich allmählich ein Wandel vollziehen: ihr werdet fähig, in einem Zustand direkter Erfahrung zu verweilen. Dies ist dann die eigentlich befreiende Vipaśyanā-Praxis.

Damit sich dieser Wechsel hin zu befreiender Vipaśyanā allmählich einstellen kann, solltet ihr euch also in der begrifflichen Vipaśyanā-Praxis systematisch schulen und dabei die eigentliche Natur von Phänomenen, gleich welcher Art, untersuchen. Hier werden in der Folge verschiedene Varianten des Erforschens vorgestellt, die ihr dafür wahlweise nutzen könnt.

Vipaśyanā-Meditation in drei Schritten

Um Phänomene differenziert zu erfassen, untersucht zunächst die Objekte der Wahrnehmung mit Fragestellungen bezüglich ihrer Merkmale und ihrer Natur und schaut dann auf den Geist, der wahrnimmt. Folgende Fragen können dieses Erforschen erleichtern:

(1) Worin bestehen die Merkmale eines bestimmten Phänomens, das man wahrnimmt?
Worin bestehen die Merkmale, aufgrund derer sich ein Ding von einem anderen unterscheidet? So haben zum Beispiel ein Stück Holz und ein Stein ganz verschiedene Charakteristika. Dies wird offensichtlich, wenn ihr sie zunächst hinsichtlich ihrer Farbe, Form, Substanz usw. untersucht, durch die sie sich von jedem anderen Phänomen abheben.

Untersucht als Nächstes die Natur eines bestimmten Phänomens genauer, um zu verstehen, wie dieses Ding durch das Zusammenwirken verschiedener Faktoren entstanden ist. Stellt euch dabei die folgenden Fragen: »Bestehen diese Faktoren und Eigenschaften einzeln für sich, jedes unabhängig von anderen Eigenschaften? Ist es möglich, dass ein Ding aus sich selbst heraus existiert?« Berücksichtigt dabei, dass es kein Ding ohne seine Eigenschaften geben kann.

(2) Was ist die Natur eines bestimmten Phänomens?
Sind diese Merkmale, Faktoren und Eigenschaften, die ein Ding ausmachen, wahrhaft existent oder nicht? Ist dieses Ding von Natur aus existent? Falls ja, wo und in welcher Art dauert es fort?

Untersucht ihr die Natur der Phänomene sorgfältig, beginnt ihr früher oder später zu verstehen, dass Erscheinungen in ihrer individuellen Weise entstehen und funktionieren, sie gleichzeitig aber keine wahrhaft existenten, dauerhaften, unabhängigen Entitäten sind. Da sie also nicht inhärent existieren, sind sie wie Trugbilder. Was ihr seht, ist nur der konventionelle Aspekt der Realität, nicht aber die letztendliche Wirklichkeit. Ein uns erscheinendes Phänomen ist weder dauerhaft existent noch besteht es eigenständig als solches. Löst man Seifenpulver zum Beispiel in Wasser auf, sieht man zwar den Schaum bzw. die Seifenblasen, aber existieren diese wirklich? Als erscheinende Formen sind sie zwar sichtbar, dennoch sind sie substanzlos und vergänglich. Eine Seifenblase ist mit anderen verbunden und diese miteinander verbundenen Seifenblasen sind allesamt flüchtig. Sie sind auf keinen Fall eigenständige, fortdauernde Dinge – und dies trifft nicht nur auf Seifenblasen zu. Es gilt für jedes Phänomen, das scheinbar von anderen unabhängig existiert. Vipaśyanā auf dieser Ebene bedeutet, diesbezüglich ein genaues intellektuelles Verständnis zu entwickeln.

Bei dieser Untersuchung der Merkmale und der Natur von äußeren Phänomenen wird dem Geist, der dieses Erforschen möglich macht, nur wenig Aufmerksamkeit geschenkt. Dies bringt uns zum dritten und letzten Schritt dieser Einsichtsmeditation, der, der eigentlich befreiende ist:

(3) Worin besteht die Natur des Geistes, der ein bestimmtes Phänomen wahrnimmt?

Betrachtet nicht nur die Natur des wahrgenommenen Objekts, sondern schaut als Nächstes auf den Geist selbst, auf denjenigen also, der das Objekt wahrnimmt. Schaut euch dafür die Beziehung zwischen dem wahrgenommenen Objekt und dem wahrnehmenden Geist an. Versteht, dass es in der Abwesenheit eines wahrgenommenen Objekts auch keinen Geist geben kann, der ein Objekt wahrnimmt. Dies bringt euch zu dem Schluss, dass auch der vermeintlich wahrnehmende Geist keine Eigennatur hat.

Dieses Erforschen löst einen Perspektivenwechsel aus. Die Einsichtsmeditation, bei der man den wahrnehmenden Geist erforscht, wird die überweltliche Vipasyana der befreienden Weisheit genannt und dies aus gutem Grund: Das analytische Untersuchen der Natur äußerer Phänomene ist als solches nicht befreiend; es kann nicht jenseits der dualistischen Vorstellung gehen, dass die Dinge als etwas vom Geist Getrenntes existieren. Dennoch ist es hilfreich. Das Verständnis, dass die Dinge nicht so wirklich sind, wie sie zu sein scheinen, ebnet den Weg für die Einsicht, dass der dualistische Geist, der die Dinge wahrnimmt, ebenso unwirklich ist. Und dieses Wissen ist äußerst wertvoll.

Solange nämlich die verwirrte Vorstellung aufrecht bleibt, dass sowohl der Wahrnehmende als auch das Wahrgenommene real existieren, sind Meditierende weit davon entfernt, sich der Befreiung zu nähern. Daher sind diese verschiedenen Schritte erforderlich, um eine Ebene von Vipaśyanā zu erreichen, die das Tor zu jener Art von Einsicht öffnet, die – vorausgesetzt, sie wird weiter gepflegt – allmählich zur Befreiung von dualistischen Vorstellungen und somit von Saṃsāra führt.

Untersucht daher, ausgehend von der Einsicht, dass äußere Phänomene nicht so real sind, wie sie zu sein scheinen, tiefer gehend die Natur des Geistes und erkennt, dass auch der wahrnehmende Geist nicht so real ist, wie er wirkt.

Um hier das Wichtigste noch einmal zusammenzufassen: Unterscheidet im Rahmen der begrifflichen Vipaśyanā-Praxis Phänomene voneinander, indem ihr ihre jeweiligen charakteristischen Merkmale und Eigenschaften identifiziert. Erforscht diese; schaut, worin sie bestehen und wie sie die verschiedenen Dinge definieren. Seht euch ebenso die Natur der jeweiligen Dinge an, um herauszufinden, ob sie als solche, von anderem unabhängig und damit wirklich existieren. Seid ihr einmal zu dem Schluss gekommen, dass äußere Phänomene nicht als etwas wirklich Existentes identifiziert werden können, dann werdet ihr auch zu der Einsicht gelangen, dass kein Phänomen – weder ein äußeres noch ein inneres, d. h. die jeweiligen Bewusstseinsvorgänge, – wahrhaft existent ist, denn in der Abwesenheit eines wahrgenommenen Objekts kann es auch keinen Geist geben, der wahrnimmt.

Folglich findet auch die Interaktion zwischen diesen beiden, d. h. der Wahrnehmungsvorgang an sich, nicht wirklich statt. Bei diesem letzten Schritt liegt der Fokus auf dem Geist an sich, auf der Einsicht, dass weder im Objekt noch im wahrnehmenden Bewusstsein noch in ihrer Interaktion irgendeine wahre Realität vorhanden ist. Damit bekommt Vipaśyanā hier eine befreiende Qualität.

Letztlich gelangen Meditierende so zur logischen Schlussfolgerung, dass das wahrgenommene Objekt, das wahrnehmende Bewusstsein und der Wahrnehmungsprozess keine reale Natur haben. Diese drei, obwohl sie konventionell erscheinen und funktionieren, existieren daher auf der Ebene der letztendlichen Wirklichkeit nicht.

Vipaśyanā-Meditation in vier Schritten

Verschiedene Texte lehren etwas unterschiedliche Modelle dafür, wie Vipaśyanā entwickelt werden kann. Das *Saṃdhinirmocanasūtra* vermittelt dies durch einen vierfachen Prozess, in dem man dazu angehalten wird, Phänomene (1) zu unterscheiden, (2) genau zu unterscheiden, (3) vollständig zu untersuchen und (4) vollständig zu analysieren.

Als Beispiel können wir den Körper und Feuer sowie deren gegenseitige Beziehung untersuchen:

(1) Das Unterscheiden
Hier geht es darum, die Dinge aus verschiedenen Perspektiven detailliert zu betrachten. Normalerweise verstehen wir den Körper eines Menschen als eine Einheit, als ein Ganzes. Macht euch zunächst klar, dass der Körper aus vielen, im Grunde aus zahllosen Teilen besteht. Untersucht dieses Phänomen »Körper« dann weiter, indem ihr es analytisch in seine einzelnen Teile und immer kleinere Einheiten aufspaltet. Dies hat zur Wirkung, dass der Körper bald auf seine kleinsten Teilchen oder Atome reduziert ist. In diesen winzigsten Teilchen ist kein menschlicher Körper auffindbar, weder als Summe noch einzeln. Aus dieser Perspektive gibt es weder jetzt einen Körper noch hat es ihn je gegeben. Er ist nur eine Summe kleinster Teilchen, auf die von uns das Etikett »Körper« angebracht wurde.

Als Nächstes untersucht als weiteres Beispiel das Phänomen »Feuer«, das auch viele Eigenschaften hat. Feuer verbrennt jemanden oder etwas und es gibt Hitze ab. Es kann rot sein, gelb oder blau, und das in allen möglichen Schattierungen. Diese und viele andere Eigenschaften machen »Feuer« aus, das von uns normalerweise als *eine* Sache erlebt wird. Spaltet dieses Phänomen »Feuer« analytisch in seine feinsten Teilchen auf. Ihr werdet feststellen, dass Feuer als solches niemals existiert hat, weil es nur eine Ansammlung feinster Teilchen oder Prozesse ist, die weder individuell noch kollektiv das Feuer wirklich ausmachen. Wir benennen lediglich eine Summe von Teilchen mit dem Begriff »Feuer«.

Dies ist der erste von den vier Schritten dieser Einsichtsmeditation. Er hilft uns, unsere gewohnte Art der Wahrnehmung zu überwinden, nämlich Dinge in einer sehr groben, verallgemeinernden Weise als einheitliche, reale Phänomene zu sehen.

(2) Das genaue Unterscheiden

Untersucht ihr euren Körper und Feuer auf diese Art und Weise, gelangt ihr zu dem logischen Schluss, dass es beide als solche nicht gibt. Erforscht nun als Nächstes ihre Beziehung zueinander. Was passiert, wenn der Körper in direkten Kontakt mit Feuer kommt? Worin besteht die Empfindung des Sich-Verbrennens? Woher kommt dieser Schmerz? Kommt er vom Feuer oder vom Körper? Es ist bereits erwiesen, dass weder das Feuer noch der Körper real existieren – aber woher könnte der Schmerz sonst kommen? Könnte er vom Geist kommen? Würde diese schmerzvolle Empfindung *nur im Geist* existieren, hätte sie mit dem Feuer und dem Körper nichts zu tun. Wäre dem so, könnte der Schmerz auch unabhängig vom Feuer und dem Körper vorhanden sein. In diesem Fall könnte der Schmerz auch dann da sein, wenn der Körper nicht in Kontakt mit Feuer ist. Würde der Schmerz hingegen *nur im Feuer* existieren, dann könnte er auch da sein, wenn der Körper nicht in Kontakt mit Feuer kommt. Würde die Empfindung schließlich *nur im Körper* existieren, dann könnte auch ein Leichnam, der von keinem Geist mehr beseelt ist, Schmerzen empfinden, sobald er in Kontakt mit Feuer kommt.

Kontempliert auf diese Art und Weise über die Natur von Empfindungen. Dies führt euch zu dem Schluss, dass die schmerzhafte Empfindung des Sich-Verbrennens nicht unabhängig vom Feuer, vom Körper *und* vom dualistischen Geist entsteht. Oberflächlich betrachtet existieren Empfindungen zweifellos. Wer sich verbrennt, fühlt Schmerz. Betrachtet ihr dies jedoch genauer, stellen sich die Faktoren, die dem Schmerz zugrunde liegen, als nicht wirklich identifizierbar heraus; sie sind nicht real existent. Es wird daher deutlich, dass es tatsächlich zwei Aspekte der Wirklichkeit gibt. Zum einen ist da die konventionelle Wirklichkeit –

unbestreitbar reagieren wir sensibel auf Schmerzen; es tut einfach weh. Zum anderen ist da die absolute Wirklichkeit – die Faktoren, die dem Schmerz zugrunde liegen, sind erwiesenermaßen nicht wirklich existent.

Hier geht es darum, die Faktoren, die etwas kennzeichnen, von den jeweiligen dadurch gekennzeichneten Dingen genau zu unterscheiden, darum, zu begreifen, dass während Phänomene sich manifestieren, sie gleichzeitig ihrem Wesen nach leer sind. Deshalb kann auch keine *reale* Beziehung zwischen ihnen ausgemacht werden.

Alle beteiligten Phänomene sind dem Wesen nach leer, seien es die wahrgenommenen Objekte, der wahrnehmende Geist oder die Interaktion zwischen ihnen. Gleichzeitig empfinden wir jedoch Hitze, die konventionelle Erfahrung des Körpers, wenn er mit Feuer in Berührung kommt. Mit diesem zweiten Schritt vertieft sich also das Verständnis um konventionelle Phänomene und ihre wahre Natur.

Fassen wir die ersten beiden Schritte kurz zusammen, bevor wir uns der dritten Ebene zuwenden: Im ersten Schritt geht es darum, die Merkmale und Eigenschaften der Dinge differenziert zu erfassen. Kontempliert ihr über Feuer, gilt es, dessen Merkmale zu unterscheiden. Kontempliert ihr über den menschlichen Körper, analysiert ihr dessen Teile. Im zweiten Schritt wird die Beziehung zwischen dem Körper und dem Feuer erforscht. In diesem Fall ist der Körper der, der erfährt, während das Feuer das Objekt der Erfahrung ist. Kommen Körper und Feuer in Kontakt, spürt ihr Hitze. Diese Empfindung entsteht nicht von selbst, sondern abhängig vom Körper, dem Feuer und dem dualistisch erlebenden Geist.

Eine Empfindung ist daher die Wirkung einer Reihe konvergierender Faktoren. Kommen die jeweiligen Bedingungen und Faktoren zusammen, entstehen die entsprechenden Empfindungen. Eine Empfindung, die in diesem Sinne ein abhängiges Phänomen ist, hat demnach als solche keine reale Grundlage. Sie ist nichts weiter als die Auswirkung des flüchtigen Zusammenkommens von Faktoren und Bedingungen. Und diese Faktoren und Bedingungen haben selbst wiederum keine dauerhafte Existenz, weil auch sie nichts als abhängige Ereignisse sind, die wiederum von anderen Ursachen und Bedingungen ausgelöst worden sind. Der begriffliche Geist benennt »Körper«, »Feuer«, »Empfindung« usw., ohne dass diese Dinge als solche eine inhärente Existenz aufwiesen.

Im Verlauf der begrifflichen Einsichtsmeditation vertieft sich dieses Verständnis schrittweise immer weiter. Und so entsteht in euch allmählich eine völlig zweifelsfreie Gewissheit, dass jede Art von Phänomen – das sich manifestiert, wann immer die entsprechenden Bedingungen zusammenkommen – dem Wesen nach leer ist. Dies ist die Gleichzeitigkeit von konventioneller und absoluter Wirklichkeit eines jeden Phänomens.

(3) Das vollständige Untersuchen

Als dritten Schritt untersucht diese Einheit der konventionellen und letztendlichen Wirklichkeit noch tiefer gehend. Wendet die Aufmerksamkeit nach innen, um über den wahrnehmenden Geist zu kontemplieren, der all dies erfährt. Zu Beginn habt ihr äußere Phänomene, wie den Körper oder das Feuer, untersucht, dann deren Beziehung zueinander und wie eine Empfindung zustande kommen kann. Ihr habt euch die verschiedenen Elemente angesehen und erkannt, dass sie nicht als reale, solide Dinge existieren, sondern alle voneinander abhängig und ineinander verwoben sind. Seht euch jetzt den Geist an, der dies erlebt. Versucht, die verschiedenen Prozesse im Geist zu erforschen. Was ist nötig, damit der Geist diese Abläufe erleben kann? Wie kommt der Geist zu seiner Erfahrung? Welche Faktoren wirken dabei zusammen? Beobachtet, wie äußere Gegebenheiten durch den Geist erfahren und verarbeitet werden.

(4) Das vollständige Analysieren

Nachdem ihr nun die Objekte, den wahrnehmenden Geist und ihre Beziehung zueinander untersucht habt, seht euch jetzt im vierten und letzten Schritt die Natur des Geistes als solche an. Erforscht Moment für Moment die eigentliche Natur des Geistes. »Moment für Moment« bezieht sich darauf, dass ihr untersucht, ob der jeweils gegenwärtige Geistmoment eine reale Existenz aufweist oder nicht. Erforscht dies immer wieder. Geht ihr so vor, werdet ihr Erfahrungen in Bezug auf die Natur des Geistes machen. Mit ausdauernder Übung werdet ihr erkennen, was der Geist wirklich ist. Existiert ein vorübergehender Geistmoment tatsächlich? Mithilfe der Erklärungen habt ihr intellektuell verstanden, dass nichts real existent ist, was auch immer es sein mag. Ihr seid euch darüber im Klaren, dass all die Dinge – obwohl sie erscheinen – frei von einer realen Eigennatur sind. Dieses theoretische Wissen genügt jedoch nicht. Jetzt hängt alles davon ab, dass ihr eure eigenen Erfahrungen macht. In diesem Sinne gilt es, die begriffliche Vipaśyanā auf die Probe zu stellen. Schaut selbst hin und kommt durch eure Praxis nach und nach dahin, direkte Erfahrungen zu machen und authentische Einsichten zu gewinnen. Haltet euch auf den ersten Schritten jedoch an die Richtlinien und Erklärungen dazu, wie man sich diesen meditativen Erfahrungen annähert.

Vipaśyanā-Meditation in sechs Schritten

Die folgenden sechs Kontemplationen gehören ebenfalls zur Kategorie der begrifflichen Vipaśyanā-Praxis. In diesen Meditationen werden nur die Objekte der Wahrnehmung analysiert. Hier sind weder der wahrnehmende Geist noch die Beziehung zwischen diesem und den wahrgenommenen Objekten direkter Gegenstand der Untersuchung, denn die beiden diesbezüglichen Arten des Erforschens gehören zu den höheren Ebenen von Vipaśyanā, die zu Erleuchtung führen, zur Vipaśyanā der befreienden Weisheit.

Allerdings sind diese sechs Kontemplationen in Bezug auf Wahrnehmungsobjekte sehr wertvoll, denn auf ihrer Grundlage solltet ihr dazu fähig sein, Folgendes zu verstehen: Obwohl ein deutlich wahrgenommenes Objekt tatsächlich keine reale Eigennatur aufweist, findet erwiesenermaßen eine Wahrnehmung davon statt. Daher sollte man sich als Erstes klarmachen, dass all die vermeintlich äußeren Wahrnehmungsobjekte nicht außerhalb des sie wahrnehmenden Geistes existieren. Als Zweites solltet ihr verstehen, dass auch der dualistisch wahrnehmende Geist nicht unabhängig von seinem jeweils erlebten Objekt existiert. Ein erlebtes Objekt spiegelt daher den wahrnehmenden Geist wider. In diesem Sinne bedingen sie einander und da sie bedingt sind, haben sie keine reale Eigennatur. Aufgrund unserer Verwirrung sind wir derzeit nicht in der Lage zu sehen, dass es ohne ein reales Wahrnehmungsobjekt auch keinen dieses wahrnehmenden Geist geben kann. Die Aussage »der

Geist ist seinem Wesen nach leer« bezieht sich genau darauf, dass der Erleber in diesem Sinne nicht auffindbar ist.

(1) Die Kontemplation über die Beziehung zwischen einem Wahrnehmungsobjekt und seiner Bezeichnung

Ein Name kann nur gegeben werden, nachdem ein Objekt wahrgenommen wurde. Das Objekt und seine Bezeichnung sind eindeutig voneinander getrennt und unterscheidbar. Die spezifische Tasse zum Beispiel, die ich wahrnehme, ist einzigartig, da es genau diese eine Tasse auf der ganzen Welt nur einmal gibt. Die Bezeichnung »Tasse« hingegen ist nur ein allgemeiner Begriff, der sich auf all die verschiedenen Tassen in der Welt bezieht. Sinn und Zweck dieser Meditation ist, den Fehler auszuräumen, die *Bezeichnung* eines Wahrnehmungsobjekts, d. h. die Abstraktion, für das konkrete, spezifische Objekt selbst zu halten. Um beim obigen Beispiel zu bleiben: Die allgemeine Bezeichnung »Tasse« sollte nicht mit der spezifischen Tasse, die man gerade sieht oder hält, verwechselt werden.

Hier geht es also darum, die Konzepte zu erkennen, die den dualistischen Geist beschäftigen und die dieser allem zuschreibt. Könnt ihr nachvollziehen, dass das Konzept, die Bezeichnung, »Tasse« einfach ein Konstrukt des begrifflichen Geistes ist, dann könnt ihr euch von dieser Vorstellung lösen. Zu Beginn besteht diese Vipaśyanā-Technik daher darin, über die Tatsache zu kontemplieren, dass das Etikett, das für das Objekt verwendet wird, nicht das Ding selbst ist. Es ist lediglich eine Bezeichnung, mit dem es der dualistische Geist versehen hat.

(2) Die Kontemplation über die Existenz des Objekts

Auch wenn man verstanden hat, dass die Bezeichnung nicht das Objekt ist, scheint dieses nach wie vor substanziell zu existieren. Denkt zum Beispiel an Seifenblasen im Wasser. Das Wort »Seifenblasen« ist nur ein Etikett, eine Bezeichnung für Schaum im Wasser. Seht ihr euch die jeweiligen Seifenblasen als solche an, wird deutlich, dass sie nicht für sich allein stehen. Die Existenz einer Seifenblase hängt von der Existenz anderer Dinge, von Wasser usw. ab. Genauso existiert kein Wahrnehmungsobjekt als getrenntes, von anderen unabhängiges Ding in sich selbst. Abgesehen davon, dass es vom Zusammenspiel vieler Faktoren, von Ursachen und Bedingungen, abhängt, ist ein Ding in sich selbst eigentlich nichts weiter als die Summe seiner Teile. Unterteilt ihr es konsequent weiter, stellt ihr fest, dass es lediglich eine Ansammlung winzigster Teilchen ist. Ein substanzielles Objekt als solches hat daher nie existiert. So kontempliert ihr über die Existenz von Objekten der Wahrnehmung.

Vielleicht seid ihr vom Weltall mit seiner unglaublichen Schönheit tief beeindruckt, sobald ihr es jedoch einer Prüfung unterzieht, ist darin keine reale Existenz auffindbar. Genau das Gleiche gilt für alles im Leben. Nichts ist von Dauer. Aus diesem Grund lässt sich alles mit der illusionsgleichen Form eines Trugbilds vergleichen. Analytisch solltet ihr alles – jede Erscheinung, jede Gestalt und jeden Bestandteil – bis in die kleinsten Atome, die kleinsten konstituierenden Teilchen, zergliedern. Und sogar diese winzigsten Teilchen werden sich, wenn ihr sie weiter untersucht, ebenfalls als frei von realer Existenz erweisen.

(3) Die Kontemplation darüber, wie ein Wahrnehmungsobjekt definiert wird

Die dritte Art dieser Vipaśyanā-Meditation besteht darin zu erforschen, wie Wahrnehmungsobjekte definiert werden. Analysiert die Funktionsweise des dualistischen Geistes, um zu verstehen, wie er sich auf die illusionsgleichen Formen bezieht und das Konzept eines Wahrnehmungsobjekts hervorbringt. Wieder dient uns Feuer als Beispiel: Die Definition von Feuer ist »das, was heiß ist und brennt«. Würde man nur sagen, »Feuer ist heiß«, ohne zu erwähnen, dass es auch brennt, dann wäre die Definition von Feuer unvollständig. Schließlich gibt es viele Dinge, die heiß sind, aber nicht brennen, und keines davon ist Feuer. »Heiß und brennend« ist ein Konzept, eine konventionelle Idee darüber, wie Feuer beschaffen ist, ein allgemeiner Begriff, der sich nicht auf ein bestimmtes Feuer bezieht. Wir haben also die Definition von Feuer als »das, was heiß ist und brennt« sowie das allgemeine begriffliche Konzept von Feuer, d. h. die Benennung »Feuer«, auf welcher diese Definition beruht. Beide, die Definition und das allgemeine begriffliche Konzept, wurden vom dualistischen Geist erschaffen. Solange ihr dies nicht untersucht, erlebt ihr (1) die Definition, (2) das allgemeine Konzept und (3) das konkrete

Objekt als eines. Im Zustand grundlegender Verwirrung unterscheiden wir zwischen diesen drei Aspekten nicht, die allesamt durch die Funktionsweise des dualistischen Geistes hervorgebracht werden. Deshalb gehen wir, auf der Grundlage falscher Annahmen, von der Existenz von Feuer aus und reagieren subjektiv mit Festhalten oder Ablehnung, womit auch diese Vorgänge unwillkürlich ins Spiel kommen.

Geht im Verlauf dieser Meditation die beschriebenen Analysen durch, um die Natur von Feuer zu ergründen. Unterscheidet das, was lediglich ein allgemeines Konzept ist, welches vom dualistischen Geist erschaffen wurde, vom eigentlichen Feuer an sich. Ebenso entbehren subjektive Reaktionen in Bezug auf das Feuer, wie Mögen und Nicht-Mögen, einer realen Existenz. Das gesamte Konzept »Feuer«, einschließlich unserer Reaktionen darauf, erweist sich also als reine Erfindung des dualistischen Geistes. Denkt ihr über die Existenz von Feuer nach, werdet ihr auch die interessante Entdeckung machen, dass der Geist ein äußeres Objekt tatsächlich nicht direkt wahrnehmen kann, weil der wahrnehmende Geist und das Wahrnehmungsobjekt keine gemeinsame Basis miteinander teilen; sie haben gänzlich verschiedene Eigenschaften. Der Geist kann nicht direkt in Kontakt mit etwas sein, das außerhalb seiner selbst ist. Wir erleben in Wahrheit nicht die äußere Welt an sich, sondern lediglich Sinneseindrücke derselben, Erfindungen des dualistischen Geistes. In gewisser Weise gleicht der Geist einem Spiegel, in dem sich äußere Objekte widerspiegeln, d. h., er erscheint in der Gestalt seiner Objekte. Seid euch also dessen bewusst, dass die Wahrnehmung von vermeintlich äußeren Sinnesobjekten lediglich darin besteht, geistige Abbilder zu erleben.

(4) Die Kontemplation über den Dimensionsaspekt des Objekts

Hier geht es um das Analysieren der Dimensionen oder Richtungen des Objekts, über das man kontempliert. Untersucht, wie es hinsichtlich der vier Haupthimmelsrichtungen, der vier Nebenhimmelsrichtungen sowie Zenit und Nadir unterteilt werden kann. Diese Betrachtung zeigt, dass es kein äußeres Ding gibt, das eine einzige, unteilbare Einheit wäre, und dass Richtungen voneinander abhängig sind. So existiert zum Beispiel ein »Hinten« nur in Bezug auf ein »Vorn«.

(5) Die Kontemplation über den Zeitaspekt eines Objekts
Untersucht systematisch, wie ein Objekt in Zusammenhang mit Zeit existiert, wie es lediglich von Augenblick zu Augenblick besteht. Versteht dadurch, dass es auch im Verlauf der Zeit keine gleichbleibende Identität hat.

(6) Die Kontemplation über die Kontinuität zwischen den Momenten
Untersucht die Kontinuität eines Phänomens, wie ein Moment zügig in den nächsten übergeht, ohne dass es dabei zu einer Kollision oder einer Störung kommt. Beobachtet – während ihr über die scheinbar existierenden Dinge kontempliert –, wie die Zeit ununterbrochen verstreicht.

Diese sechs Formen der Vipaśyanā-Meditation sind sehr nützlich, weil sie uns die wechselseitige Abhängigkeit aller Dinge vor Augen führen. Außerdem zeigen sie uns, dass auch der wahrnehmende Geist unwirklich ist. Dennoch gehören sie nicht zu den befreienden Arten von Vipaśyanā-Praxis, denn dafür solltet ihr den Geist in seiner wahren Natur verweilen lassen und seine Wesenlosigkeit direkt erforschen.

Vipaśyanā-Meditation auf den Geist an sich

Nachdem ihr äußere Objekte untersucht habt und versteht, dass sie nicht wirklich sind, analysiert nun den sie wahrnehmenden Geist. Dies führt zur Einsicht, dass der dualistische Geist, der Wahrnehmungsobjekte erlebt, ebenso wenig inhärent existiert, weil sich der dualistische Geist und seine Objekte wechselseitig bedingen. Tatsächlich besteht die Welt nicht außerhalb eures wahrnehmenden Geistes. In unserer Verwirrung fällt uns diese wechselseitige Abhängigkeit zwischen dem Bewusstsein und seinen Objekten – des Wahrnehmenden und des Wahrgenommenen – für gewöhnlich nicht auf. Dennoch ist es eine Tatsache, dass es in Abwesenheit eines Objekts keinen Geist geben kann, der dieses wahrnimmt. Ist einer dieser beiden Faktoren nicht real, kann es der andere auch nicht sein. Aus diesem Blickwinkel wird es offensichtlich, dass der wahrnehmende Geist, genauso wie das Wahrnehmungsobjekt, leer von einer Eigennatur ist.

Habt ihr das einmal verstanden, ist der nächste Schritt, die *Natur* des Geistes zu erforschen. Jetzt geht es um den Geist an sich und nicht um den Geist in Zusammenhang mit seinen Objekten. Was ist mit der Natur des Geistes gemeint? Um das herauszufinden, sucht systematisch nach verschiedenen Aspekten des Geistes, wie Gestalt, Größe oder Farbe. Geht der Frage nach, ob er etwas Greifbares ist, und ihr werdet bald erkennen, dass der Geist als solcher keinerlei derartige Eigenschaften aufweist und nichts ist, was ihr benennen könntet. Er ist jenseits aller Begrifflichkeit und Definition. Er kann nicht identifiziert und nicht lokalisiert werden, er ist nicht die Summe vieler Teile und hat auch keine physischen Dimensionen. Weder kann man sagen, dass der Geist als solcher eine Kontinuität habe, noch, dass er keine Kontinuität habe; er hat daher auch keine zeitlichen Dimensionen. Der Geist ist jenseits aller Bezeichnungen, Bilder, Wörter und Beschreibungen. Analytische Vipaśyanā-Praxis führt euch dazu, diese Schlüsse über den Geist zu ziehen.

Gelangt ihr zu der Erkenntnis, dass der Geist nicht real ist, er keine konkreten Eigenschaften hat und nichts Greifbares ist, solltet ihr euch jedoch gleichzeitig dessen bewusst sein, dass er nicht einfach ein Nichts ist. »Nichts« beruht nämlich auf dem Konzept von »etwas«. Ohne das Konzept von »etwas« kann das Konzept von »nichts« nicht entstehen. »Nichts« bedeutet nämlich die Abwesenheit von »etwas«. Die Natur des Geistes hingegen ist jenseits aller Bestätigung und Verneinung, jenseits von Existenz und Nicht-Existenz, Sein und Nicht-Sein, etwas und nichts. Sie transzendiert alle Begrifflichkeit. Unberührt von den vorübergehenden Phänomenen, die über die Sinne verarbeitet werden, kann die Natur des Geistes nur innerlich erfahren werden. Sie ist reine Bewusstheit, die ihrer eigenen wahren Natur gewahr ist. *Dies* zu erleben, ist echte Vipaśyanā, tiefe Einsicht. Lasst euren Geist in dieser Erfahrung ruhen. Könnt ihr – während ihr in stabilem Śamatha verweilt – den Geist in diesem Verständnis ruhen lassen, wird euch die wahre Natur des Geistes immer klarer werden. Im »Sūtra des raumgleichen Samādhi«[38] sagte der Buddha dazu:

Durch den Nektar des edlen Lehrers wird klar,
dass der Geist wie der Raum ist.
[Vipaśyanā]Samādhi bedeutet, davon nicht abzuschweifen.

»Nektar« bezieht sich auf die Schlüsselunterweisungen eines spirituellen Lehrers bzw. einer spirituellen Lehrerin.

Mit seiner bzw. ihrer Hilfe entwickeln Meditierende ein genaues Verständnis davon, dass die Natur des Geistes dem Raum gleicht: So wie der Raum ist der Geist völlig unabhängig von jeglicher Beschränkung hinsichtlich Größe, Begrifflichkeit, Emotionen, Wörtern, Zeit, Richtungen usw. Dabei wird die unermessliche Ausdehnung des Weltalls als Metapher für die unergründliche Natur des Geistes verwendet. Könnt ihr euren Geist ohne Ablenkung in dieser Erfahrung verweilen lassen, transzendiert ihr begriffliches Denken. Diese Art von Samādhi ist echte Vipaśyanā, tiefe Einsichtsmeditation. Könnt ihr darin verweilen, lösen sich die samsarischen Täuschungen in eurem Geist von selbst. Dies ist das letztendliche Ziel von Vipaśyanā. Während der Meditation erlebt ihr den Geist als raumgleich. Tatsächlich kann die direkte Erfahrung der wahren Natur des Geistes, die mit dem Raum verglichen wird, durch Erklärungen nicht vermittelt werden. Das Beispiel des Raums soll uns lediglich eine allgemeine Vorstellung von dieser Erfahrung ermöglichen.

Die Post-Meditation

Erfahrene Meditierende halten während der Meditation dieses raumgleiche Samādhi aufrecht. Außerhalb der Meditation, in der sogenannten Post-Meditation, erleben sie das Samādhi, das alles als illusionsgleich erkennt. D. h., nachdem sie sich aus der Meditation erhoben haben, nehmen sie alle Phänomene als illusionsgleiche Erscheinungen wahr, gleichsam als Trugbilder. Die direkte Erfahrung des Geistes während der Meditation spiegelt sich somit in der Phase der Post-Meditation in der Art und Weise wider, *wie* man die äußere Welt erlebt. Sie wie ein Trugbild wahrzunehmen, ist ganz anders als die Art, wie wir sie jetzt erleben. Die äußere Welt erscheint uns derzeit – aufgrund unseres intensiven, der Täuschung unterliegenden Anhaftens – als etwas konkret Existentes. Ist dieses Anhaften einmal überwunden, erscheinen alle Dinge als traumgleich und substanzlos. Probleme im Leben verlieren ihre Macht über euch. Mithilfe von Meditation wird innewohnendes Anhaften reduziert, ihr erkennt, dass es so etwas wie einen real existenten Geist nicht gibt. Habt ihr einmal diese Ebene erlangt, ist das mit dieser Erkenntnis einhergehende Gefühl der Erleichterung unvorstellbar.

Wie man Anschauung und Meditation miteinander verbindet

In der buddhistischen Meditation gibt es, vereinfacht gesagt, zwei sehr charakteristische Herangehensweisen. Im Sanskrit werden sie als die Paṇḍita-Tradition der analytischen Meditation und die Kuśali[39]-Tradition der verweilenden Meditation bezeichnet. Paṇḍitas, d. h. Gelehrte mit ihrer intellektuellen Ausrichtung, tendieren zu analytischer Meditation. Das Interesse von Kuśali-Meditierenden liegt hingegen auf der unmittelbar mit Erfahrung verbundenen Meditation. Da sich solche Yogis nicht um weltliche Angelegenheiten kümmern, schenken sie gesellschaftlich erwünschten Gepflogenheiten und Verhaltensweisen wenig Aufmerksamkeit. Sie geben das allgemeine Leben auf, ziehen sich zurück und praktizieren nicht-analytische, direkt verweilende Meditation. Milarepa war ein Beispiel für einen Kuśali-Meditierenden. Diese Kuśali-Tradition geht hauptsächlich auf die Mahāmudrā-Linie von Saraha zurück, dem unvergleichlichen indischen Meister aus dem zweiten Jahrhundert n. Chr.[40] Er lehrte durch spirituelle Gesänge, von denen einige bereits ins Englische übersetzt wurden. Sein Schüler Nāgārjuna und die folgenden Linienhalter haben den Geist dieser Tradition über die Jahrhunderte bis in die Gegenwart aufrechterhalten.

Viele Praktizierende der Nyingma- und Kagyü-Schulen folgten der Kuśali-Tradition, und ihr geringes Interesse an der analytischen Herangehensweise der Paṇḍitas wurde sehr oft kritisiert. Der Standpunkt der Paṇḍitas ist, dass Meditierende ohne ein solides begriffliches Fundament so hohe Erfolgsaussichten in ihrer Praxis hätten wie Kletterer beim Erklimmen eines Bergs, wenn ihnen beide Hände fehlen. Auch wurden Kuśali-Meditierende mit Blinden verglichen, die hoffen, sicher an ihr Ziel zu gelangen. Diese Analogien werden manchmal verwendet, um herauszukehren, dass direkte Meditation ohne das stabile Fundament analytischer Untersuchung zum Scheitern verurteilt ist. Natürlich gab es auch Kritik in die andere Richtung. So werden die Paṇḍitas oft dafür kritisiert, dass sie Meditation nur auf intellektuelle Analyse reduzierten. Zieht man zum Beispiel den Schluss, dass der Geist leer von einer realen Existenz ist, und baut die Meditation auf diesem Konzept auf, kann das Resultat nur enttäuschend sein. Das Konzept eines leeren Geistes ist schließlich nur eine vom dualistischen Geist hervorgebrachte Vorstellung. Es ist nicht die wahre Natur des Geistes. Auf ein Konzept zu meditieren, das intellektuell erarbeitet wurde, ist niemals das Gleiche wie auf den nichtdualen Geist an sich zu meditieren und führt auch nicht zu letztendlicher Erleuchtung.

Dagpo Tashi Namgyal (ca. 1512–1587), ein wichtiger Kagyü- und Sakya-Meister und Autor des Buchs »Mahāmudrā-Mondlicht«, hat diese beiden gegensätzlichen Standpunkte genauestens untersucht. Er kam zu dem Schluss, dass letztlich die verweilende Kuśali-Meditation Vorrang haben sollte, rät allerdings, zunächst in einem gewissen Ausmaß analytische Meditation zu üben, da man ansonsten riskiere, den Kern der Praxis nicht zu verstehen und lediglich einen dumpfen Zustand zu pflegen. Nach dieser Phase analytischer Meditation solltet ihr jedoch mit der verweilenden Meditation fortfahren, um so einen Zugang zur eigentlich befreienden Form der Vipaśyanā-Praxis zu bekommen. Analytische Meditation funktioniert sehr gut, um zum Beispiel zu verstehen, dass Sinnesobjekte ihrem Wesen nach leer sind. Im Kontext der Mahāmudrā-Praxis geht es jedoch nicht vorrangig darum, mithilfe analytischer Schlussfolgerung die Nichtexistenz äußerer Objekte zu beweisen. Hier liegt der Fokus vielmehr darauf, die wahre Natur des Geistes zu verstehen, und in diesem Zusammenhang ist analytische Meditation nur begrenzt hilfreich. Ihr könnt diese anwenden, solange ihr nicht diese intellektuell hervorgebrachten Ergebnisse für die wahre Natur des Geistes haltet. Diese kann nur durch direkte Erfahrung erkannt werden, und genau darum dreht sich die Kuśali-Meditation des direkten Verweilens oder die verweilende Meditation. In den Anfangsphasen erfüllt analytische Meditation daher ihren Zweck, den ganzen Weg bis hin zur vollkommenen Erleuchtung können wir jedoch nur mit der Kuśali-Meditation gehen.

Wie lässt sich die analytische mit der direkt verweilenden Meditation verbinden? Eine effektive Art, mit dem Analysieren der Natur des Geistes zu beginnen, ist, den Geist objektiv in Zusammenhang mit dem Vergehen der Zeit zu betrachten. Indem ihr den Geist künstlich in drei getrennte Zeitperioden einteilt, wird deutlich, dass die Vergangenheit nicht mehr existiert, die Gegenwart nicht bleibt und die Zukunft erst eintreten wird. Gleichzeitig könnt ihr auch sehen, wie Vergangenheit, Gegenwart und Zukunft in einer fließenden Kontinuität miteinander verbunden sind. Ein solches Verständnis bedeutet, einen flüchtigen Eindruck von der Natur des Geistes zu gewinnen. Im Tibetischen wird dies als »Sehen der wahren Natur des Geistes« beschrieben. Seht ihr den Geist tatsächlich als ein Kontinuum von Bewusstheit, ist keine weitere analytische Meditation mehr erforderlich. Lasst auf dieser Grundlage den Geist direkt und ununterbrochen in dieser Erfahrung verweilen. Das ist die Kuśali-Meditation. So werden die analytische und die verweilende Meditation geschickt miteinander verbunden und die zwei scheinbar gegensätzlichen Anschauungen miteinander verknüpft.

Abschließende Betrachtungen

Das Erfahren der wahren Natur des Geistes ist nicht-begrifflich. Es ist eine ausschließlich direkte Erfahrung, frei von allen vorgefassten Ideen. In unserer gängigen Wahrnehmung nehmen wir zuerst ein Objekt wahr und identifizieren es umgehend. So sehen wir zum Beispiel eine Tasse, um sie gleich darauf als Tasse zu benennen. Der erste Moment des Sehens ist eine ausschließlich direkte Erfahrung, bei der noch keinerlei begriffliches Denken im Spiel ist. Obwohl also in jedem Wahrnehmungsprozess ein Moment reiner Erfahrung enthalten ist, entgeht uns dieser normalerweise, weil er so schnell vorüber ist. Die Natur des Geistes zu sehen, ist also die Erfahrung, bevor eine Identifikation eintritt, bevor eine Benennung erfolgt, bevor ein Gedanke gedacht wird. *Das ist reines Sehen.* Eine solche direkte Erfahrung des Geistes wird Erkenntnis genannt. Verweilt man ununterbrochen und unzerstreut in dieser Erkenntnis, wird der Geist allmählich immer klarer und stabiler. Im Laufe der Zeit manifestiert er sich schließlich als reine Weisheit.

Befasst ihr euch mit der Bedeutung von Leerheit, könnt ihr entweder über die Leerheit der äußeren Welt nachdenken oder euch nach innen ausrichten und über die Leerheit des Geistes reflektieren. Leerheit – sowohl äußerlich als auch innerlich – ist jenseits aller Benennung, Definition und Begrifflichkeit. Zwar entzieht sich Leerheit jeglicher Beschreibung, sie ist jedoch eine Tatsache. Wären nämlich die samsarischen Phänomene solide existent und dauerhaft, dann könnten die normalen Begebenheiten, die sich tagtäglich ereignen, niemals vorübergehen. Nur eine vergängliche Illusion kann zum Entstehen kommen. Gäbe es irgendetwas, das dauerhaft existierte, würde es immer gleich sein und sich niemals verändern. Wären, rein theoretisch, Begebenheiten nicht illusionsgleich und nicht leer, und würde alles, was in Saṃsāra existiert, von anderem unabhängig und statisch bestehen, dann wären diese Dinge unüberwindbare Hindernisse für jede Veränderung, einschließlich jener, die zu letztendlicher Erleuchtung führt. Einfach formuliert: Ginge das Heute nicht zu Ende, dann tritt das Morgen niemals ein. Genauso könnte Buddhaschaft niemals erlangt werden, wenn Saṃsāra niemals zu einem Ende käme. Da die Dinge jedoch leer sind, kann alles geschehen. In diesem Sinne ist Leerheit das, was es uns ermöglicht, den buddhistischen Weg zu praktizieren und all die Qualitäten zu verwirklichen, die sich dadurch einstellen.

Da alles illusionsgleich und leer ist, folgt, dass auch Ursachen und Wirkungen nicht real existieren. Wenn ihr dies hört, wundert ihr euch vielleicht zu Recht darüber, wie dann die Gesetzmäßigkeit von Karma zufriedenstellend erklärt werden kann. Lebewesen, die sich der wahren Natur ihres Geistes nicht bewusst sind, unterliegen ihrer Täuschung. Sie glauben fest daran, dass alle eigentlich vorübergehenden Dinge im Leben wahrhaft existieren. Die Kausalität von Ursache und Wirkung geht mit dieser Täuschung einher. In einem Traum zum Beispiel scheint alles konkret zu existieren. Nichts wird als illusionsgleich oder leer angesehen. Ursachen und Bedingungen wirken dabei so lange eng zusammen, bis man erwacht. Träumen kann man jedoch nur, weil man schläft, und im Schlaf kann man verschiedene Träume haben. Diese Träume sind jedoch nicht wirklich, anderenfalls wären sie nach dem Erwachen immer noch da. Denkt ihr darüber nach, werdet ihr verstehen, dass das Erscheinen und Funktionieren der Dinge in Ursache-Wirkung-Beziehungen und die Tatsache, dass sie gleichzeitig unwirklich sind, keinen Gegensatz darstellen. Die Dinge können erscheinen, eben weil sie leer sind, und sie sind leer, eben weil sie erscheinen.

Solange der Geist seiner Täuschung unterliegt, hält man Illusionen für etwas Wirkliches; sie sind das Ergebnis davon, dass Ursachen zu Wirkungen heranreifen. Obwohl der Körper, die Wahrnehmungen und das Leid, das damit einhergeht, Illusionen sind, existieren sie für einen der Täuschung unterliegenden Geist wirklich. Innerhalb von Saṃsāra kommen so ganze Universen zum Entstehen, große und kleine. Ob diese Welten nun freudvoll oder leiderfüllt sind – sie sind immer illusionsgleich. Der Geist kann mit einem Spiegel verglichen werden und sämtliche dieser Illusionen mit vorüberziehenden Reflexionen in diesem Spiegel. Bodhisattvas sind – aufgrund ihres Wissens, dass diese Illusionen und ihre Ursachen der Natur nach leer sind – geschickt darin, ihr Verständnis gut einzusetzen. Deshalb ist ein Bodhisattva fähig, die leidenden Wesen darin zu unterstützen, sich von ihren samsarischen Illusionen zu befreien und letztlich Erleuchtung zu erlangen. Bodhisattvas haben die reine Absicht, allen Lebewesen nützlich zu sein. Sie wissen, dass alle Phänomene, die existent zu sein scheinen, in Wahrheit Illusionen sind und dass jede Illusion der Gesetzmäßigkeit von Karma unterworfen ist, dass also Handlungen immer ihre Wirkungen nach sich ziehen. Bodhisattvas führen daher unzählige illusionsgleiche verdienstvolle Handlungen aus, um illusionsgleiche förderliche karmische Wirkungen auszulösen. Zunächst versprechen sie, all den leidenden Wesen zu helfen, und dann üben sie sich unermüdlich in den sechs Pāramitās, damit ihre altruistischen Bodhisattva-Wünsche schließlich zur Umsetzung gelangen.

3

Die für Mahāmudrā spezifische Form von Śamatha und Vipaśyanā

Die Bedeutung des Begriffs Mahāmudrā

Mahāmudrā ist ein Sanskrit-Begriff. Sein tibetisches Gegenstück ist »chag gya chen po«[41]. »Mahā« (tib. *chen po*) bedeutet »groß«, hier im Sinne von »ohnegleichen«. Das, was ohnegleichen ist, ist »mudrā« (tib. *chag gya*), das sich hier auf die Buddha-Natur bezieht. Es ist die Weisheit der Leerheit, die jedem Lebewesen innewohnt. Anders gesagt bezieht sich »Mahāmudrā« darauf, dass der Geist seiner Natur nach leer ist, jedes Phänomen durchdringt und sowohl Saṃsāra als auch Nirvāṇa umfasst. Mahāmudrā ist die Untrennbarkeit von grenzenloser Weisheit und vollkommenem Mitgefühl.

Im Sanskrit vermitteln Wörter und sogar einzelne Silben oft mehr als einen Sinn. »Buddha-Natur« ist nur eine der verschiedenen Bedeutungen des Wortes »mudrā«. Eine andere übliche Bedeutung von »mudrā«, gerade im Kontext religiöser Rituale, ist »eine Handgeste mit einer bestimmten impliziten Bedeutung«. In unserem Zusammenhang bezieht sich »mudrā« jedoch nicht auf eine symbolische Ausdrucksform. Vielmehr steht, wie oben ausgeführt, das Wort »mudrā« im Kontext von Mahāmudrā für die unerschöpfliche Manifestation der absoluten Wirklichkeit in dem Sinne, dass jedes äußere und innere Phänomen die Untrennbarkeit von Erscheinen und Leerheit ist.

In der Mahāmudrā-Tradition werden üblicherweise drei Aspekte von Mahāmudrā unterschieden: Grundlage-Mahāmudrā, Weg-Mahāmudrā und Frucht-Mahāmudrā. In manchen Sūtras finden sich weitere Aufzählungen wie zum Beispiel fünfzehn und zwanzig Bedeutungen von »mudrā«, allerdings deckt die Einteilung der Lehren in Grundlage, Weg und Frucht jeden Aspekt der Mahāmudrā-Erklärungen ab.

Grundlage-, Weg- und Frucht-Mahāmudrā

Grundlage-Mahāmudrā ist die eigentliche Natur des Geistes und jedes Phänomens, das von diesem wahrgenommen wird. Sie ist der reine Geist, Klarheit und Leerheit, und umfasst gleichermaßen sowohl Saṃsāra als auch Nirvāṇa. Grundlage-Mahāmudrā liegt jenseits von Worten und Vorstellungen; sie entzieht sich jeder Begrifflichkeit und kann daher weder definiert noch lokalisiert noch identifiziert werden.

Weg-Mahāmudrā ist der Prozess, durch den ihr zu der eindeutigen Einsicht gelangt, dass jedes Phänomen seinem Wesen nach leer ist. Ein wirkliches Verständnis von Leerheit kann nicht durch unsere gewohnte, verwirrte Denkweise erlangt werden. In den anfänglichen Phasen des Erforschens der Bedeutung von Leerheit solltet ihr eine offene Geisteshaltung wahren und besonderes Augenmerk auf die entsprechenden Erklärungen legen. Denkt Erläuterungen, die ihr bekommt, genau durch. Befasst euch auch mit der diesbezüglichen Literatur, damit euch dieses Thema vertraut wird. Vertieft euer Verständnis dann weiter, indem ihr Śamatha- und Vipaśyanā-Meditation praktiziert. Nur durch direkte eigene Erfahrung in Meditation werdet ihr wirklich zweifelsfrei verstehen können, in welcher Weise Leerheit tatsächlich die eigentliche Natur von allem ist. Dieser gesamte Prozess wird als Weg-Mahāmudrā bezeichnet.

Frucht-Mahāmudrā ist nichts anderes als die vollkommene Erkenntnis von Grundlage-Mahāmudrā und wird durch den stufenweisen Verlauf der Weg-Mahāmudrā erlangt. Haben sich die Nebel am Morgen einmal gelichtet, ist der Himmel vollkommen klar. Zwar ist der Himmel als solcher immer da, man sieht ihn jedoch nicht, solange er nebelverhangen ist. Genauso ist die Klarheit des Geistes immer gegenwärtig, und doch erlebt man sie nicht, solange man der eigenen Täuschung unterliegt. Hat man Letztere einmal völlig überwunden, dann erfährt man die Grundlage-Mahāmudrā als die immer gegenwärtige Klarheit des Geistes.

Grundlage-Mahāmudrā ist uns derzeit also verborgen, da wir die wahre Natur des Geistes und die wahre Natur jedes nur erdenklichen Phänomens, das vom Geist wahrgenommen wird, nicht sehen können. Dennoch ist die Grundlage-Mahāmudrā als solche zeitlos und unveränderlich. Es ist also lediglich unsere Wahrnehmung von ihr, die sich durch unser immer tiefer werdendes Verständnis einschneidend verändert, und zwar so lange, bis wir schließlich vollkommene Erleuchtung erlangen. In diesem Zustand werden wir jenseits aller Zweifel erleben, was es heißt, dass es zwischen Grundlage- und Frucht-Mahāmudrā tatsächlich keinen Unterschied gibt.

Grundlage-, Weg- und Frucht-Mahāmudrā beruhen alle auf dem Geist und sind von diesem untrennbar. Daher ist Mahāmudrā auch nichts Fremdes, das von einem fernen reinen Land herbeigeschafft werden müsste – sie ist nichts anderes als die ursprüngliche Reinheit des Geistes, die Buddha-Natur.

Diejenigen, die die Grundlage-Mahāmudrā nicht erkennen, sind allgemeine, ihrer Täuschung unterliegende Wesen. Diejenigen, die auf den fortgeschrittenen Stufen der Weg-Mahāmudrā sind, sind realisierte Bodhisattvas, und diejenigen, die die Grundlage-Mahāmudrā vollkommen erkannt haben, sind erleuchtete Buddhas.

Gampopas drei Zugänge zur Mahāmudrā-Praxis

Gampopa lehrte in Zusammenhang mit Mahāmudrā drei Herangehensweisen: (1) der Weg, auf dem die Mahāmudrā-Praxis auf der Grundlage eines begrifflichen Verstehens im Rahmen der Sūtra-Lehren eingeleitet wird, (2) der Weg des Segens im Kontext der tantrischen Praxis und (3) der Weg der direkten Erfahrung.[42]

(1) Mahāmudrā über den Weg eines begrifflichen Verstehens im Rahmen der Sūtra-Lehren

Der erste Zugang beruht auf den Sūtra-Lehren des Mahāyāna. Durch logische Betrachtungen gelangt ihr zu einem intellektuellen Verständnis von Mahāmudrā. Dies ist nichts anderes als das, was in einem früheren Abschnitt dieses Buchs[43] bereits vorgestellt wurde – die Vipaśyanā-Praxis, wie sie allen buddhistischen Zugängen gemeinsam ist. Obwohl die Bezeichnung »Sūtra-Mahāyāna« im Allgemeinen viel umfassender ist, ist sie in diesem Zusammenhang gleichbedeutend mit logischer Beweisführung und Sūtra-Lehren. Gampopa nannte dies den »Weg der Schlussfolgerungen«.

(2) Mahāmudrā als Weg des Segens im Kontext der tantrischen Praxis

Der zweite Weg ist das tantrische Vajrayāna, das Gampopa den »Weg des Segens« nannte. Bei diesem Zugang meditiert ihr auf ein Maṇḍala und identifiziert euch mit einer Gottheit bzw. einem bestimmten Buddha-Aspekt. Ihr rezitiert Mantras und übt euch in yogischen Praktiken.

(3) Mahāmudrā als Weg der direkten Erfahrung

Der dritte Weg ist jener der direkten Wahrnehmung, die Mahāmudrā-Meditation als solche. Dies ist eine Praxis ohne die Stütze zwischengeschalteter Methoden. Sie führt zu einer direkten Erfahrung, die sich weder verbal ausdrücken lässt noch gedanklich vorstellbar ist.

Eine andere Art, Gampopas dreifachen Zugang zu beschreiben, unterscheidet in: (1) den Weg des Aufgebens, (2) den Weg der Umwandlung und (3) den Weg des Erkennens des Wesens oder der grundlegenden Natur.

(1) Der Weg des Aufgebens

Dieser beruht auf dem folgenden intellektuellen Verständnis: Der Geist ist in seinem natürlichen Zustand rein und unveränderlich. Bei allgemeinen Lebewesen ist er jedoch durch vorübergehende, oberflächliche Schleier verhüllt. Diese geistigen Verdunkelungen, die durch die verwirrte Annahme entstehen, alles sei real existent, können durch den Einsatz von

Gegenmitteln entfernt werden. In dieser ersten Herangehensweise wird das, was aufzugeben ist, die Methode des Aufgebens und der Vorgang des Aufgebens noch nicht als illusionsgleich verstanden. Daher werden sie auch noch nicht als nicht-begrifflich und nicht-dual erkannt. Hier liegt der Fokus darauf, geistige Verdunkelungen zu überwinden, damit der natürliche Zustand des reinen Geistes als solchen erfasst werden kann. Eine Praxis, die auf diesem Verständnis beruht, wird auch der »Weg der Pāramitās« oder der »Weg des Freiseins von Verhaftetsein« genannt. Er besteht in dem, was allgemein als die Sūtra-Ebene des Mahāyāna bekannt ist.

(2) Der Weg der Umwandlung

Hiermit ist das Vajrayāna gemeint, bei dem sich Praktizierende nicht länger darauf konzentrieren, geistige Verdunkelungen zu entfernen. Auf dieser weiter fortgeschrittenen Ebene geht es vielmehr um deren Umwandlung. Das intellektuelle Verständnis vom Geist ist das gleiche wie jenes, das bereits im Zusammenhang mit dem »Weg des Aufgebens« erklärt wurde: In seinem natürlichen Zustand ist der Geist rein und unveränderlich, derzeit jedoch von vorübergehenden, oberflächlichen Schleiern verdunkelt. Lediglich die Methode weicht von jener des »Wegs des Aufgebens« ab. Sie besteht in einer fundamentalen Zustandsveränderung des Samsarischen in das Vollkommene. In diesem Sinne wird der Körper in den Körper der Gottheit transformiert, die Rede in Mantras und alle geistigen Trübungen und Verwirrungen in Weisheit. Hier wird also nichts überwunden. Vielmehr werden alle samsarischen Dinge, so wie sie sind, in das Vollkommene und Erleuchtete umgewandelt. So wird etwa der eigene Körper aus Fleisch und Blut als durchsichtiger, regenbogengleicher und vollkommener Körper eines Buddha-Aspekts erlebt, so als wäre er lediglich ein Trugbild oder eine Illusion. Mit dem Verständnis, dass diese außergewöhnliche Manifestation aus dem Geist als solchem entsteht, wird sie als substanzlos, unwirklich und traumgleich erfahren, Erscheinen und Leerheit als voneinander untrennbar.

(3) Der Weg des Erkennens des Wesens oder der grundlegenden Natur

Dies ist die höchste Stufe, auf der die Praxis ohne jegliche äußere Stütze oder Gegenmittel erfolgt. Um diese Ebene der Meditation zu verwirklichen, sind weder die Praxis des Aufgebens noch die Praxis der Umwandlung erforderlich. Das Wesen oder die grundlegende Natur zu erkennen, bedeutet, die Grundlage an sich zu erfassen, die wahre Natur des Geistes. Auf dieser höchsten Stufe verstehen Praktizierende, was die eigentliche Natur des Geistes und die eigentliche Natur jedes nur erdenklichen Phänomens, das vom Geist wahrgenommen wird, wirklich ist. Hier wird der reine Geist in einer Bewusstheit gehalten, die sich ihrer eigenen wahren Natur gewahr ist, in einem ruhigen und klaren Zustand. Frei von Ablenkung ist sich der Geist seiner eigenen Natur bewusst. Dies ist Mahāmudrā-Meditation. Um einen Zugang zu diesem Weg zu finden, durch den man die Grundlage-Mahāmudrā direkt erkennt, wird zunächst die Natur des Geistes eingehend erforscht.

In diesem Zusammenhang ist es wichtig, sich dessen bewusst zu sein, dass sich die eigentliche Natur des Geistes nicht von der eigentlichen Natur jedes nur erdenklichen Phänomens, das vom Geist wahrgenommen wird, unterscheidet. Jedes Phänomen ist lediglich eine illusionsgleiche Erfahrung, die im Geist entsteht. In diesem Sinne sind der Geist und seine Erfahrungen ihrer eigentlichen Natur nach nicht voneinander getrennt. Klar und leer ist die Natur des Geistes frei von greifbaren Merkmalen. Der lichthafte Geist an sich manifestiert sich in unerschöpflichen illusionsgleichen Formen. Auf diesem Verständnis vom Geist und seinen Manifestationen aufbauend erfahrt ihr das Leben in völliger Gelassenheit. Ihr wisst, dass alles, was geschieht, ob es nun als gut oder schlecht erlebt wird, gleichermaßen ein Ausdruck des reinen Geistes ist. Dies ist die Art und Weise, wie sich ein erleuchteter Geist unbeeindruckt von den Turbulenzen des Lebens zeigt. Es ist die höchste und tiefgründigste Form von Meditation, die es überhaupt gibt. In einem seiner »Gesänge der Erkenntnis« sagte der große Mahāmudrā-Meister Saraha:

Auf diesem überaus herrlichen Weg der Essenz
wird die Frucht als Methode genutzt,
weil sich Anfang, Ende und Mitte nicht voneinander unterscheiden.

Hier stützt ihr euch nicht auf andere Mittel, wie zum Beispiel auf die Kontemplation über die Unschönheit der Dinge oder auf analytische Meditationsformen, weil die grundlegende Natur jenseits von in solchen Methoden verwendeten Begrifflichkeiten liegt. Diese Mahāmudrā ist die Quintessenz aller Praxis, es ist das reine Gewahrsein von der grundlegenden Natur des Geistes. Es ist möglich, diese Mahāmudrā ohne Vajrayāna-Meditationen zu praktizieren, auch wenn es diesbezüglich verschiedene Anschauungen gibt.

Diese Mahāmudrā-Lehre geht auf Saraha und Maitrīpa zurück, die beide hoch verwirklichte Meister oder Siddhas waren. Maitrīpa zählte zudem zu den großen Paṇḍitas oder Gelehrten seiner Zeit. Ihre Mahāmudrā-Lehre ist unter verschiedenen Begriffen bekannt, wie zum Beispiel als Amanasikāra oder das »Nicht-Vorstellen«[44], als »der direkte Weg«, als »der Zugang zur Quintessenz«, als »die Lichthaftigkeit des Geistes« und als »die Praxis der Ursprünglichkeit«[45] bzw. der »ursprünglichen Weisheit«. Marpa, der Übersetzer, brachte diese Lehren im 11. Jahrhundert nach Tibet. Seither wurden sie von Lehrer bzw. Lehrerin zu Schüler bzw. Schülerin weitergegeben. In diesem Mahāmudrā-System sind die Sūtra-Lehren durch die ersten Phasen der Übung, d. h. der allgemeinen Śamatha- und Vipaśyanā-Praxis, integriert. Auf der soliden Grundlage, die durch diese Übungen entsteht, könnt ihr dann den höchsten Weg der Mahāmudrā-Meditation einschlagen.

In der allgemeinen Śamatha-Meditation fokussiert ihr euch auf eine bestimmte Stütze, um den Geist zu stabilisieren. In der allgemeinen Vipaśyanā-Meditation setzt ihr gezielt bestimmte Gedankengänge ein, um logische Schlussfolgerungen zu ziehen. Dies sind wertvolle Methoden aus den Sūtra-Lehren des Mahāyāna. Doch letztlich können wir uns, um vollkommene Erkenntnis zu erlangen, nur auf die wahre Natur des Geistes an sich stützen. Dabei geht es um das Verständnis, dass sich die wahre Natur des Geistes tatsächlich in jedem Augenblick in absoluter Reinheit, in Klarheit und Leerheit, selbst offenbart. Moment für Moment zu erforschen, was der Geist als solcher wirklich ist, den Geist sich also selbst betrachten lassen, genau hier und jetzt – dies ist der Zugang zur Mahāmudrā-Meditation.

Die Frucht der Meditation kommt nicht von etwas, das außerhalb läge. Die wahre Natur des Geistes, der Geist an sich, ist schon seit jeher die Frucht. Die wahre Natur des Geistes durch den Geist zu erkennen, ist der Weg. Zweifelsfreies Wissen darum, dass Grundlage-, Weg- und Frucht-Mahāmudrā nicht voneinander verschieden sind, ist die letztendliche Erkenntnis. Dies ist die Quintessenz der höchsten und tiefgründigsten Lehren. Höhere Lehren gibt es nicht.

Um ihre Schüler und Schülerinnen dabei zu unterstützen, Gefahren auf dem Weg zu vermeiden, müssen Mahāmudrā-Meister und -Meisterinnen imstande sein, die Fähigkeiten der Schüler richtig einzuschätzen. Nur dann können sie feststellen, ob diese für derart außergewöhnliche Lehren bereit sind. Die Schüler ihrerseits müssen das völlige Vertrauen darin haben können, dass die Meister sie sicher auf jenem Weg anleiten, der für sie am besten geeignet ist.

Es ist bekannt, dass gewissenhafte Meister und Meisterinnen ihre Hellsicht nutzen, um den Geist eines potenziellen Schülers zu beurteilen. Sie können dann sehr unterstützende Anleitungen zum Einstieg in die Meditation geben. Nehmen wir der Klarheit halber einmal an, der Meditationsmeister sei ein Buddha. Aufgrund der mit dieser Erkenntnis einhergehenden vollkommenen Weisheit gibt es dann keinerlei Probleme damit, andere in ihrer Praxis zu unterstützen. Ist der Meditationsmeister ein Bodhisattva auf einer der zehn Bhūmis, gibt es auch kein Problem, weil so ein Bodhisattva in hohem Maße hellsichtig ist. Ist der Meditationsmeister aufgrund seiner weit fortgeschrittenen Praxis der Erkenntnis bereits nahe, dann ist es für ihn auch nicht schwierig, andere in Richtung Erleuchtung anzuleiten, weil die übernatürlichen Kräfte der Hellsicht es ihm erlauben, anderen angemessen zu helfen. Muss jedoch der Meditationsmeister selbst erst noch die direkte Erfahrung von Erkenntnis erlangen, dann ist er weniger dazu in der Lage, die Fähigkeit eines Anfängers richtig einzuschätzen. In diesem Fall ist er gut beraten, sich auf eine Divination[46] zu verlassen. Dabei sollte dieser Meister innig zum Buddha und seiner jeweiligen Meditationsgottheit um Inspiration beten, damit er andere anleiten kann.

Die Fähigkeiten der Schüler bzw. Schülerinnen sind sehr unterschiedlich. Den meisten liegt der stufenweise Zugang zu Meditation. Jenen mit höchsten Fähigkeiten, die für die Lehren des augenblicklichen Mahāmudrā-Wegs bereit sind, sollte jedoch direkt der oben dargelegte »Weg des Erkennens des Wesens« vermittelt werden. In der Karma Kagyü-Tradition werden diese Erklärungen oft auf der Grundlage eines Textes namens *Chag chen yige shipe tri*[47] gegeben, »Mahāmudrā, die Anleitung in vier Worten«. Anderen sollten die Mahāmudrā-Lehren schrittweise erklärt werden. Der Text, der in diesem Zusammenhang gern verwendet wird, heißt *Chag chen lhenchig kye jor gyi tri*[48] oder »Mahāmudrā, die Anleitung der Praxis der Ursprünglichkeit«[49]. In diesem Fall sollten sich die Schüler bzw. Schülerinnen zunächst in den Śamatha- und Vipaśyanā-Meditationen üben, wie sie allen buddhistischen Fahrzeugen gemeinsam sind. Ist damit einmal eine solide Basis geschaffen worden, folgt die Praxis der Mahāmudrā-spezifischen Śamatha- und Vipaśyanā-Meditationen. In der Karma Kagyü-Tradition wird der Mahāmudrā-Weg oft in diesen Schritten vermittelt, die auf Gampopas Lehrweise zurückgehen.

Die Vorbereitenden Übungen zur Mahāmudrā-Praxis

Bevor ihr euch auf die fortgeschrittene Ebene der Mahāmudrā-Praxis begebt, solltet ihr euch der Gefahren bewusst sein, die zwar nicht in der Praxis selbst liegen, sehr wohl aber in einem unzulänglichen Verständnis der diesbezüglichen Lehren. So heißt es darin zum Beispiel, die Natur des Geistes sei jenseits aller Dualität. Gleichzeitig heißt es, alle Dinge, seien sie gut oder schlecht, seien gleichermaßen ein Ausdruck dieses unwandelbaren, seiner Natur nach leeren Geistes. Angesichts solcher Aussagen könntet ihr leicht den Fehler machen zu meinen, die Gesetzmäßigkeit von Karma sei, so wie alles im Leben, nichts weiter als eine Illusion, eine Erfindung des Geistes und dass folglich gute und schlechte Taten von geringer Bedeutung wären. Daraus könntet ihr den weiteren Schluss ziehen, ihr hättet die Freiheit, euch nach Gutdünken zu verhalten, ohne die Konsequenzen tragen zu müssen. Saṃsāra ist jedoch sehr wohl eine Realität für alle, die in ihrer Täuschung verstrickt sind. In Saṃsāra können Wirkungen nicht beseitigt werden, solange deren Ursachen vorhanden sind, denn diese kommen immer zur Reife.

Die wahre Natur des Geistes ist von oberflächlichen Verdunkelungen verdeckt. Allgemeine Wesen, die nicht fähig sind, die wahre Natur des Geistes zu erfassen, nehmen alles im Leben mit ihrem ich-zentrierten dualistischen Denken wahr. Diese verzerrte Wahrnehmung löst Geistestrübungen aus, die leicht zu negativen Handlungen verleiten. Die herangereiften Eindrücke von negativem Karma verursachen wiederum alle möglichen Arten von Leid. So setzt sich Saṃsāra, dieser Ozean immer wiederkehrenden Leids, fort.

Beides, sowohl Ursachen als auch Wirkungen, sind tatsächlich Illusionen des Geistes. Sie sind nur geistige Einbildungen. Daher kann negatives Karma, das das samsarische Elend verursacht, auch nur durch den Geist wieder bereinigt werden, und zwar indem man dem negativen Karma mit positivem entgegenwirkt. Letzteres ist die Ursache für Wohlergehen und wird ebenfalls durch Geisteszustände angesammelt, die in verbalen und körperlichen Handlungen ihren Ausdruck finden. Während Saṃsāra die Folge der Funktionsweise des dualistischen Geistes ist, ist Nirvāṇa der Geisteszustand, der erreicht wird, wenn die wahre Natur des Geistes erkannt wurde. Beide sind demnach nichts anderes als euer eigener Geist. Außerdem solltet ihr euch dessen bewusst sein, dass die Methoden, die verwendet werden, zum Beispiel die Praxis der Vorbereitenden Übungen, ebenso vom Geist produziert sind. Jedoch sind die vier Vorbereitenden Übungen für die Mahāmudrā-Meditation erprobte Methoden, um – mit Blick auf das Erlangen der Erleuchtung – negativen Handlungen entgegenzuwirken und Verdienst aufzubauen. Sie sind nützliche Vorgehensweisen, durch welche samsarische Täuschungen stufenweise aufgelöst und Verdunkelungen, die Saṃsāra verursachen, effektiv bereinigt werden können. Dadurch, dass wir uns von Verdunkelungen reinigen und Verdienst ansammeln, offenbart sich die eigentliche Natur des Geistes in ihrer natürlichen Reinheit. Letzteres vollzieht sich während ihr euch mit der wahren Natur des Geistes vertraut macht, also in der Meditation. Die Hauptsache ist, auf den Geist zu meditieren, und die Vorbereitenden Übungen verleihen euch die Fähigkeit dazu.

Die zwei mal vier Vorbereitenden Übungen für Mahāmudrā-Meditation
Ich werde diesen Abschnitt kurz halten, da ausführliche Kommentare dazu leicht erhältlich sind. Nutzt dafür bitte *Mahāmudrā, das Licht des wahren Sinnes*[50] vom ersten Jamgön Kongtrul (1813–1899), einem der wichtigsten Lehrer der Rime-Bewegung in Ost-Tibet, oder *Mahāmudrā, der Ozean des wahren Sinnes*[51] vom neunten Karmapa Wangchug Dorje (1556–1603). Letzterer hat eine Reihe sehr wertvoller Anleitungen zur Mahāmudrā-Praxis geschrieben, die bis heute viel verwendet werden. Was den Rezitationstext für die Praxis selbst betrifft, könnt ihr entweder den von mir verfassten Text *Die Einheit von Verdienst und Weisheit, die Vorbereitungen von Mahāmudrā als tägliche Praxis* verwenden oder auch den von Karmapa Wangchug Dorje geschriebenen Text, der normalerweise als das »Mahāmudrā Ngöndro«[52] bezeichnet wird.

Kurz gesagt besteht die Praxis der Mahāmudrā-Vorbereitungen aus zwei Teilen. Der erste Teil ist allgemein in dem Sinne, dass er allen buddhistischen Traditionen gemeinsam ist. Darauf folgt ein zweiter Teil spezifisch für die Schulung von Mahāmudrā. Beide Teile umfassen je vier Übungen.

In den allgemeinen Vorbereitungen werden die Meditierenden in vier Betrachtungen angeleitet: (1) die Kostbarkeit des menschlichen Lebens, (2) Vergänglichkeit, (3) die Gesetzmäßigkeit zwischen karmischen Ursachen und ihren Wirkungen und (4) das unablässige Leid des Daseinskreislaufs. Auf diese folgen die vier spezifischen Mahāmudrā-Vorbereitungen: (1) die Rezitation der Zufluchtsgebete mit vollen Verbeugungen sowie das Entwickeln von Bodhicitta, (2) die Dorje Sempa-Praxis (Skr.: Vajrasattva), (3) die Maṇḍala-Opferung und (4) die Praxis des Guru Yoga. Die Erklärungen und Übertragungen für diese vier spezifischen Vorbereitenden Übungen sollte man von qualifizierten Meditationslehrern oder -lehrerinnen erhalten und unter deren Supervision praktizieren. Eine mögliche Alternative dazu ist die Reinigungspraxis im Zusammenhang mit den Fünfunddreißig Buddhas des Bekennens[53].

4

Mahāmudrā Śamatha

Einleitung

Mahāmudrā Śamatha weicht von anderen Arten der Śamatha-Meditation dahingehend ab, dass letztere eine Stütze erfordern, auf die man sich fokussiert. Dies mag der Atem sein oder ein äußeres oder inneres Objekt. Bei Mahāmudrā Śamatha hingegen verweilt der Geist mühelos in sich selbst, seiner selbst gewahr. Wir können sie daher vielleicht besondere Śamatha-Meditation nennen. Sie bildet die ersten Stufen der Mahāmudrā-Praxis und besteht ganz allgemein formuliert aus zwei Teilen, der Vasen-Atmung zu Beginn und der eigentlichen Śamatha-Praxis, die sich keinerlei Stütze bedient.

Die Vasen-Atmung

Die Vasen-Atmung[54] erfordert die Betreuung durch qualifizierte Lehrer bzw. Lehrerinnen, die den Schülern bzw. Schülerinnen die Übung zeigen. Ihr solltet sie also nicht aus einem Buch lernen. In der Folge werden daher hier auch keine spezifischen Anleitungen dazu gegeben, sondern lediglich ein paar allgemeine Hinweise.

Zwar verwenden viele erfolgreiche Meditierende die Vasen-Atmung nicht, anderen Praktizierenden ist es jedoch fast unmöglich, ohne diese Übung ihren Gedankenfluss zur Ruhe zu bringen, weil sie so sehr an die Unruhe ihres Geistes gewöhnt sind. Daher ist die Vasen-Atmung speziell für diesen Typus von Praktizierenden sehr hilfreich. Der Grund dafür ist, dass der Geist dem Atem folgt. »Haltet« ihr daher den Atem in einer bestimmten Weise, »haltet« ihr damit auch den Geist, d.h., der Geist wird ruhig. Außerdem mag es sein, dass ihr ermüdet oder die Meditation unklar wird. In diesem Fall kann die Vasen-Atmung den Geist erfrischen.

Die korrekte Sitzhaltung, die an früherer Stelle bereits erklärt wurde, und die Vasen-Atmung ermöglichen einen harmonischen Fluss der fünf Hauptwinde oder -energien im Körper. Diese sind (1) der lebenserhaltende Wind, (2) der abwärts klärende Wind, der zum Beispiel das Verdauungssystem reguliert, (3) der aufsteigende Wind, der für die Rede usw. zuständig ist, (4) der Feuer ausgleichende Wind, der zum Beispiel die Körpertemperatur regelt, und (5) der allesdurchdringende Wind, der alle Teile des Körpers erreicht. Neben diesen fünf Hauptwinden gibt es fünf Sekundärenergien, deren Fluss dadurch sehr begünstigt wird, dass man die Augen offen hält und geradeaus nach vorn blickt. Auch wenn Körper und Geist nicht als eines gesehen werden, sind sie doch dahingehend eng miteinander verbunden, dass der Körper den dualistisch erlebenden Geist stark beeinflusst. Eine korrekte Meditationshaltung harmonisiert den Energiefluss im Körper und unterstützt damit die Ausgeglichenheit des Geistes, was wiederum die Śamatha-Meditation stabilisiert.

Führt die Vasen-Atmung nicht durch, wenn ihr emotional aufgewühlt seid, sondern nur, wenn ihr euch entspannt fühlt. Diese Praxis soll den Geist in einen Zustand entspannter Konzentration bringen. Ist der Geist einmal klar, stabil und gleichmäßig fokussiert, ist es nicht mehr nötig, die Übung der Vasen-Atmung fortzusetzen. Sie ist einfach nur eine Technik, um den zerstreuten Geist zu beruhigen. Durch diese Methode wird er natürlicherweise ruhig und fokussiert. Das Wesentliche ist dann, in diesem sehr stabilen, klaren, weiten und ungehinderten Zustand zu verweilen.

Die eigentliche Mahāmudrā Śamatha-Praxis

Die Vasen-Atmung bewirkt also, dass der Geist wie von selbst klar und konzentriert ist. Von Gedanken nicht beeinträchtigt fühlt ihr euch frisch und energiegeladen. Der Geist ist gleichzeitig weit, ungehindert, klar, stabil und sehr gut fokussiert. Haltet jetzt diesen Geisteszustand aufrecht, ohne äußere Stütze und ohne spezifischen Bezugspunkt. Dies ist Mahāmudrā Śamatha.

Bei dieser Meditation könnt ihr in der vollen oder halben Vajra-Position sitzen oder auch in der Bodhisattva-Haltung mit den Händen bequem auf den Knien. Hier ist die für die Vasen-Atmung spezifische Körperhaltung nicht mehr erforderlich.

Könnt ihr den Geist einmal ununterbrochen in entspannter Konzentration halten, wird es euch leicht fallen, zwischen Gedanken und einem entspannten Geisteszustand ohne Gedanken zu unterscheiden. Es wird leicht sein, Gedanken in ihrem Aufkommen zu erkennen. Wandern Gedanken durch den Geist, folgt ihnen nicht, sondern lasst sie einfach gehen, ohne euch vereinnahmen zu lassen. Während ihr entspannt und fokussiert bleibt, beobachtet aufmerksam, wie sich alle aufkommenden Gedanken natürlicherweise in sich selbst auflösen. Manchmal passiert es, dass der Geist aufgrund übermäßiger Konzentration plötzlich von Gedanken überflutet wird. Um dem entgegenzuwirken, lasst die Gedanken bewusst los. Damit löst sich die aufgestaute Anspannung im Geist wieder auf.

Das Pendel schwingt in beide Richtungen. In extremen Fällen kann übermäßige Entspannung bewirken, dass der Geist dumpf wird und leicht in eine träge Stumpfheit abgleitet. Seine ihm innewohnende Klarheit ist dann sehr beeinträchtigt. Seid ihr während der Meditation zu entspannt, kann es außerdem leicht dazu kommen, dass Gedanken sich verselbständigen, ohne dass ihr dies bemerkt. Dies führt rasch zu Folgegedanken, die wieder zu weiteren Gedanken führen usw. Folgt ihr den Gedanken, statt den Gedankenfluss sich auflösen zu lassen, meditiert ihr nicht mehr. Höchstwahrscheinlich seid ihr euch nicht einmal dessen bewusst, dass dies eingetreten ist. Um diesen Verlust an Klarheit zu verhindern und nicht mit den Gedanken dahinzutreiben, ist eine strenge innere Disziplin erforderlich. Bemüht euch, wenn dies nötig ist, und zwar so lange, bis sich der Geist wieder entspannt konzentrieren kann. Es gibt Zeiten, in denen es erforderlich ist, eine energische innere Disziplin aufzubringen, aber ebenso gibt es Zeiten für Entspannung. Diese ist dann angebracht, wenn sich im Geist immer mehr Anspannung aufbaut.

Wächst eure Fähigkeit, in entspannter Konzentration zu verweilen, dann beginnt ihr, den Geist als klar und völlig ungehindert zu erfahren oder, anders gesagt, ihr seid nicht mehr von Gedanken vereinnahmt. Haltet fortlaufende Bewusstheit aufrecht, seid also vollkommen dessen gewahr, was sich im Geist ereignet, was immer dies auch sein mag. Seid gleichermaßen dahingehend achtsam, dass ihr nicht vom meditativen Zustand abschweift. Euer Geisteszustand wird vollkommen spontan und freudvoll werden. Irgendwann beginnt ihr dann, ein angenehmes Gefühl von Leichtigkeit und Wohlbefinden im Körper zu verspüren. Habt ihr einmal die Fähigkeit, euch zu konzentrieren weit entwickelt, kann der Geist auf jedem Objekt eurer Wahl verweilen und seine konzentrierte Aufmerksamkeit schweift nie ab. Wohin auch immer der Geist ausgerichtet wird, er verweilt dort ruhig. Als Wirkung wird der reine Geist als unendlich klar und weit erfahren. Er wird als scharf und ganz präsent erlebt, frei von jeglicher Einschränkung. Dieser meditative Zustand führt dazu, dass euer Geist auch außerhalb der Meditation klar und weit ist.

Ihr solltet keine vorgefassten Vorstellungen darüber haben, wie diese Meditation durchzuführen ist. Vielmehr solltet ihr direkt in einen nichtbegrifflichen meditativen Zustand eintreten, ohne ein vorgegebenes Objekt, auf das ihr euch fokussiert. Der Geist ist frisch, klar und ganz präsent. Da ihr zu dieser Zeit in eurer Meditation bereits ziemlich fortgeschritten seid, versetzt euch unmittelbar in diesen Zustand und verweilt in einer Bewusstheit, in der der Geist seiner selbst gewahr ist. Bei Mahāmudrā Śamatha, die ohne jede Stütze ist, ist die Aufmerksamkeit der Meditierenden eher nach innen gerichtet als nach außen. Entwickelt also keine bestimmte Vorstellung, sondern wendet die Aufmerksamkeit einfach nach innen und lasst den Geist in sich verweilen, in einem Zustand, der ruhig und friedlich und gleichzeitig wach und seiner selbst bewusst ist.

Für einen Anfänger bzw. eine Anfängerin mag dieser Zugang schwer vorstellbar sein. Habt ihr jedoch diese Ebene der Praxis einmal erreicht, dann habt ihr bereits viel Übung darin, wie man den Geist in sich verweilen lässt. Aus diesem Grund seid ihr dann auch fähig, den Geist in seiner natürlichen Klarheit und Eigen-Bewusstheit verweilen zu lassen. Es wird euch leicht fallen.

Schließt bei dieser Praxis niemals die Augen, sondern lasst sie offen und schaut geradeaus nach vorn, weder nach unten noch nach oben. In anderen Traditionen werden verschiedene Arten des Blicks ganz spezifisch eingesetzt, hier jedoch nicht. Wendet eure Aufmerksamkeit nach innen und lasst den Geist in einem klaren Zustand verweilen. In dieser entspannten Konzentration wird der Geist oft mit dem wolkenlosen Himmel verglichen und flüchtige Gedanken mit Wolken, die kommen und gehen. Eine andere Analogie für entstehende Gedanken in einem derart klaren Geist ist der Flug von Vögeln durch den wolkenlosen Himmel. Sobald sie im klaren und weiten Geist auftauchen, werden sie bemerkt.

Versteht, dass sich Gedanken oder Vorstellungen nicht vom Geist unterscheiden. Der Geist und die darin entstehenden Gedanken sind keine Zweiheit. In klarer Bewusstheit erfährt der Geist seine eigenen Manifestationen. Tatsächlich erscheint der raumgleiche Geist in verschiedener Gestalt. Für die Augen erscheint er in der Gestalt von Formen, die wir sehen können. Für die Ohren erscheint der Geist in der Gestalt von Geräuschen, die wir hören können. Wird der Geist durch die Sinnesfähigkeiten aktiviert, kommt es zu Gedanken. Ohne Reize, die den Geist aktivieren, bleibt er in einem friedlichen Zustand. Der Geist ist raumgleich und ohne richtungsbezogene Dimensionen. Er kann nicht im oder außerhalb des Körpers lokalisiert oder identifiziert werden. Doch sobald die Sinnesfähigkeiten in Kontakt mit äußeren Objekten treten, wird der dadurch aktivierte Geist zu Gedanken. In diesem Sinne sind Gedanken nichts anderes als »der Geist in Verkleidung«. Sie sind ein Ausdruck des Geistes. Hört ihr ein Geräusch, gelangt dieses – das etwas Materielles ist – nicht direkt in den Geist, der schließlich immateriell ist. Tatsächlich könnte ein Geräusch, so wie jedes andere materielle Ding, niemals direkten Zugang zum Geist haben. Der immaterielle Geist und das Geräusch, dessen vorübergehende Existenz auf dem Zusammenwirken substanzieller und flüchtiger Faktoren beruht, haben keine gemeinsame Grundlage. Das Bindeglied zwischen ihnen ist die Sinnesfähigkeit, auf deren Grundlage das Hörbewusstsein ein geistiges Abbild des Geräusches erzeugt, das dann von Gedanken verarbeitet wird. Könntet ihr euch einen Augenblick lang von all diesen Bindegliedern lösen, würde sich der Geist nackt in seinem natürlichen Zustand zeigen.

Versucht bei der Meditation, den Geist – frei von jeglichen Störungen – in seinem natürlichen Zustand zu halten. Ein Gedanke, der entsteht, ist ein Hinweis darauf, dass der Geist nicht mehr in Ruhe ist; er ist vorübergehend mit Gedanken über die Vergangenheit, die Gegenwart oder die Zukunft beschäftigt. Pflegt ihr die Gewohnheit, in einem Zustand klarer Bewusstheit zu bleiben, werdet ihr durch diese Vertrautheit oder Meditation Gedanken in ihrem Aufkommen schnell bemerken. Was sollte man nun mit einem aufkommenden Gedanken tun? Lasst ihn einfach gehen und bringt den Geist wieder in seine ursprüngliche Ruhe zurück. Ohne mit Gedanken beschäftigt zu sein, ruht der Geist jetzt wieder in sich selbst, in entspannter und wacher Konzentration.

Manchmal könnt ihr einen entstehenden Gedanken auch sehr gut nutzen, indem ihr ihn zu einem Objekt eurer Untersuchung macht. Geht dafür folgenden Fragen nach: Woher kommt der Gedanke? Wie entsteht er? Verweilt er? Wenn ja, wo ist sein Aufenthaltsort? Verweilt er nicht, wohin ist er dann gegangen? Ein Gedanke, der einer solchen Untersuchung unterzogen wird, verschwindet augenblicklich. Wohin könnte er gegangen sein? Bei dieser Kontemplation werdet ihr zu dem Schluss kommen, dass ein Gedanke vom Geist nicht verschieden ist, dass er selbst seiner Natur nach leer ist – genauso wie der Geist. Wie ein Regentropfen, der sich im Meer aufgelöst hat, ist der Gedanke untrennbar vom Geist und nicht von ihm verschieden. Diese Untersuchung zeigt euch die Natur von Gedanken.

Allgemein gesprochen treten bei der Meditation zwei Hindernisse auf, nämlich Unruhe und Dumpfheit. Anfänger bzw. Anfängerinnen tendieren dazu, zwischen diesen Extremen hin- und herzupendeln. Als Gegenmittel dienen hier die unerlässlichen Fähigkeiten von Achtsamkeit und fortlaufende Bewusstheit, auf die an früherer Stelle bereits eingegangen wurde. Dieses Hin und Her zwischen Unruhe und Dumpfheit lässt sich vielleicht am besten mit den Schwankungen des Blutzuckerspiegels vergleichen. Ein Überschuss an Glukose verursacht Unruhe im Geist, ein Mangel körperliche und geistige Müdigkeit. Ähnliche Schwankungen können in der Meditation auftreten. Um sie auszugleichen, wechselt zwischen Fokussieren und Entspannen. Im Fall von Dumpfheit fokussiert euch mehr, wobei übermäßiges Fokussieren allerdings zu Unruhe führen kann, die dann durch Entspannung gelöst werden sollte. Fokussieren und Entspannen werden also abwechselnd angewendet, und doch ist von diesen beiden das Entspannen der Meditation zuträglicher. Fokussieren ist zwar erforderlich, um Dumpfheit im Geist zu überwinden, normalerweise solltet ihr den Geist jedoch entspannt und friedlich halten. Nur falls ihr so entspannt seid, dass der Geist beginnt, seine Klarheit zu verlieren, solltet ihr auf das Fokussieren zurückgreifen.

Sehr subtile Unruhe oder ein Mangel an Klarheit sind die ganze Zeit im Geist vorhanden, und zwar so unterschwellig, dass ihr dies vielleicht nicht einmal bemerkt. Je mehr sich jedoch eure Achtsamkeit und fortlaufende Bewusstheit entwickeln, umso eher werdet ihr fähig, diese subtilen Störungen zu bemerken und die besprochenen Gegenmittel anzuwenden, nämlich den Geist zu entspannen und zu fokussieren. Verbessert sich eure Fähigkeit, den Geist in seiner natürlichen Klarheit verweilen zu lassen weiter, werdet ihr weniger abhängig vom Fokussieren als Gegenmittel. Klarheit und Frische im Geist entwickeln sich mit Achtsamkeit und fortlaufende Bewusstheit ganz natürlich weiter.

Zu Beginn sollte Mahāmudrā Śamatha nur in kurzen Sequenzen praktiziert werden. Es geht dabei nicht um Quantität, sondern um Qualität. Entwickelt sich eure Fähigkeit weiter, in einem klaren, weiten und ungehinderten Zustand zu verweilen, könnt ihr die Meditationssitzungen verlängern.

In den Anfangsphasen der Meditation ist der Geist normalerweise unablässig von Gedanken überflutet. Kurze Momente der Klarheit und Ruhe sind dünn gesät. Dieses starke Aufgewühltsein des Geistes wird oft mit einem Wasserfall verglichen. Für Anfänger bzw. Anfängerinnen ist es eine dauernde Herausforderung, unter diesen widrigen geistigen Bedingungen einen ruhigen und friedlichen Zustand aufrechtzuerhalten. Mit dem Entwickeln der Meditation klingen die groben Gedanken jedoch ab. Sie verlieren ihre Macht über die Meditierenden und der unaufhörliche Gedankenfluss findet ein Ende, denn ab einem bestimmten Punkt lösen sich Gedanken, die immer noch entstehen, natürlicherweise in sich selbst auf. Der Geist zähmt sich selbst, er beruhigt sich selbst. In der Ruhe des Geistes beginnt ihr dann, einen subtileren Strom von Gedanken zu bemerken, der wie eine Unterströmung in einem Fluss dahinläuft. Allmählich werdet ihr fähig, auch diese Art der Bewegung bereits im Moment ihres Aufkommens zu registrieren. Dieser Geisteszustand wird dann mit einem breiten Strom verglichen, der langsam, mit kaum einem Kräuseln, glatt und ruhig in das Meer fließt. Nicht einmal die subtilsten Gedanken beeinträchtigen mehr den Geist, genauso wie die subtilsten Unterströmungen das Wasser nicht unruhig werden lassen. In diesem friedlichen Zustand herrscht Stille vor. Doch diesem Frieden und Wohlbehagen könntet ihr leicht erliegen und daran anhaften, wodurch der Geist wieder abgelenkt wird und, über kurz oder lang, erneut aufwühlende Gedanken auftauchen. Daher solltet ihr euch, sobald ihr so ein Anhaften bemerkt, schnell damit befassen und es loslassen.

Seid ihr einmal in der Lage, mit den groben und subtilen Gedankenströmen richtig umzugehen, verweilt der Geist in Frische und Klarheit. Wenn überhaupt Gedanken entstehen, lösen sie sich von selbst in sich auf. Dieser heitere und ungestörte geistige Zustand wird mit der tiefen Stille eines Sees verglichen, der völlig ruhig und friedlich ist.

Was eben beschrieben wurde, ist vielleicht nicht ganz leicht nachzuvollziehen. Bei den früheren Erklärungen ging es um technische Anweisungen und praktische Meditationsfertigkeiten. Hier handelt es sich hingegen um Beschreibungen fortgeschrittener meditativer Zustände – und direkte persönliche Erfahrungen sind nun einmal jenseits von Schilderungen. Blinde, die niemals in ihrem Leben einen Elefanten gesehen haben, wissen nicht, wie ein Elefant aussieht. Sie können sich nur an der Beschreibung anderer orientieren, die Elefanten kennen. Sprachliche Schilderungen haben ihre Grenzen und auch intellektuelles Verstehen kann niemals das persönliche Erleben ersetzen, dennoch hat es seinen Zweck. Wenn die Zeit reif ist, werden euch diese Erklärungen zugutekommen. Eure spirituellen Mentoren bzw. Mentorinnen werden nicht immer bei euch sein. In der Zukunft können euch diese Schlüsselunterweisungen helfen, euch die Authentizität eurer Erfahrungen zu bestätigen, und in diesem Sinne sind diese Informationen wichtig.

Seid ihr einmal fähig, den Geist in Gleichmut verweilen zu lassen, werdet ihr intensive Erfahrungen machen. Sie sind dreifach – die Erfahrung von Gleichmut, von geistiger Freude sowie von körperlichem und geistigem Wohlbefinden. Es sind natürliche Zustände, die nicht erst durch Meditation hervorgebracht werden. Da wir hier von Śamatha-Meditation sprechen, ist Anhaften noch nicht vollständig überwunden und die Tendenz, Dinge für real zu halten, nach wie vor vorhanden. Aus diesem Grund neigt man dazu, an diesen Erfahrungen festzuhalten. Dann solltet ihr dieselben Gegenmittel anwenden, die an früherer Stelle bereits besprochen wurden: Ihr solltet euch des Anhaftens bewusst werden, euren Geist fokussieren und ihn entspannen. Wendet ihr diese Gegenmittel nicht an und lasst ihr euer Anhaften an diesen Erfahrungen einfach zu, kann der Geist in äußerst friedvolle Meditationszustände mit den entsprechenden Wiedergeburten in den Bereichen der Form und der Formlosigkeit abgleiten. Daher ist es wichtig, das Festhalten an diesen Erfahrungen sein zu lassen.

Diese Erfahrungen sind ganz natürlich. Die Freude und das Wohlgefühl, die wir erleben, hängen von nichts ab. Es ist ein im Geist vorhandenes Glück, ein Ausdruck des natürlichen Friedens des Geistes, geistige Gelöstheit. Bleibt der Geist in diesem Zustand, bedeutet das, dass die Meditation natürlich geworden ist, was zudem auch eine wohltuende Wirkung auf den Körper hat. Dieser fühlt sich sehr leicht an, was wiederum dem Fortschritt in der Meditation zuträglich ist. All das trägt also sowohl geistig als auch körperlich zu eurem Wohlbefinden bei, welches auch darauf beruht, dass aufgrund der geistigen Ruhe und der körperlichen Gelöstheit die Mikroorganismen im Körper befriedet sind.

Bei der Meditation verweilt der Geist ruhig in seinem natürlichen Zustand. Ein ganzer Tag in Meditation kann sich dann anfühlen wie nur eine Stunde. Klarheit, Friede und Freude halten ununterbrochen und stabil an. Während man jenseits aller Ablenkung in einem natürlichen konzentrierten Zustand verweilt, geht der Geist allmählich von einem zeitbezogenen in einen zeitlosen Zustand über.

Diese Mahāmudrā Śamatha-Praxis unterscheidet sich maßgeblich von allgemeiner Śamatha-Praxis. Wie an früherer Stelle dargelegt, ist bei Letzterer immer ein Bezugsobjekt im Spiel, sei es der Atem, auf den man sich konzentriert, ein anderes Objekt oder bestimmte Gedankengänge. Kurz gesagt bedeutet Mahāmudrā Śamatha hingegen, die Aufmerksamkeit nach innen zu wenden, dem Geist zu erlauben, in sich selbst zu verweilen, sich seiner selbst bewusst zu sein, völlig mühelos und ohne jeden Bezugspunkt. Mit entsprechender Übung in Mahāmudrā Śamatha werdet ihr zunehmend fähig, diesen Zustand aufrechtzuerhalten. Macht ihr dann die drei Erfahrungen von Gleichmut, geistiger Freude sowie körperlichem und geistigem Wohlbefinden, dann seid ihr dazu bereit, mit der Meditation von Mahāmudrā Vipaśyanā zu beginnen.

5

Mahāmudrā Vipaśyanā

Den Geist erforschen, um seine Leerheit und Klarheit zu verstehen

Mahāmudrā Vipaśyanā unterscheidet sich von der allgemeinen Vipaśyanā dadurch, dass dabei keine begrifflichen Analysen hinsichtlich der Natur der Phänomene oder der Natur des Geistes zur Anwendung kommen. Hier geht es vielmehr darum, den Geist oder die Phänomene erfahrungsbezogen zu erforschen – ihr blickt direkt auf den Geist.

Beginnt die Meditationssitzung mit Mahāmudrā Śamatha. Lasst den Geist einen längeren Zeitraum hindurch ununterbrochen und unzerstreut in einem klaren, wachen und frischen Zustand verweilen. Dann, obwohl die eigentliche Praxis von Mahāmudrā Vipaśyanā nicht analytisch ist, ist in der vorbereitenden Phase ein gewisses Maß an begrifflicher Untersuchung in Ordnung und normalerweise auch erforderlich. Kontempliert zum Beispiel über die Eigenschaften des Geistes. Erforscht ihr, ob er eine Gestalt oder Form hat oder wie er sich anfühlt, werdet ihr immer mehr zu der Überzeugung gelangen, dass die Natur des Geistes frei von jeglichen Merkmalen und Dimensionen ist, dass sie jenseits aller Begrifflichkeit und sie bestimmenden Charakteristika ist.

Im Versuch, den Geist zu ergründen, entdeckt ihr als lebendige Erfahrung, dass er weder »Grundlage noch Wurzel«[55] hat. Da er also weder Basis noch Ursprung hat, ist der Geist nicht existent, vergleichbar mit der Weite des Raums. Blickt man in den leeren Raum, gibt es da nichts zu sehen. Blickt ihr auf den Geist, gibt es ebenfalls nichts, das ihr sehen könntet. Der Geist ist kein *etwas*, das lokalisierbar oder identifizierbar wäre, er ist nicht *etwas*, das man irgendwo finden könnte. In dem Augenblick, in dem ihr seine wahre Natur zweifelsfrei erkannt habt, habt ihr eine hohe Stufe der Realisation erlangt, den sogenannten Geist der Weisheit.

Tilopa (988–1069) sagte dazu:

Blickt man in die Mitte des Himmels,
hört das Sehen [von etwas] auf.
Blickt der Geist auf den Geist, hört die Fülle von Gedanken auf
und unübertreffliches Erwachen stellt sich ein.
Nebel und Wolken schwinden in der Weite des Himmels,
sie gehen nirgendwo hin, sie halten sich nirgendwo auf.
Genauso ist es mit der Fülle der Gedanken, die im Geist entstehen:
Blickt man auf den eigenen Geist,
löst sich die Bewegung dieser Gedanken in sich selbst auf.

Der dualistische Geist in seinem gegenwärtigen Zustand ist unwissend, weil er seine eigene wahre Natur nicht kennt. Wer sich damit weiterhin abfindet, bleibt Zeitalter um Zeitalter in Täuschung und Unwissenheit. Trotz all seiner Unwissenheit hat der dualistische Geist jedoch die ihm innewohnende Fähigkeit, sich seiner eigenen nicht-dualen wahren Natur bewusst zu werden, und kann nach und nach erkennen, dass er nicht *etwas* zu Erfassendes ist. Tritt das ein, lösen sich Täuschung und Unwissenheit ganz von selbst auf, denn da sie Illusionen sind, haben auch sie niemals real existiert.

Um im raumgleichen Zustand des Geistes zu verweilen, braucht ihr euch nicht darum bemühen, vorübergehende Vorstellungen oder Gedanken zu entfernen. Ebenso wenig müsst ihr Unwissenheit auflösen und durch einen vollkommen erleuchteten Geist ersetzen. Ob Unwissenheit oder durchziehende Gedanken – sie alle lösen sich natürlicherweise in sich selbst auf. Dunst verschleiert vorübergehend den klaren Himmel. Beizeiten klart es jedoch wieder auf und die Dunstschleier lösen sich in sich selbst auf, ohne eine Spur zu hinterlassen. Sie wurden dafür nicht mühselig entfernt und irgendwo eingelagert. Unwissenheit ist wie dieser Dunst. Sie verschwindet einfach, weil sie von Anfang an niemals wirklich da war. Es wird der Zeitpunkt kommen, an dem ihr selbst erkennen werdet, dass der Geist nicht *etwas* ist, das man sehen kann, dass er keine Merkmale oder Dimensionen hat und keine Definitionen ihn zutreffend beschreiben können. Ihr werdet dann zweifelsfrei wissen, dass die Natur des Geistes wie der grenzenlose Raum ist, nicht definierbar, lokalisierbar oder identifizierbar. Die Annahme, da wäre etwas, löst sich in sich selbst auf. Dies ist genau wie Dunkelheit, die bei Licht verschwindet, weil sie als solche von Anfang an niemals existiert hat. Gleichermaßen ist der Geist selbst erhellend, weil er in sich bewusst und klar[57] ist.

Vom Mahāmudrā-Meister Śavaripa (11. Jh. n. Chr.), Maitrīpas Lehrer, stammt eine Schlüsselunterweisung, die die vorhin zitierten Erklärungen Tilopas weiter ausführt:

Beim Erforschen des Himmels, selbst in seiner gesamten Weite,
kommt alles Sehen zu einem Ende,
da er weder eine Begrenzung noch eine Mitte hat.
Genauso ist es, wenn man den Geist
und alle Phänomene untersucht.
Man findet keinerlei Gehalt, nicht einmal ein Körnchen Staub.
So wird »nichts zu sehen« zum Sehen des Geistes.

Werdet ihr euch dessen bewusst, dass die wahre Natur des Geistes dem offenen Raum ähnelt, beginnt ihr zu verstehen, dass seine vermeintlichen Dimensionen, Merkmale usw. nicht existent sind. Der Raum hat keinen Anfang und kein Ende. Grenzenlos dehnt er sich in alle Richtungen und Zeiten aus. Da er keine Begrenzungen hat, ist es auch nicht möglich, ein Zentrum oder einen Randbereich festzumachen. Ebenso wenig gibt es im grenzenlosen Raum Bezugspunkte, denn es gibt weder einen Anfang noch eine Mitte noch ein Ende. Der Raum ist nicht *etwas*. Auch kann man nicht sagen, dass er sich irgendwo befinde. Der Raum ist jenseits aller Begrifflichkeit. Genauso ist der Geist, der sich seiner wahren Natur bewusst ist, leer wie der Raum. Er transzendiert jegliche Begrifflichkeit. In seiner ihm innewohnenden Eigen-Bewusstheit ist der Geist sowohl der Erleber als auch das Erlebte. Und obwohl er beides ist, der Erleber und das erlebte Objekt, ist der Geist leer wie der Raum; er kann nicht geortet oder identifiziert werden – weder als Erleber noch als das, was erlebt wird. Durch Meditation werdet ihr dies tatsächlich erfahren und es wird eine frische Erfahrung sein. Ihr werdet erkennen, dass der Geist, auf den ihr blickt, nicht vorhanden ist und dass der betrachtende Geist selbst genauso wenig existiert.

Als Kāśyapa eine Frage zur letztendlichen Wirklichkeit des Geistes an den Buddha richtete, verwendete dieser in seiner Antwort die Analogie zweier Holzstücke, die aneinander gerieben werden, um Feuer zu entfachen. Der Buddha verglich den Erleber, also den Geist, und das erlebte Objekt, das hier ebenfalls der Geist ist, mit diesen zwei Holzstücken. In den anfänglichen Phasen der Mahāmudrā Vipaśyanā-Praxis ist der dualistische und begriffliche Zugang des Suchens nach dem Geist so lange in Ordnung, bis ihr schließlich erkennt, dass die Natur des Geistes leer ist. Ihr entwickelt dann allmählich das Verständnis, dass dualistisches Denken auf Leerheit nicht anwendbar ist. Zurück zum Beispiel: Dadurch, dass das eine Stück Holz (der Erleber) gegen das andere (das erlebte Objekt) gerieben wird, entsteht Glut (die dualistische Einsicht in Leerheit), aus der dann das Feuer entsteht. Schließlich verbrennen beide Holzstücke und das Feuer selbst (die dualistische Einsicht) erlischt. Dieses Erlöschen steht für jene tiefe Einsicht, die das Wahre erkennt und den Betrachtenden und das Betrachtete in einer nicht-dualistischen Weise erfährt. Obwohl ihr also mit dualistischem Denken beginnt, bei dem es ein Subjekt gibt, nämlich den erforschenden Geist, das ein Objekt untersucht, bekommt eure Einsicht eine Tiefe, in der weder der Betrachter noch das betrachtete Objekt zurückbleiben. Beide werden vom »Feuer der Nicht-Dualität« verzehrt.

Eine Analogie, die für den nicht-dualen Weisheitsgeist häufig verwendet wird, ist die bereits erwähnte Weite des Weltalls. Seid aber bitte vorsichtig damit. Es handelt sich wirklich nur um ein Beispiel. Der Raum ist kein Lebewesen. Er erlebt nicht, er erfährt nichts. In dieser Hinsicht sind der Geist und der Raum völlig verschieden. Im Gegensatz zum Raum ist die Natur des Geistes lebendig, natürlicherweise lichthaft, in sich bewusst und in sich klar. Diese sich-selbst-erlebende Qualität des Geistes ist Weisheit als solche. Sie transzendiert das dualistische Denken, bei dem ein Erleber ein von ihm verschiedenes Objekt erfährt. Sie ist innewohnende Weisheit, ohne jede Dualität. Ein solcher Geisteszustand ist jenseits der Vorstellungen eines dualistischen Geistes der Unwissenheit, der immer nur im Rahmen von Dualität funktioniert.

Die eben beschriebene tiefgründige Einsicht wird über drei aufeinander folgende Stufen erlangt, nämlich durch Verstehen, Erfahren und Erkennen. *Verstehen* bedeutet, dass man sich mithilfe der buddhistischen Lehren ein grundlegendes Wissen und Verständnis vom Geist aneignet, und zwar in diesem Zusammenhang durch analytische Schlussfolgerungen. Auf der Grundlage ausreichenden Wissens und einer allgemeinen theoretischen Vorstellung davon, was der Geist ist, beginnt ihr dann mit der Meditationspraxis, d. h. damit, euch mit dem Geist vertraut zu machen. Ihr praktiziert Śamatha und Vipaśyanā, untersucht und analysiert den Geist und macht dabei verschiedene *Erfahrungen*. Im Laufe der Zeit vertieft sich die Praxis dann weiter und ihr lernt, mit den Erfahrungen richtig umzugehen, was schließlich zum *Erkennen* der Natur des Geistes führt.

Erfahrungen und Erkenntnisse sind jenseits von Worten. Nur Vorstellungen und Konzepte können durch Sprache vermittelt werden, da sie innerhalb unseres begrifflichen Verstehens liegen. Werden allgemeine Ideen und Gefühle mitgeteilt, können sie durch ein gemeinsames Vokabular kommuniziert werden, das sich entwickelt hat. Anders verhielt es sich mit jenen Erfahrungen und Erkenntnissen, die der Buddha erlangt hatte. Seine Schüler und Schülerinnen mussten diese damals erst noch machen. Deshalb war es für den Buddha zunächst nicht leicht, ihnen meditative Erfahrungen zugänglich zu machen. Er musste sich dafür hauptsächlich auf Beispiele und Gleichnisse stützen und kommunizierte damit überaus einfallsreich. Was seine Schüler und Schülerinnen durch seine Erklärungen lernten, nennt sich *Verständnis*. Auf dieser Grundlage entstanden in ihnen durch Meditation direkte, intuitive *Erfahrungen* und diese wiederum ermöglichten es ihnen, schließlich *Erkenntnis* zu erlangen.

Im Verlauf der Meditation können Meditierenden drei schwerwiegende Fehler unterlaufen. Der erste davon ist, zu behaupten, Leerheits-Erkenntnis erlangt zu haben, bevor man tatsächlich Stufen der Befreiung verwirklicht hat. Verläuft die Śamatha-Meditation nämlich gut und ist die Konzentration stabil, kommt es leicht dazu, dass intensive Gefühle von Wohlbefinden als echte Erkenntnis verkannt werden. Der Fehler ist noch viel gravierender, wenn das Motiv für eine solche Behauptung auf Eitelkeit und dem Verlangen nach persönlichem Vorteil beruht. Śamatha-Meditation stabilisiert den Geist, lässt aber die Illusion des Ichs unangetastet.

Der zweite mögliche Fehler von Praktizierenden, die in Śamatha-Meditation weit fortgeschritten sind, betrifft Visionen. Manchmal haben diese die Gestalt von Lichterscheinungen, zum Beispiel in der Form von Regenbögen, Lichtkugeln oder Ähnlichem und können dabei als Muster auftreten oder wie eine Perlenkette angeordnet sein. Meditierende mit großer Hingabe und Vertrauen in den Buddha schaffen starke Eindrücke in ihrem Geist. Diese Eindrücke können sich während der Meditation in der Form von Visionen des Buddha oder verschiedener Gottheiten zeigen. Interpretieren Meditierende diese Visionen nun als Zeichen von Buddhaschaft und präsentieren sie sich in ihrem Stolz und ihrer Überheblichkeit anderen gegenüber als erleuchtet, wäre dies ein schwerwiegender Fehler. Schließlich handelt es sich bei diesen Phänomenen lediglich um Visionen. Nichts daran ist ein Zeichen von Erleuchtung. Derartige Visionen von Regenbögen, Lichtkugeln, sprühenden Funken oder einem Buddha mögen Meditierende durchaus entzücken und faszinieren. Dies hat allerdings oft zur Folge, dass sie von ihren Visionen vereinnahmt und somit von ihrer Meditation abgelenkt werden. Intensive Konzentration kann manchmal auch die Blutzirkulation im Auge beeinflussen und sich auf das Sehvermögen auswirken. Vermeintliche Visionen können daher auch einfach nur optische Täuschungen sein, die von vorübergehenden physiologischen Funktionsstörungen verursacht wurden. Andererseits können Visionen jedoch auch ein Zeichen guter Meditation sein, weil sie auf starke Konzentration hinweisen. Sobald man ihnen jedoch übermäßige Bedeutung zuschreibt, sollte man sie sofort loslassen und sich entspannen, weil sie nichts als vorübergehende Erfahrungen sind.

Der dritte mögliche Fehler bei gut verlaufender Śamatha-Meditation hat damit zu tun, dass Meditierende manchmal sehr viel Weite und Klarheit in ihrem Geist erleben. Solche Erfahrungen können sie dahingehend fehlleiten, dass sie fälschlicherweise meinen, die wahre Natur des Geistes zu sehen. Schenkt solchen meditativen Erfahrungen nicht zu viel Aufmerksamkeit! In einem entspannten und wachen Wohlbefinden erlebt ihr manchmal eine vollkommene Harmonie von Körper und Geist. Der Geist ist frisch und klar, während der Körper schwerelos zu sein scheint. Es kann sein, dass ihr euch fühlt, als könntet ihr buchstäblich fliegen. Es kam sogar vor, dass Meditierende, die den intensiven Drang verspürten, ihre scheinbar neu erworbenen Kräfte zu testen, wie Vögel von Felsen gesprungen sind – mit den vorhersehbaren fatalen Konsequenzen. Während die anderen Erfahrungen, auf die oben hingewiesen wurde, losgelassen werden sollten, sollte man hier, bei dieser bestimmten Erfahrung körperlicher und geistiger Harmonie, nicht versuchen, sie loszuwerden. Haltet aber nicht an diesem Wohlbefinden fest!

Keine dieser flüchtigen Erfahrungen ist ein Zeichen von Erleuchtung. In jeder von ihnen gibt es immer noch einen Erleber, der *etwas* erlebt. Anders gesagt, obwohl diese Erfahrungen außergewöhnlich sind, sind sie immer noch dualistisch. Es ist am besten, bereits von Anfang an vorgewarnt zu sein, denn treten sie erst einmal auf, ist es schwierig, von ihnen nicht überwältigt zu werden. Ganz allgemein solltet ihr euch auf gemachte Erfahrungen nichts einbilden. Lasst euch von diesen faszinierenden geistigen Geschehnissen nicht mitreißen. Haltet nicht daran fest!

Der Geist spiegelt sich in jedem Phänomen, das nichts anderes als seine Manifestation ist: Jede mögliche Erfahrung und jedes wahrnehmbare Phänomen im Leben wird durch den Geist erfahren und so ereignet sich alles, was auftaucht, tatsächlich innerhalb des Geistes.[58] In diesem Sinne ist jedes Phänomen ein Ausdruck des Geistes. Diese Sichtweise ist wesentlich für die eigentliche Mahāmudrā-Praxis, die später noch genau erklärt werden wird.

Den Geist auf der Grundlage von Gedanken und Emotionen erforschen

Für die Übung von Mahāmudrā Vipaśyanā lasst den Geist zunächst konzentriert in sich verweilen. Haltet dabei die Erfahrung des Geistes als klar, leer und ohne das Gefühl einer Identität über eine längere Zeit aufrecht. Geht als Nächstes die folgende Übung durch, um eure Vertrautheit mit der Leerheit und der Klarheit des Geistes weiter zu stärken: Bringt in eurem in sich verweilenden, nicht abgelenkten Geisteszustand eine intensive Emotion wie zum Beispiel Zorn hervor. Dieses starke Gefühl wird sich deutlich gegen den Geist in Ruhe abheben, ein Kontrast, der eure Vertrautheit mit der Leerheit und der Klarheit des Geistes weiter vertiefen wird. Je stärker die Emotion, desto deutlicher der Kontrast und desto besser ist es für die Übung! Es mag schwierig sein, überhaupt ein Gefühl von Zorn hervorzubringen, wenn der Geist in einem friedlichen Zustand vertieft ist. In diesem Fall müsst ihr vielleicht auf Erinnerungen zurückgreifen, damit das funktioniert. Ihr könntet etwa ein intensives Erlebnis aus eurer Vergangenheit ausgraben, das euch sehr verletzt hat. Zorn ist eine kraftvolle Geistestrübung, die leicht zu bemerken ist, und ihr solltet ihn mit dieser Praxis sinnvoll nutzen. Ist der Zorn einmal erweckt, analysiert ihn ein wenig, um so auf dieses Gefühl zu blicken, das da im Geist entstanden ist. Erforscht, ob euer Zorn irgendeine Farbe hat, eine Gestalt oder ein anderes Merkmal. Für dieses Training könnt ihr auch Begierde, andere Emotionen oder die Empfindung von Leid verwenden. Lasst sie eine nach der anderen entstehen und wendet diese Technik in der gleichen Weise an. Jede dieser sehr kraftvollen Emotionen löst sich dadurch natürlicherweise in sich selbst auf und ist somit befriedet. Damit beleuchtet ihr die illusionsgleiche Qualität jeder einzelnen Emotion. Durch diese Praxis wird der Geist von selbst sehr klar und erlebt seine Leerheit. Verweilt darin, stabilisiert so die Erfahrung von Leerheit und Klarheit und erlebt, wie die wahre Natur des Geistes selbst von den stärksten Emotionen völlig unberührt bleibt.

Diese Methode des intensiven Erforschens von Emotionen hilft, eine gewisse Fertigkeit darin zu entwickeln, die Natur von allem zu analysieren, was im Geist aufscheint, was auch immer dies gerade sein mag. Versteht ihr, dass alles, was im Geist aufkommt, sich wieder in sich selbst auflöst, beginnt ihr zu erfahren, dass die eigentliche Natur jedes Phänomens nicht verschieden von der Natur des Geistes ist. Ihr erlebt die Klarheit und die Leerheit des Geistes, sein wahres Wesen.

Das Verständnis, dass die leere Natur eines Gedankens oder einer Emotion nicht verschieden von der leeren Natur des Geistes ist, ist nicht besonders schwer zu entwickeln. Dies gilt auch für das Verstehen der dem Geist als solchem innewohnenden Leerheit. Was jetzt folgt, ist jedoch sowohl schwieriger zu verstehen als auch zu praktizieren. Die eben beschriebene Gewohnheit, die wahre Natur starker Emotionen, wie Zorn und Begierde, zu analysieren und zu verstehen, bereitet euch darauf vor, gleichzeitig in der Wahrnehmung eines äußeren Objekts und der eigentlichen, leeren Natur der Wahrnehmung selbst zu verweilen.

Den Geist auf der Grundlage von Sinneswahrnehmungen erforschen

Hier geht es darum, wie man auf den Geist im Kontext von Sinneswahrnehmungen meditiert. Arbeitet zunächst eher mit der Wahrnehmung eines Geräuschs oder einer physischen Empfindung als mit einem visuellen Objekt. Werdet euch – während der Geist in seinem natürlichen Zustand von Klarheit und Leerheit verweilt – dessen bewusst, dass ihr ein Geräusch wahrnehmt. Vielleicht erlebt ihr es als etwas Angenehmes. Fragt euch dann, ob das Geräusch an sich angenehm ist, und macht euch klar, dass die Reaktion des Gefallens oder der Ablehnung in Bezug auf ein Geräusch nicht von diesem selbst kommt. Vielmehr ist diese Reaktion eine natürliche Antwort des wahrnehmenden Geistes. Seid euch also dessen bewusst, dass das Erleben »angenehm« keine Eigenschaft des Geräuschs an sich ist. Erforscht dann euren Geist, um herauszufinden, *wie* er auf dieses »angenehme« Geräusch reagiert, *wie* euer Geist diese Reaktion hervorbringt. Untersucht, ob diese angenehme Empfindung im Geist tatsächlich existiert. Hört euch zum Beispiel schöne Musik an und analysiert, wie der Geist darauf reagiert und sie für angenehm hält. Um die Übung effizienter zu machen, könnt ihr auch zwischen wohltuender Musik und unangenehmem Lärm abwechseln. Wenn ihr dann dem angenehmen Klang zuhört, erforscht, ob die Eigenschaft, Wohlbefinden zu vermitteln, im Klang an sich besteht oder eher im wahrnehmenden Geist. Falls sie im Geist ist, in welcher Weise ist sie da? Woher kommt die Empfindung? Ist sie irgendwo innerhalb des Geistes, wo genau ist sie dann lokalisiert? Falls sie nicht mehr vorhanden ist, wohin könnte sie dann gegangen sein? Trennt die analytische Untersuchung der Wahrnehmung des Geräuschs nicht von der Untersuchung der Natur des Geistes. Erforscht weiterhin den wahrnehmenden Geist und nicht das Geräusch.

Habt ihr einmal eine gewisse Fertigkeit im Erforschen des Wahrnehmens von Geräuschen erworben, könnt ihr dazu übergehen, den Geist in Zusammenhang mit physischen Empfindungen zu betrachten. Ihr könntet euch zum Beispiel sanft kneifen, um dadurch eine kurze körperliche Empfindung hervorzurufen. Untersucht dann, wie die geistige Wahrnehmung durch die physische Empfindung aktiviert wird. Legt dabei wieder den Fokus der Aufmerksamkeit eher auf die geistige Wahrnehmung, die durch den physischen Reiz ausgelöst wird, als auf die physische Empfindung. Und wie zuvor ist das Ziel dieses Untersuchens von Sinneswahrnehmungen und den damit verbundenen geistigen Empfindungen, den wahrnehmenden Geist zu erforschen, seine leere und klare Natur.

Den Geist in Ruhe und Bewegung erforschen

Es gibt eine weitere Mahāmudrā Vipaśyanā-Praxis, die genauso hervorragend ist. Auch sie beginnt damit, den Geist über einen längeren Zeitraum in einem ruhigen Zustand von Klarheit und Leerheit in sich verweilen zu lassen, ohne Objekt oder Stütze. Verweilt so, bis die Ruhe des Geistes schließlich von aufkommenden Gedanken unterbrochen wird. In dieser Praxis blickt ihr nicht auf die Gedanken, sondern ihr erforscht, wie sich der Geist, der jetzt nicht mehr in Ruhe ist, bewegt. Betrachtet, wie der Geist in Bewegung in der Gestalt von Gedanken erscheint. Worin besteht diese Bewegung? Erforscht, ob der Geist in Ruhe und der Geist in Bewegung ihrer Natur nach voneinander grundlegend verschieden sind. Dann lasst den Geist in dem gewonnenen Verständnis verweilen. Durch diese Mahāmudrā-Einsichtsmeditation werdet ihr verstehen, dass – genauso wie ein Tropfen Wasser im Meer und das Meer als Ganzes – der Geist in Bewegung, d. h. Gedanken usw., und der Geist in Ruhe eins sind. Sie sind voneinander nicht verschieden und ihrer Natur nach untrennbar. Aufgrund dieser Erfahrung ist jeder Gedanke – sobald er entsteht – spontan in sich selbst befreit, d. h. als nicht vom Geist getrennt erkannt. »In sich selbst befreit« bedeutet hier, dass – sobald ein Gedanke erscheint – auch seine Natur erkannt ist. Dies ist die Art, wie Gedanken oder Emotionen in sich selbst befreit sind. So wie ein Tropfen Wasser von selbst Teil der gesamten Wassermenge des Meeres ist, ist auch der entstehende Gedanke spontan Teil des meergleichen Geistes. Meditierende, die diese Erfahrungen gemacht haben, wissen daher, wie sie mit dem Geist in Bewegung umgehen sollten, und es gibt keinen Grund mehr, sich wegen vorübergehender Gedanken allzu große Sorgen zu machen. Vielmehr solltet ihr euch ständig auf die eigentliche Natur der Gedanken fokussieren. Mit der Zeit dehnt sich diese Bewusstheit auf das gesamte Leben aus. Dann unterscheiden sich der meditative Zustand und die Post-Meditation nicht mehr; sie werden voneinander untrennbar. Dies führt dazu, dass ihr in allen Lebenslagen und zu allen Zeiten vollkommen gelassen seid. Diese sehr fortgeschrittene Ebene der Erkenntnis beruht auf einer einfachen Wahrheit: Der Geist in Ruhe und der Geist in Bewegung sind voneinander ihrem Wesen nach nicht verschieden und ihrer Natur nach untrennbar.

Der Unterschied zwischen allgemeiner Vipaśyanā und Mahāmudrā Vipaśyanā

Es ist wichtig, den Unterschied zwischen Mahāmudrā Vipaśyanā und allgemeiner Einsichtsmeditation zu verstehen, wie sie normalerweise im tibetischen Buddhismus gelehrt wird. Bei der allgemeinen Vipaśyanā-Meditation analysiert ihr ein Objekt, um herauszufinden, ob es existiert oder nicht. So analysiert ihr zum Beispiel die Bestandteile eines Trinkglases, indem ihr es gedanklich in seine feinsten unteilbaren Teilchen aufspaltet und kommt so zu dem Schluss, dass das Glas als solches nicht wahrhaft existiert. Ihr nutzt hier also eine intellektuelle Methode und zieht logische Schlüsse.

Der Zugang in Mahāmudrā Vipaśyanā ist anders. Anstatt die Objekte zu analysieren, die vom Geist wahrgenommen werden, erforscht ihr direkt den sie erlebenden Geist. Dadurch, dass ihr die Natur des Geistes erkennt, erfasst ihr automatisch auch die Natur des Objekts, das vom

Geist wahrgenommen wird. Kontempliert ihr zum Beispiel über ein angenehmes Geräusch, solltet ihr die Aufmerksamkeit dorthin lenken, wo die angenehme Empfindung entsteht: auf den Geist. Erforscht, wie – während der Geist an sich seiner Natur nach klar und leer ist – die angenehme Empfindung im Geist beschaffen ist. Diese Art der Meditation führt allmählich zu einer unmittelbaren, von Zweifeln freien Erfahrung davon, dass das Wahrnehmen von Geräuschen seiner Natur nach genauso leer ist wie der Geist. Das Gleiche trifft auf physische Empfindungen zu. Erforscht ihr den Geist, der zum Beispiel die Empfindungen von Wärme oder Kälte hervorbringt, entdeckt ihr durch eure eigene Erfahrung und zweifelsfrei, dass sie der Natur nach leer und klar sind.

Ein deutlicher Unterschied zwischen Mahāmudrā Vipaśyanā und anderen Arten der Vipaśyanā-Meditation ist also, dass der Zugang der allgemeinen Vipaśyanā systematisch und analytisch ist, während Mahāmudrā Vipaśyanā erfahrungsbezogen ist, intuitiv und direkt. In der allgemeinen Vipaśyanā-Praxis analysiert ihr zuerst die Objekte der Wahrnehmung und dann den sie wahrnehmenden Geist. In Mahāmudrā Vipaśyanā meditiert ihr direkt auf die Natur des wahrnehmenden Geistes selbst und verweilt darin. Fortgeschrittene Mahāmudrā-Meditierende verweilen vollkommen bewusst in der klaren und leeren Natur des Geistes.

Die Erfahrung eines derart reinen Geisteszustands übt auch auf die Art, wie wir unser Leben führen, einen starken Einfluss aus. Normalerweise erleben wir die Welt als real existent. Durchdringt jedoch unser Gewahrsein der Klarheit und Leerheit des Geistes jede Erfahrung im Leben, bekommt die früher als real existent wahrgenommene Welt von selbst eine durchlässige Qualität. Daher sehen erleuchtete Yogis die Welt, als sei sie eine Illusion. Von manchen unter ihnen, wie etwa Milarepa, heißt es, dass sie durch feste Wände oder Felsen hindurchgehen konnten. Um besser zu verstehen, wie dies möglich ist, kann man einen realisierten Yogi vielleicht mit einem Magier vergleichen. Behauptet allerdings ein Magier, dass er durch eine Wand hindurchgeht, könnt ihr euch sicher sein, dass es sich um einen Trick handelt, eine raffinierte Täuschung. Im Gegensatz dazu nehmen realisierte Yogis die Wand nicht mehr als solide Masse wahr. Sie haben erkannt, dass all die Dinge, die so wirken, als seien sie substanziell existent, tatsächlich ihrer Natur nach leer sind. Und in der Leerheit gibt es nichts Festes oder Undurchdringliches.

Solchen außergewöhnlichen Fähigkeiten liegt eine Praxis zugrunde, die man als »die Erscheinungen mit dem Geist verschmelzen lassen« bezeichnet. In diesem Zusammenhang muss man die Untrennbarkeit von Erscheinungen und Geist klar verstehen. Wie an früherer Stelle bereits erklärt, gibt es ohne Geist keine Erscheinungen. Ob es der Körper mit seiner unmittelbaren Umgebung oder das ganze Universum und all die Galaxien sind – sie sind zuallererst Erscheinungen des Geistes, weil sie nicht außerhalb der eigenen Erfahrung bestehen. Sie sind nichts anderes als geistige Ereignisse, Vorstellungen, die vom Geist erlebt werden. Daher ist der Geist die Grundlage für jede Erscheinung. Aus genau diesem Grund wird durch die Einsicht in die wahre Natur des Geistes auch die wahre Natur aller Dinge erkannt. Was auch immer erscheint, kann mit Geschehnissen in einem Traum verglichen werden. Qualitativ gibt es keinen Unterschied zwischen den sogenannten »realen« Erscheinungen und Träumen. All die Dinge, denen wir in unserem Leben begegnen, scheinen zwar substanziell zu bestehen und vielfältig zu sein, tatsächlich jedoch sind sie nur die verfestigte Wirkung von voll herangereiftem Karma, das auf längst vergangene Zeiten zurückgeht. Und Karma wiederum ist ein Vorrat an geistigen Eindrücken aus früheren Handlungen. Sind die herangereiften Eindrücke stark, erscheinen sie als die scheinbar reale gegenwärtige Existenz, die wir jetzt erleben. Sind sie hingegen schwach, tauchen sie vielleicht als Träume in unserem Schlaf auf. Das »Verschmelzen lassen der Erscheinungen mit dem Geist« im Verlauf der spirituellen Praxis, wie es am Beispiel von Milarepa veranschaulicht wurde, der durch einen Felsblock hindurch ging, findet auf einer sehr hohen Realisations-Ebene statt. Es ist ein Zustand, der vollkommener Erleuchtung sehr nahe ist.

Der Unterschied zwischen echter Mahāmudrā Vipaśyanā und scheinbarer Mahāmudrā Vipaśyanā

Echte Vipaśyanā-Meditation und das, was sich unerfahrene Meditierende darunter vorstellen mögen, ist nicht notwendigerweise dasselbe. Habt ihr zum Beispiel eine gewisse geistige Stabilität in Śamatha entwickelt, dann habt ihr vielleicht den Eindruck, euch jetzt gut in Vipaśyanā üben zu können. Bei eurer Meditation auf ein bestimmtes Thema oder Objekt merkt ihr jedoch, dass ihr nicht konzentriert in einem differenziert erfassenden Geisteszustand verweilen könnt. Euer Geist ist dann nicht mehr wach, durchdringend und klar. Ohne dass ihr euch dessen bewusst werdet, gleitet ihr in aller Bequemlichkeit in einen ruhigen und entspannten Zustand zurück. Dies ist ein gängiger Fehler, wenn der Geist die Gewohnheit entwickelt hat, in der Stabilität bloßer Śamatha-Meditation ohne erkennende Einsicht zu verweilen.

Eine andere Fehleinschätzung kann folgendermaßen aussehen: In einem sehr stabilen Śamatha-Zustand kann sich spontan ein Gefühl von Leerheit einstellen. Ist dieses Gefühl intensiv, dann ist die Wahrscheinlichkeit hoch, dass ihr es mit einer echten meditativen Erfahrung von tiefer Einsicht verwechselt. Dieser Fehler ist noch schwerwiegender, wenn ihr diese bloße Erfahrung von Leerheit als eine tatsächliche Realisation von Leerheit missversteht.

Manche Meditierende praktizieren lang und hart und doch stellen sich nur geringe Resultate ein. Sie erleben weder das lohnende Aufblitzen von Einsicht noch machen sie irgendwelche spezifischen meditativen Erfahrungen. Falls dies bei euch der Fall sein sollte, könnte es sein, dass euer Geist von schwerem, verdunkelndem Karma überschattet ist und es daher zunächst erforderlich ist, euch von dieser Belastung gründlich zu reinigen. Konzentriert euch in diesem Fall auf die vier spezifischen Mahāmudrā-Vorbereitungen, von denen die Dorje Sempa-Praxis hierbei besonders geeignet ist. Ihr könnt auch die Fünfunddreißig Buddhas visualisieren und euch mit der entsprechenden Praxis von negativen Handlungen reinigen. Dies sind einige der altbewährten Methoden, tief verwurzelte geistige Schleier zu entfernen.

Manche Meditierende erwerben in kurzer Zeit sowohl ein intellektuelles Verständnis von Meditation als auch praktische Fertigkeiten darin, haben jedoch nicht genug Meditationspraxis. Sie können die Lehren vielleicht sogar überzeugend erklären, allerdings nicht frei von Eitelkeit. Eine beeindruckende Darstellung philosophischer Gelehrsamkeit ist kein Hinweis darauf, dass das, was erklärt wird, in persönlicher meditativer Erfahrung verankert ist. Wiederum andere Meditierende verfügen vielleicht über tiefgehende Einsichten in Mahāmudrā, nur fehlen ihnen die erforderlichen kommunikativen Fertigkeiten, um anderen ihre intensiven meditativen Erfahrungen mitzuteilen.

Der Prozess, wie sich die eigentliche Erkenntnis von Mahāmudrā Vipaśyanā entwickelt, lässt sich gut anhand des Schemas der sogenannten Vier Yogas von Mahāmudrā nachvollziehen. Dabei handelt es sich um vier Ebenen der Praxis, die in Kapitel sieben ausführlich dargelegt sind. Kurz gesagt ist jede dieser vier Stufen dreifach unterteilt, und zwar in eine anfängliche, mittlere und fortgeschrittene Stufe. Bis ihr eine bestimmte Ebene erreicht, sind eure Meditationserfahrungen flüchtig – unabhängig davon, wie tiefgehend sie auch wirken mögen; sie kommen und gehen. Auf der fortgeschrittenen Stufe des zweiten dieser vier Yogas, des sogenannten »Freiseins von sich ausbreitenden Vorstellungen«, wird die Meditation von Mahāmudrā Vipaśyanā zu einer echten Erkenntnis oder, anders gesagt, ihr verliert sie nicht wieder. Die entsprechende Entwicklungsebene in der allgemeinen Mahāyāna-Tradition ist der »Weg des Sehens«. Dieser entspricht der ersten Bodhisattva-Bhūmi, d. h. der ersten Stufe der Erleuchtung in der spirituellen Entwicklung eines Bodhisattvas. Diese Erkenntnis kann innerhalb weniger Jahre konsequenter Praxis erlangt werden. Meditierende, die tief in die Natur des Geistes blicken, können diese Ebene der Erkenntnis und damit die erste Stufe der Erleuchtung sogar innerhalb des ersten Jahres ihrer Meditation von Mahāmudrā Vipaśyanā erlangen. Natürlich hängt dies nicht nur von Intelligenz, Fertigkeiten und Ausdauer in der Meditation ab, sondern sehr stark auch davon, in welchem Ausmaß negatives Karma, das den Geist trübt, bereinigt wurde.

Allgemeine Mahāmudrā-Meditierende, die noch keine Erkenntnis erlangt haben, machen in der Meditation zwar tiefgehende, jedoch flüchtige

Erfahrungen; diese sind partielle Erfahrungen der wahren Natur des Geistes. Ein geeignetes Beispiel, um die Unterschiede zwischen solchen Erfahrungen und echter Erkenntnis zu beschreiben, ist der Mond. Vergleicht man die wahre Natur des Geistes mit diesem, kann sich das sowohl auf den Neumond beziehen als auch auf den Vollmond. Solange eure Erfahrungen zwar tiefgehend, eure Einsichten aber nur begrifflich und unvollständig sind, sind sie durchaus mit dem Mond vergleichbar, allerdings nur mit dem Neumond bzw. eurer Vorstellung des Mondes. Auf dieser Ebene habt ihr noch keine Erkenntnis erlangt, dennoch üben die Erfahrungen eine starke Wirkung auf euch aus. Ihr habt eine Ahnung davon, dass der Geist leer, in sich bewusst und in sich klar ist. Auf der ersten Stufe echter Erkenntnis ist es dann so, als würdet ihr den Mond tatsächlich direkt sehen. Es stellt sich nur die Frage, wie viel ihr vom Mond seht – vielleicht ist es vorerst nur eine schmale Mondsichel. Dies entspricht dann der ersten meditativen Erkenntnis, die bereits außerordentlich durchdringend ist: Ihr seht den Mond, wie er sich am ersten Tag nach Neumond zeigt! Ihr seht ihn zwar, jedoch noch nicht als Ganzes. Dementsprechend habt ihr dann eine erste direkte Erkenntnis in die wahre Natur des Geistes gewonnen, in die wahre Natur der Wirklichkeit, so wie sie ist. Von da an bleibt die Erkenntnis qualitativ dieselbe, genauso wie der Mond immer derselbe ist, während er vom Neumond bis zum Vollmond zunimmt. Im Verlauf eurer Entwicklung über die verschiedenen Stufen der Yogas bzw. der Bodhisattva-Bhūmis erlebt ihr die wahre Natur des Geistes immer als leer, klar und ihrer selbst bewusst. Was sich verändert, ist »nur« die Tiefe der Erkenntnis und das Ausmaß, in welchem ihr zum Wohl der Wesen wirkt.

Das Wesen, die Natur und das Merkmal des Geistes

Um den Geist aus der Perspektive von Mahāmudrā zu verstehen, solltet ihr euch zunächst mit seinen drei Aspekten vertraut machen, wie sie in diesem Kontext in der buddhistischen Philosophie gelehrt werden. Der erste Aspekt ist sein Wesen. Dies ist die letztendliche Wirklichkeit des Geistes, seine Leerheit: Der Geist ist vollkommen rein und nicht-bedingt, weil er nicht entsteht, nicht besteht und nicht vergeht. Der zweite Aspekt ist seine Natur. Es ist die Klarheit des Geistes jenseits aller Aufzeigbarkeit. Der dritte Aspekt ist das Merkmal des Geistes, sein ungehindertes Erscheinen als vielfältige Manifestationen. Gampopa erklärte zum Merkmal des Geistes:

… sein Merkmal ist, dass er als die zwei,
Saṃsāra und Nirvāṇa, erscheint.

Was bedeutet es, wenn sowohl Saṃsāra als auch Buddhaschaft als Manifestationen des Geistes bezeichnet werden? Jedes nur erdenkliche Phänomen in Saṃsāra und Nirvāṇa ist ein Ausdruck des Geistes. Die Funktionsweise des dualistischen Geistes verursacht und gestaltet Saṃsāra, gleichzeitig ermöglicht der nicht-duale Geist jedoch ebenso, dass Lebewesen, die jetzt in Saṃsāra leiden, letztlich Erleuchtung erlangen werden. Der Buddha verwendete das Beispiel von Licht oder Lichthaftigkeit, um diesen Aspekt des Geistes zu verdeutlichen. In den »Prajñāpāramitā-Lehren in achttausend Versen« sagte er zum Beispiel:

Dieser Geist ist nicht der [duale] Geist,
die wahre Natur des Geistes ist Lichthaftigkeit.

Lichthaftigkeit bezieht sich auf den begriffsfreien nicht-dualen Geist, der weder entsteht, noch besteht noch vergeht. Damit wird impliziert, dass der Geist selbst unveränderlich ist, genauso wie die Weite des Raums. Licht ist hier außerdem eine Analogie für die Klarheit des nicht-dualen Geistes, die weder substanziell existiert noch visuell sichtbar ist. Die »Lichthaftigkeit des Geistes« bedeutet in diesem Sinne, dass der Geist als solcher seinem Wesen nach nicht verwirrt ist. Er ist in sich bewusst, in sich klar, sich selbst erhellend und in seiner Reinheit jenseits aller Makel. Er ist frei von jeglicher Beeinträchtigung durch Unwissenheit, Gedanken oder Emotionen. Diese wahre Natur des Geistes ist niemals von dem verunreinigt, was sich lediglich an seiner Oberfläche ereignet, anders gesagt, von der gesamten Funktionsweise des dualistischen Geistes.

Da der Buddha seine tiefgründige Erkenntnis Schülern und Schülerinnen vermitteln musste, die bis dahin nicht erleuchtet waren, verwendete er Metaphern als geeignetes Kommunikationsmittel. Jeder kann das Bild von Licht und dessen Qualität der Helligkeit verstehen. In diesem Sinne sprach der Buddha von der Lichthaftigkeit als der Natur des Geistes jenseits aller Vorgänge des Identifizierens oder Benennens.

Sehen wir uns nun den dritten Aspekt des Geistes genauer an, sein Merkmal, sich sowohl als Saṃsāra als auch als Nirvāṇa zu manifestieren. Im samsarischen Zustand ist die wahre Natur des Geistes von oberflächlichen Schleiern in Form von flüchtigen Vorstellungen verdeckt. Aus diesem Grund kann man den Geist in seiner natürlichen Reinheit nicht sehen und kennt daher auch seine wahre Natur nicht. Diese Unwissenheit hat zur Folge, dass man sich selbst als Individuum erlebt, getrennt von allem anderen im Leben, das außerhalb von einem selbst zu existieren scheint. Ichbezogenes dualistisches Erleben löst wiederum Geistestrübungen aus, die zu negativen Handlungen führen. Handlungen hinterlassen karmische Eindrücke im Geist, die wiederum zu karmischen Wirkungen heranreifen, und dieses herangereifte Karma manifestiert sich unerschöpflich als Illusionen im illusionsgleichen Dasein von Saṃsāra – es ist genauso wie in einem Traum.

Habt ihr euch, auf der Grundlage der Lehren des Buddha, ein intellektuelles und intuitives Verständnis dieser Funktionsweisen des Geistes angeeignet und dieses Verständnis durch den Prozess des Verinnerlichens und der Meditation vertieft, wird die Quintessenz des Geistes, seine Weisheit, allmählich freigelegt. Ist das Wesen eures Geistes schließlich überhaupt nicht mehr verhüllt, dann ist dies der Zustand vollkommener Buddhaschaft, letztendliche Erleuchtung. Im Verlauf dieses Entwicklungsprozesses entsteht in euch auf ganz natürliche Weise auch Mitgefühl für andere. Mitgefühl und die Fähigkeit, anderen zu helfen, wachsen dabei in dem Maß an, in dem ihr die sechs Pāramitās im Alltag anwendet und intensive Wünsche macht, den Lebewesen in grenzenlosem Umfang helfen zu können. Bodhisattvas, die Buddhaschaft erlangen, verfügen deshalb über grenzenlose Ressourcen, den Wesen in Saṃsāra zu helfen, weil sie sich in Mitgefühl, weitreichenden Wünschen und nützlichen Aktivitäten wie den Vollkommenheiten (Pāramitās) in riesigem Ausmaß geübt haben. Als Buddhas manifestieren sie sich in allen möglichen Formen, in allgemeinen, samsarischen, und in reinen Welten, sodass die Lebewesen Hilfe und Unterstützung erhalten können, und zwar dadurch, dass diese in ihrem Geiststrom die Manifestationen der Erleuchtung erfahren. Allgemeine Wesen erleben diese Manifestationen in der Form von Nirmāṇakāya-Buddhas, die in einer Welt wie der unseren erscheinen. Realisierte Bodhisattvas erleben sie in Form von Buddhas, die in reinen Formen erscheinen, den sogenannten Sambhogakāyas mit ihrer Manifestation reiner Welten. Diese wunderbaren Manifestationen entstehen spontan aus dem Mitgefühl, das einem reinen Geist zu eigen ist, und durch das unermüdliche Engagement von Bodhisattvas, sowohl was ihre edlen Wünsche als auch ihre nützlichen Aktivitäten betrifft. In diesem Sinne sind sowohl der Weg zur Erleuchtung als auch deren Früchte ebenfalls ein Ausdruck des Geistes, genau wie Saṃsāra. Saṃsāra ist eine unreine Manifestation des dualistischen Geistes, während Erleuchtung die reine Manifestation des Geistes an sich ist. Soviel zum Merkmal der Ungehindertheit des Geistes.

Die Verdunkelungen, die den Geist verhüllen, sind vorübergehend. Wir können sie entfernen, weil sie Täuschungen sind. Sie haben in der Vergangenheit nicht real existiert, sie existieren in der Gegenwart nicht real und sie werden auch in der Zukunft niemals real existieren. Stellt euch vor, ihr träumt, von einem riesigen Skorpion angegriffen zu werden. Naturgemäß werdet ihr vor Schreck wie gelähmt sein, schließlich wirkt der Skorpion im Traum äußerst lebendig. Nachdem ihr aufgewacht seid, lässt sich jedoch kein Skorpion finden, und zwar deshalb, weil es ihn von vornherein nicht gegeben hat. So ein Skorpion im Traum entsteht nicht, er besteht nicht und er hört auch nicht auf zu bestehen. Er ist nichts weiter als eine temporäre Täuschung im Geist. Die vorübergehenden Verunreinigungen, die die wahre Natur des Geistes verdecken, lassen sich also deshalb entfernen, weil sie flüchtige Täuschungen sind. Damit dies eintritt, müsst ihr nur aufwachen. Dies bedeutet jedoch nicht, dass die Verunreinigungen tatsächlich entfernt und dann irgendwo eingelagert werden. Außerdem kehren einmal entfernte Verunreinigungen nicht irgendwann wieder zurück und sie müssen auch nicht zu einem späteren Zeitpunkt wieder entfernt werden. Sie sind genauso wie der Skorpion in unserem Traum. Nur was substanziell existiert, kommt und geht. Das, was in sich ohne Existenzgrundlage ist, kommt nicht und geht nicht.

Ursprüngliche Weisheit, die Mahāmudrā-Weisheit

Ursprüngliche oder gleichzeitig bestehende Weisheit[58] bezeichnet die Untrennbarkeit des dualistischen Geistes und der Weisheit des Erwachtseins. »Ursprünglich« bezieht sich hier auf die wahre Natur. Der tibetische Begriff *»lhenchig kyepa«* bedeutet wörtlich, dass zwei Dinge gleichzeitig bestehen und grundlegend miteinander verbunden sind. Im Fall von Geist und Weisheit bedeutet »ursprünglich« oder wörtlich eher »gleichzeitig bestehend«, dass beide ihrer Natur nach leer und daher untrennbar eins sind, obwohl sie unterschiedlich erscheinen. Anders gesagt sind der Geist und Weisheit voneinander untrennbar, und zwar hier und jetzt und von jeher. Sie sind frei von einer Eigennatur und jenseits der Begrenzungen von Zeit und Raum. Sehen wir uns nun die ursprüngliche Weisheit aus der Perspektive der Grundlage, des Wegs und der Frucht an.

Die »ursprüngliche Weisheit als Grundlage« bezieht sich auf die Natur des Geistes, darauf, dass er in sich bewusst und in sich klar ist. Anders gesagt, der Geist und seine Qualität der Lichthaftigkeit sind voneinander untrennbar.

Die »ursprüngliche Weisheit als Weg« ist die wachsende Einsicht, die durch den Prozess des Lernens, Nachdenkens und Meditierens entsteht. Zunächst stellt sich ein vages Verständnis ein. Darauf folgt eine umfassendere Erfahrung und schließlich entsteht die Erkenntnis der Lichthaftigkeit oder Weisheit, die Einsicht darin, dass Erscheinung und Leerheit voneinander untrennbar sind.

Die »ursprüngliche Weisheit als Frucht« bezieht sich auf die Ebene, auf der diese Untrennbarkeit vollständig entdeckt worden ist. Die letztendliche Frucht, ursprüngliche Weisheit, ist in zweifacher Hinsicht rein. Auf der einen Seite ist sie die seit jeher reine Natur, die bereits zum Zeitpunkt der Grundlage vorhanden ist. Auf der anderen Seite ist sie Reinheit im Sinne des Geistes im Zustand der Frucht. Anders gesagt, ist der Geist einmal von allen Verunreinigungen befreit, wird seine inhärente

Reinheit vollkommen manifest; sie enthüllt sich zur Gänze. Dies ist die ursprüngliche Weisheit als Frucht entsprechend den verschiedenen Mahāyāna- und Vajrayāna-Quellen. Der Meister Gomchung (1130–1173)[59] sagte einmal dazu:

Die ursprüngliche Natur des Geistes ist
der Dharmakāya an sich.
Die ursprüngliche Natur der Erscheinungen ist
[wie] das Licht des Dharmakāya.
Die ursprüngliche Natur der Gedanken ist
[wie] der Wellengang des Dharmakāya.
Die ursprüngliche Untrennbarkeit [dieser drei] ist
die Wirklichkeit des Dharmakāya.

Jedes erdenkliche Phänomen und Ereignis im Leben ist ausnahmslos ein Ausdruck des Geistes. Saṃsāra ist ein Ausdruck des Geistes, Erleuchtung ist ein Ausdruck des Geistes. Im Zustand von Täuschung manifestiert sich der dualistische Geist als Gedanken. Da die ursprüngliche Natur des Geistes der Dharmakāya ist, folgt, dass die ursprüngliche Natur der Gedanken auch der Dharmakāya sein muss. Schließlich sind Gedanken als Manifestation des Geistes untrennbar von diesem. Der Geist manifestiert sich selbst als Gedanken. Im ichbezogenen dualistischen Denken wird jedoch fälschlicherweise ein sie wahrnehmendes Subjekt als real existent erlebt. Ein wahrnehmendes Subjekt, das dualistisch erlebt, geht davon aus, dass es eine äußere Welt als ein substanziell existentes Universum gibt, und hält sich selbst für etwas, das von dieser Welt verschieden ist. Die bereits erwähnten Betrachtungen zeigen jedoch, dass es ein solches wahrnehmendes Subjekt nicht als etwas gibt, das von seinen Wahrnehmungen getrennt wäre. Erscheinungen sind daher nichts als ein Ausdruck des Geistes. Gedanken entstehen, weil wir eine auf Täuschung beruhende Beziehung zwischen uns selbst und einer scheinbar äußeren Welt herstellen. Nehmen wir die Sonne und das Sonnenlicht als Beispiel: »Sonne« und »Sonnenlicht« sind lediglich verschiedene Begriffe. Im Grunde sind die Sonne und ihr Licht voneinander untrennbar. Mit dem Dharmakāya und dem dualistischen Geist verhält es sich genauso, und zwar in dem Sinne, dass Erfahrung *an sich* nicht-dual ist.

Wie die Sonne und das Sonnenlicht, genauso sind der Dharmakāya und Gedanken in ihrem Wesen voneinander untrennbar. Allerdings werdet ihr dies erst durch Meditation tatsächlich erkennen.

Die Mahāmudrā-Schlüsselunterweisungen führen Meditierende ohne zwischengeschaltete Mittel direkt in ihre ursprüngliche Weisheit ein. Dies ist es, worauf sich die Formulierung »Mahāmudrā-Praxis der ursprünglichen [Weisheit]«[60] bezieht. Erkennt ihr die ursprüngliche Weisheit der Gedanken, dann erkennt ihr die ursprüngliche Weisheit des nicht-dualen Geistes, der der Dharmakāya ist. Da ihr dann die ursprüngliche Weisheit des nicht-dualen Geistes und der Gedanken erlebt, erkennt ihr auch, dass jedes illusionsgleiche Phänomen nichts als eine Spiegelung ursprünglicher Weisheit ist. Deshalb ist Mahāmudrā als die quintessenzielle Lehre bekannt, bei der Meditierende direkt auf die ihnen innewohnende Weisheit praktizieren.

Es ist so, wie der Meister Gomchung sagt: »Die ursprüngliche Natur des Geistes ist der Dharmakāya. Die ursprüngliche Natur der Erscheinungen ist [wie] das Licht des Dharmakāya. Die ursprüngliche Natur der Gedanken ist [wie] der Wellengang des Dharmakāya«. Die ursprüngliche Natur des Dharmakāya und die wahre Natur des Geistes sind voneinander untrennbar. Dies ist ein direkter Weg, um die wahre Natur der Phänomene zu erkennen, und somit der höchste aller Zugänge.

Sind sowohl die ursprüngliche Natur des unerleuchteten Geistes als auch die ursprüngliche Natur des erleuchteten Geistes der Dharmakāya, mag man sich fragen, worin sich dann ein Buddha von einem allgemeinen Wesen unterscheidet. Nun, ein Buddha *erkennt*, dass die ursprüngliche Natur des Geistes nicht verschieden von der ursprünglichen Natur der Gedanken und der Phänomene ist. Er erkennt die Untrennbarkeit des Dharmakāya und des dualistischen Geistes.

Versteht, dass die wahre Natur des Geistes unveränderlich bleibt, unabhängig davon, ob man sie sieht oder nicht. Die ursprüngliche Natur eines Buddhas ist nicht besser, weil er erleuchtet ist, und die ursprüngliche Natur eines Lebewesens ist nicht schlechter, weil es unwissend ist. Blinde zum Beispiel können die Sonne nicht sehen, obwohl sie da ist, während Menschen mit einem intakten Sehsinn sie deutlich wahrnehmen. Für die Sonne macht es keinen Unterschied, ob sie gesehen wird oder nicht. Sie ist unveränderlich. Genauso unveränderlich ist die wahre Natur des Geistes. Insofern macht es keinen Unterschied, ob man erleuchtet ist oder nicht. Der Unterschied besteht darin, ob man sich der Natur des Geistes bewusst ist oder nicht.

Wir befassen uns gerade mit dem Geist, mit Gedanken oder Vorstellungen und Erscheinungen. Sie können mit der Sonne, dem Licht der Sonne und den Lichtstrahlen der Sonne verglichen werden. Der Geist als Grundlage wird mit der Sonne verglichen. Gedanken oder Vorstellungen, die die Existenz des Geistes widerspiegeln, werden mit dem Licht der Sonne verglichen, das das besondere Merkmal der Sonne ist. Phänomene als Manifestationen des Geistes werden mit den Lichtstrahlen verglichen, die von der Sonne ausstrahlen. Die Sonne, Sonnenlicht und Sonnenstrahlen sind nur begrifflich unterscheidbar. Im Grunde sind sie voneinander untrennbar – sie haben alle die gleiche Natur. Ähnlich sind Vorstellungen, d. h. Gedanken und Emotionen, sowie Erscheinungen als Ereignisse im Geist alle von der gleichen Natur wie der Geist. Der in sich bewusste Geist, mit seiner Klarheit und Leerheit, *ist* ursprüngliche Weisheit. Und die Untrennbarkeit der ursprünglichen Weisheit und des Geistes *ist* der Dharmakāya. Geist, Gedanken und Erscheinungen haben also die gleiche ursprüngliche Weisheitsnatur. Soweit zur allgemeinen Einleitung in dieses Thema.

Wie könnt ihr nun in eurer Praxis erkennen, dass (1) Geist, (2) Gedanken und (3) Erscheinungen die gleiche ursprüngliche Weisheitsnatur haben?

(1) Sehen wir uns dafür zunächst die ursprüngliche Natur des Geistes an, die unbegrenzt von Zeit und Raum und unbeeinträchtigt von begrifflichem Denken ist. Sie ist nicht-bedingt und nicht-erzeugt. Während der Geist in seiner wahren Natur verweilt und sich in wacher Ruhe seiner selbst bewusst ist, ist er unberührt von irgendwelchen aufkommenden Gedanken oder Emotionen. Die vorübergehenden Gedanken lösen sich in sich selbst auf und seine ursprüngliche Natur bleibt unverändert. Als grenzenlose Leerheit und Klarheit ist die wahre Natur des Geistes nicht in Worten ausdrückbar. Sie ist unvergleichlich und von nichts begrenzt. Ihr solltet euch darin üben, in diesem Geisteszustand zu ruhen. Wie oben

ausgeführt, kann die erste direkte Erkenntnis der Natur des Geistes damit verglichen werden, dass man den Mond am ersten Tag nach Neumond sieht. Dann sollte diese Erkenntnis vertieft werden, vergleichbar mit dem Zunehmen des Mondes. Der Buddha verharrte nach seiner Erleuchtung eine Weile in Schweigen. Ihm war klar, dass letztendliche Erleuchtung als eine einzigartige spirituelle Erkenntnis anderen nicht direkt kommuniziert werden könne. Es heißt, er habe Folgendes gesagt:

Ich habe einen tiefgründigen, nektargleichen Frieden gefunden.
Er ist nicht-erschaffen, nicht-bedingt und lichthaft.

Außerdem soll der Buddha gesagt haben, dass auch dann, wenn er explizit erklären würde, worin die Erfahrung der Erleuchtung wirklich besteht, niemand in der Lage wäre, einen Bezug dazu herzustellen, und es daher besser sei, er würde in Zurückgezogenheit bleiben und schweigen. Wir können uns daher äußerst glücklich schätzen, dass er bald darauf inständig darum gebeten wurde, Erklärungen zu geben, und er viele Jahre hindurch unterrichtet hat. Deshalb können wir heute in etwa so meditieren, wie der Buddha, obwohl sich unsere Erfahrungen natürlich nicht mit seiner letztendlichen Erleuchtung des Buddha-Zustands vergleichen lassen.

(2) Zweitens, um die Weisheit der ursprünglichen Natur der Gedanken zu verwirklichen, solltet ihr zunächst beobachten und erkennen, wie der Geist in Ruhe unzerstreut in sich selbst verweilt. Während er in seiner ursprünglichen Natur ruht, taucht vielleicht plötzlich ein Gedanke auf. Dieser vorüberziehende Gedanke könnte etwas so Einfaches sein wie »das ist ein so angenehmes Gefühl«. Kommt ein Gedanke auf, blickt auf seine Natur und versichert euch, dass sich die ursprüngliche Natur des Gedankens nicht von der ursprünglichen Natur des Geistes unterscheidet. Seid ihr euch dessen bewusst, dass sich der Gedanke in diesem Sinne nicht von der Natur des Geistes unterscheidet, löst sich der entstehende Gedanke natürlicherweise in Weisheit auf, in die Lichthaftigkeit des Geistes. Normalerweise scheint ein Gedanke etwas anderes zu sein als der Geist an sich. Da ein Gedanke jedoch ein Ausdruck des Geistes

ist, ist er nicht von ihm getrennt. Ein Gedanke und der Geist sind vom eigentlichen Wesen her dasselbe. Begreift und erfährt man dies, löst sich der Gedanke von allein in sich selbst auf und der Geist, der vom vorüberziehenden Gedanken nicht beeinträchtigt ist, verweilt in sich. Es verhält sich wie mit einer Luftblase im Wasser, die an die Oberfläche gelangt. Sie entsteht aus dem Wasser und ist von diesem nicht getrennt. Zerplatzt die Luftblase, können diese und das Wasser nicht mehr voneinander unterschieden werden, da sie in ihrer Natur voneinander untrennbar sind.

Im Kontext der Dzogchen[61]-Lehren wird dafür der Begriff »gleichzeitiges Entstehen und Befreien« verwendet. Es bedeutet ganz einfach, dass, sobald ein Gedanke entsteht, er sich gleichzeitig in sich selbst auflöst. Normalerweise führt ein Gedanke zu weiteren Gedanken und Emotionen, d. h. zu Ablenkung. Statt ihn als in seiner Natur leer und klar zu sehen, verfestigt man den Gedanken durch die Aufmerksamkeit, die man ihm schenkt. Dadurch ist man an nicht enden wollende Serien flüchtiger Gedanken und Emotionen gekettet, weil man nicht dazu in der Lage ist, durch ihre illusionsgleiche Erscheinung hindurch zu sehen und sie als das zu erkennen, was sie wirklich sind, leer und klar. In der Śamatha-Meditation ist man noch nicht fähig, die wahre Natur der Gedanken zu erkennen. Man bemüht sich, den Gedankenstrom zu beruhigen, der durch den Geist fließt, ohne ihm zu folgen. Das ist etwas ganz anderes, als den Geist in seiner ursprünglichen Natur ruhen zu lassen. In diesem Fall sieht man nämlich, sobald ein Gedanke aufscheint, dass der Geist in Ruhe und der Geist in Bewegung ihrer Natur nach grundsätzlich nicht verschieden sind. Erkennt ihr einmal das illusionsgleiche Erscheinen eines Gedankens, dann löst er sich von allein in sich selbst auf, in die unveränderliche Reinheit des Geistes.

Man könnte sagen, dass ein Gedanke, der aufkommt, der Geist in Bewegung ist, während der kontemplative Geist, der den entstehenden Gedanken betrachtet, der Geist in Ruhe ist. Obwohl dies zwei Aspekte ein und desselben Geistes sind, sind sie beide ihrer Natur nach leer. Versteht man dies, lösen sich alle Gedanken in dem Moment auf, in dem sie erscheinen. Der große indische Meister Nāropa sagte einmal:

Verunreinigungen, die mit starker Unwissenheit verbunden sind,
ziehen uns immer tiefer in den Sumpf von Saṃsāra.

Verunreinigungen, die mit großer Weisheit verbunden sind,
unterstützen Meditierende genauso wie ein Wald,
[dessen Holz] das Feuer schürt.

Verunreinigungen umfassen im Allgemeinen sowohl Geistestrübungen, d. h. Emotionen, als auch ablenkende Gedanken. Meditierende, die die ursprüngliche Natur des Geistes erkannt haben, sehen die ursprüngliche Natur der Gedanken im Moment ihres Entstehens. Bei solchen Meditierenden sind Konzepte, also Gedanken oder Emotionen, hilfreich, um die Fähigkeit zu entwickeln, den samsarischen Geisteszustand und seine Verunreinigungen zu überwinden. Es verhält sich genauso wie mit Holz in einem Wald, das als Brennmaterial wirkt und das Feuer immer stärker lodern lässt. Nicht geübte Menschen werden hingegen von ihren Geistestrübungen, d. h. ihren Gedanken oder Emotionen, immer noch fester an die sechs Daseinsbereiche von Saṃsāra gebunden. Wie Nāropa es so poetisch ausgedrückt hat, lassen Geistestrübungen ein unwissendes Lebewesen immer tiefer im Sumpf von Saṃsāra versinken. Ist man also nicht dazu fähig, die ursprüngliche Natur von Gedanken und Emotionen zu sehen, bleibt man in den Wiedergeburten verfangen. Anders bei fortgeschrittenen Meditierenden, die die ursprüngliche Natur von Gedanken und Emotionen erkannt haben. Ein häufiger Kontakt mit diesen illusionsgleichen Verunreinigungen vertieft ihre Erkenntnis nur noch weiter.

Um das Wichtigste nochmals zusammenzufassen: In der Erfahrung eines jeden Gedankens oder einer jeden Emotion ist ohne irgendeine Trennung gleichzeitig deren wahre Natur vorhanden. Blickt man daher genauer auf den Geist, wird – abgesehen von den Gedanken oder Emotionen, die aufgekommen sind – ein anderer Aspekt offensichtlich, der sich normalerweise unserer Aufmerksamkeit entzieht: die eigentliche Natur von Gedanken und Emotionen, nämlich leer und ungeboren zu sein. In dieser Hinsicht ist jeder Gedanke nicht-dual, ist nicht mit der Verunreinigung einer Unterscheidung verbunden. Es gibt daher zwei Ebenen, Vorstellungen, Gedanken und Emotionen zu erleben: So wie sie zu sein scheinen, d. h. mit Unwissenheit, und so wie sie tatsächlich sind, d. h. mit Weisheit. Ersteres fungiert als Ursache für alles samsarische

Elend, während Letzteres nichts anderes ist als vollkommene Erleuchtung. Aus diesem Grund sind Saṃsāra und Nirvāṇa in einem einzigen Gedanken enthalten.

(3) Seid ihr einmal fähig, die Weisheit der ursprünglichen Natur des Geistes und der Gedanken zu erkennen und darin zu verweilen, werdet ihr auch die Weisheit der ursprünglichen Natur der äußeren Erscheinungen erfahren und darin verweilen können. Der Grund liegt darin, dass die ursprüngliche Natur des Geistes, der Gedanken bzw. Emotionen und äußerer Phänomene nicht voneinander verschieden ist. Habt ihr einmal erkannt, dass das, was deutlich erscheint – was auch immer dies sein mag –, seinem Wesen nach tatsächlich leer ist, dann habt ihr die Untrennbarkeit von Erscheinen und Leerheit erkannt. Zur Erkenntnis der ursprünglichen Natur der Erscheinungen sagte Milarepa einmal:

Nicht-Realisierte erleben alle Erscheinungen [als wirklich].
Ihre Täuschung und ihr Festhalten an diesen Erscheinungen
fesselt sie an Saṃsāra.
Realisierten Meditierenden erscheint alles
wie eine magische Illusion.
Daher tragen bei ihnen Erscheinungen dazu bei,
die wahre Natur des Geistes zu erkennen.

Im letzten Satz deutet Milarepa an, dass sich durch die Einsicht in die wahre Natur äußerer und innerer Phänomene die Erkenntnis der Natur des Geistes immer weiter vertieft.

Die Mahāmudrā-Praxis aufrechterhalten

Allgemeine Erklärungen

Eine erfolgreiche Meditationspraxis beruht allgemein gesprochen auf fünf Voraussetzungen:

Zuerst solltet ihr von erfahrenen Meditierenden die grundlegenden Techniken richtig lernen. Habt ihr euch dann auf das Meditieren eingestellt, solltet ihr die Gewohnheit einschränken, euch allzu sehr mit weltlichen Aktivitäten zu befassen. Das bewusste Bemühen darum, allgemeine Aktivitäten des Lebens sein zu lassen, lässt sich treffenderweise mit einem Paar kräftiger Beine vergleichen, die man für eine lange und schwierige Reise benötigt. Habt ihr ein gutes Verständnis der Mahāmudrā-Meditation als Grundlage, könnt ihr es vermeiden, von weltlichen Angelegenheiten völlig vereinnahmt und abgelenkt zu werden. Dadurch werdet ihr fähig, euer Leben nicht mehr unter dem Einfluss eines verwirrten Geistes zu leben, der euch auf Abwege führt. In allgemeine Aktivitäten nicht zu sehr involviert zu sein und nicht zu sehr daran zu hängen, gibt den »Beinen der Meditation« die nötige Kraft.

Die zweite wichtige Voraussetzung, die es möglich macht, sich ernsthaft der Praxis zu widmen, ist, dem Dharma zu vertrauen und zuversichtlich zu sein in Bezug auf die positiven Qualitäten des Geistes, die sich durch Meditation entwickeln. Da Vertrauen und Zuversicht die Meditation leiten, lassen sie sich mit dem »Kopf der Meditation« vergleichen. Diese unschätzbaren Qualitäten bestimmen den Verlauf aller weiteren Schritte.

Die dritte Voraussetzung besteht in Achtsamkeit und fortlaufender Bewusstheit. Achtsam zu sein bedeutet, Bewusstheit zu pflegen und den meditativen Zustand kontinuierlich aufrechtzuerhalten. Fortlaufende Bewusstheit bedeutet, mit einem inneren Sensor die Qualität der Bewusstheit zu prüfen und dann, wenn der Geist wegen mangelnder Konzentration abgeglitten ist, erneut die Führung zu übernehmen. Achtsamkeit ist daher eher eine Präventivmaßnahme, während fortlaufende Bewusstheit mehr in Richtung eines Gegenmittels geht.

Die vierte Voraussetzung ist, liebende Güte und Mitgefühl für alle Wesen zu entwickeln. Euer meditativer Zustand wird sich dadurch immer weiter vertiefen. Außerdem bewirken liebende Güte und Mitgefühl, dass negatives Karma und negative Gewohnheitstendenzen schwächer werden. Dies wiederum hat zur Folge, dass sich die ursprünglichen Qualitäten des Geistes mühelos in Form unermüdlicher Handlungen manifestieren, die von Natur aus hilfreich für einen selbst und andere sind.

Der fünfte und letzte Punkt ist, mit einem reinen Gewissen zu praktizieren. Das setzt voraus, in alltäglichen Aktivitäten umsichtig zu sein, Heilsames zu tun und Negatives zu unterlassen. Meditierende, die mit einem reinen Gewissen praktizieren, lassen ihren Geist mühelos in einem natürlichen Zustand wacher Geistesruhe verweilen. So werdet ihr Śamatha und Vipaśyanā mit Achtsamkeit und fortlaufende Bewusstheit praktizieren können.

Hier noch einige weitere allgemeine Empfehlungen: Haltet euch vor Augen, dass die Praxis der Mahāmudrā-Meditation, und das gilt sowohl für Śamatha als auch für Vipaśyanā, niemals unregelmäßig sein sollte. Mangelt es euch an Kontinuität, dann verliert der meditative Zustand seine Frische und Kraft. Bis ihr einen sehr stabilen Zustand erlangt habt, verschwinden nämlich meditative Erfahrungen möglicherweise wieder. Natürlich ist es für eine stabile Praxis von Vorteil, den Geist gut vorzubereiten und die Grundlagen ordentlich aufzubauen, bevor man mit der Mahāmudrā-Meditation beginnt. Aber selbst dann kann sich die Kontinuität der Praxis wieder verlieren. Es kann auch sein, dass sich positive meditative Erfahrungen deshalb nicht einstellen, weil sie durch negatives Karma unterbunden werden. In diesem Fall solltet ihr vielleicht auf die Vorbereitenden Übungen oder eine andere Form von Reinigung zurückgreifen.

Es ist jedoch auch möglich, dass Praktizierende, die mit der eigentlichen Mahāmudrā-Meditation begonnen und verschiedene Erfahrungen gemacht haben, die Praxis irgendwann unterbrechen, um zu den Vorbereitenden Übungen zurückzukehren oder zum Beispiel den Fokus auf die Rezitation vieler Mantras zu legen. Auch dies kann die meditativen Erfahrungen stören, hängt jedoch von den Umständen ab.

Die Mahāmudrā-Praxis mit Achtsamkeit und fortlaufende Bewusstheit aufrechterhalten

In den anfänglichen Phasen der Praxis ist ein gewisses Bemühen um Achtsamkeit und fortlaufende Bewusstheit erforderlich. Nach und nach ist dies jedoch immer weniger der Fall. Auf den weiter fortgeschrittenen Ebenen meditiert man daher eher mit Leichtigkeit als mit bewusster Anstrengung. Wir sehen uns jetzt Anleitungen für die verschiedenen Entwicklungsstufen der Mahāmudrā-Meditation an. Die ersten beiden davon erfordern ein gewisses Maß an Anstrengung, die zwei weiteren nicht.

Erste und zweite Stufe: Achtsamkeit und fortlaufende Bewusstheit mit Anstrengung

(1) Kommen im Verlauf der Praxis von Mahāmudrā Vipaśyanā Meditationserfahrungen auf, ist es am Anfang, um den Geist bei der Meditation halten zu können, erforderlich, sich achtsam darum zu bemühen. Anders gesagt, es erfordert Anstrengung, den Fokus beizubehalten und sich mit fortlaufender Bewusstheit dessen bewusst zu sein, was im Geist vor sich geht. Dies ist der erste Schritt.

(2) Taucht nach einer Weile ein Gedanke im Geist auf, der euch von der Erfahrung ablenkt, gilt es, diesen Gedanken zu bemerken und dadurch den Geist zur Erfahrung der Meditation zurückzubringen. In dieser Weise hält man mit Achtsamkeit und fortlaufende Bewusstheit die Meditation mit einem gewissen Maß an Anstrengung aufrecht.

Dritte und vierte Stufe: Achtsamkeit und fortlaufende Bewusstheit ohne Anstrengung

(3) Wird die Meditation stabiler und kraftvoller, gehen – ohne dass ihr euch darum bemühen müsstet – aufkommende Gedanken allmählich in die Erfahrung der Meditation über. Dies stellt sich spontan ein und ihr werdet nicht mehr von Gedanken abgelenkt.

(4) Achtsamkeit und fortlaufende Bewusstheit sind nun so weit entwickelt, dass die Meditierenden und die Meditation nicht mehr voneinander getrennt sind. Dies ist ein ununterbrochener Zustand des

Gleichmuts. Was auch immer entsteht, ist spontane Weisheit, ohne dass ein allgemeiner Gedanke aufscheinen würde.

Die dritte Ebene kann innerhalb dieses Lebens erlangt werden. Die vierte ist jedoch gleichbedeutend mit dem erwachten Zustand eines Buddhas und es ist schwer, dies innerhalb einer Lebenszeit zu erlangen.

Weitere Empfehlungen für die Meditation

Meditierende merken von Zeit zu Zeit, dass sie aufgrund eines vorübergehenden Mangels an Wachheit in ihren Gedanken dahin treiben. An diesem Punkt handelt es sich dann nicht mehr um einen meditativen Zustand. Mit Achtsamkeit und fortlaufender Bewusstheit lässt sich dieser jedoch vollständig wiederherstellen. In diesem Sinne gibt es zwei unterschiedliche Phasen der Meditation. Wir können die meditative Phase vor der Ablenkung die »anhaltende Meditation« nennen und jene nach der Ablenkung die »wiederhergestellte Meditation«.

Verweilt der Geist seiner selbst bewusst in raumgleicher Klarheit und Leerheit und ist er nicht von ablenkender Unruhe und Dumpfheit vereinnahmt, handelt es sich um die »anhaltende Meditation«. Der Geist ist klar und bewusst. Was auch immer in ihm erscheint, wird als seiner Natur nach untrennbar vom Geist erfahren. Alle Gedanken, die entstehen, werden daher als natürliche Manifestationen ursprünglicher Weisheit erlebt. Dieser Zustand heißt Meditation.

Es mag jedoch vorkommen, dass eure Achtsamkeit abflaut und Ablenkung einsetzt. Manchmal seid ihr nur ein klein wenig abgelenkt. In diesem Fall, wenn ihr euch dessen bewusst seid, könnt ihr den entstehenden Gedanken beenden und die stockende Meditation sofort wieder stabilisieren. Seid ihr euch jedoch nicht dessen bewusst, dass Gedanken aufgekommen sind und lasst ihr die Gedanken dahin treiben, sodass einer zum nächsten führt, dann füllt sich der Geist sofort mit allgemeinen Gedanken, und die Meditation wird nicht länger aufrechterhalten. In einem solchen Fall gilt es, die Achtsamkeit mit viel Bemühen erneut zu stärken, damit der Geist zu seiner früheren Stabilität zurückfindet.

Um es zusammenzufassen: Zuerst verweilt ihr mit Achtsamkeit und fortlaufender Bewusstheit in Meditation. Wird Achtsamkeit schwächer, trägt der Strom aufkommender Gedanken den Geist immer mehr von der Meditation weg. Plötzlich bemerkt ihr, dass ihr abgelenkt seid. Erkennt ihr, dass ihr euren meditativen Zustand verloren habt, dann stellt die frühere geistige Stabilität durch fokussierte Achtsamkeit und fortlaufende Bewusstheit wieder her.

Jetzige Ablenkung ist die Folge früherer Täuschungen. Geschehnisse in der Vergangenheit bewirken, dass in der Gegenwart ablenkende Gedanken aufkommen, deren Folge es wiederum ist, dass die Qualität der Meditation abnimmt. In einem solchen Fall sollte die Meditation durch intensivere Achtsamkeit und fortlaufender Bewusstheit korrigiert werden.

Ablenkung ist jedoch nicht notwendigerweise eine negative Eigenschaft des Geistes. Bemerkt ihr nämlich, dass ihr abgelenkt seid, und bringt ihr die Aufmerksamkeit zur Meditation zurück, hat euer Geist sogar an Klarheit gewonnen. Dies ist mit der »wiederhergestellten Meditation« gemeint, und so wird Ablenkung nützlich. Richtig verwendete Ablenkung bereichert die eigene Erfahrung tatsächlich. Seid ihr nämlich im Moment ihres Entstehens achtsam in Bezug auf die wahre Natur der Ablenkung, dann könnt ihr sie als wahre Natur des Geistes loslassen. Daher heißt es, dass man, um Meditation wiederherzustellen, alles, was im Geist aufscheint, wie ein Trugbild oder eine Illusion sehen sollte. Versteht ihr, dass alles, was im Geist aufscheint, der Natur nach leer ist, kehrt die frühere Stabilität der Meditation augenblicklich zurück. Das ist gemeint, wenn es heißt, man solle Hindernisse auf dem Weg der Meditation nutzen. Die Meditation wiederherzustellen bedeutet also gleichzeitig, sie zu vertiefen. Dieser Prozess stärkt die Meditation in hohem Maße und macht sie viel intensiver.

Erinnert euch daran, dass der Geist seinem Wesen nach leer ist und daher nicht unterteilt werden kann. Es ist also widersinnig, an manchen meditativen Erfahrungen als erstrebenswert festzuhalten und andere abzuwehren. So etwas wie gute, schlechte oder neutrale meditative Zustände gibt es nicht. Lasst in eurer Meditation alle Erfahrungen spontan und ungehindert aufkommen. Diese spontanen Erfahrungen sind ohnehin nur flüchtige Manifestationen des Geistes und sollten nicht mit dem unveränderlichen Geist selbst verwechselt werden. Kurz gesagt, meditative Erfahrungen zu konzeptualisieren, indem ihr Vorlieben für bzw. Vorurteile gegen bestimmte meditative Zustände hegt, ist nicht die Art, wir ihr auf die wahre Natur des Geistes meditieren solltet, da diese schließlich ohne Identität ist und jenseits von Begrifflichkeit. Glaubt nicht, dass ihr die Natur des Geistes seht, wenn es angenehm zu sein scheint, und dass ihr sie nicht seht, wenn es sich unangenehm anfühlt. Die Natur des Geistes ist jenseits des dualistischen Denkens. Man kann nicht sagen, ob sie *etwas* ist oder *nichts*, ob sie existiert oder nicht existiert oder ob sie hier oder woanders ist. Die wahre Natur des Geistes lässt sich nicht festmachen und lokalisieren. Sie bleibt von allen vorbeiziehenden Emotionen unberührt und ist als solche weder existent noch nicht-existent, weder Sein noch Nicht-Sein, weder dieses noch jenes. Sie ist jenseits aller Extreme. Ihr könnt nicht sagen »dies ist die Natur des Geistes«. Sie ist unwandelbar. Da sie unveränderlich ist, ist es widersinnig, mit Hoffnung und Furcht zu meditieren. Betrachtet die Natur des Geistes nicht als ein hochpreisiges Gut, nach dem ihr strebt und das ihr dann besitzt!

Nur dann, wenn ihr euch zuerst mit Mahāmudrā Śamatha und auf dieser Grundlage mit Mahāmudrā Vipaśyanā vertraut gemacht habt, werdet ihr fähig sein, wirklich zu verstehen, was hinsichtlich der wahren Natur des Geistes eben erklärt wurde. Diese Beschreibungen beziehen sich auf eine hohe Stufe der Meditation. Im Moment können wir lediglich einen flüchtigen Einblick in die wahre Natur des Geistes gewinnen, aber selbst so ein flüchtiger Einblick ist äußerst lohnend. Gampopa sagte einmal:

So wie ein Teppichmacher geschickt einen Teppich herstellt,
belasst euren Geist völlig ungekünstelt
in seinem natürlichen Zustand.

Ein geschickter Teppichmacher knüpft jeden Knoten gleichmäßig, weder zu locker noch zu fest. Das ist genau die Art, wie ihr meditieren solltet. Sind die Knoten zu fest, ist der Teppich steif, sind sie zu locker, fällt er auseinander. Gleichermaßen wird Meditation erst dann erfolgreich sein, wenn ihr die richtige Balance gefunden habt. Lasst den Geist in kontinuierlichem Gleichmut verweilen, weder zu bemüht noch zu entspannt, sondern frisch und ungekünstelt.

Als Hilfestellung für das Aufrechterhalten des meditativen Zustands folgen jetzt Anleitungen auf drei verschiedenen Ebenen. Die allgemeinen Empfehlungen richten sich an Anfänger bzw. Anfängerinnen, die speziellen Anleitungen an Fortgeschrittene und die sehr speziellen Unterweisungen an weit fortgeschrittene Praktizierende. Die ersten beiden Stufen umfassen jeweils drei verschiedene geschickte Methoden, die dritte Ebene fünf.

Empfehlungen für Anfänger bzw. Anfängerinnen

Zunächst ermutigt euch selbst, indem ihr euch die wunderbaren Ergebnisse von Meditation vor Augen haltet; dies gibt euch Sicherheit. Denkt an die Wirkung von Meditation im Śrāvakayāna, durch die Praktizierende die eigene Befreiung erlangen, eine Ebene völlig jenseits von Saṃsāra. Im Sanskrit heißen diese verehrungswürdigen Praktizierenden Arhats und ihr Geisteszustand ist unendlich viel besser als jener einer allgemeinen Person. Denkt nur an die außergewöhnliche Frucht, die von den Selbst-erwachten Buddhas erlangt wird! Auch sie haben für ihre eigene Befreiung praktiziert und ihr Ziel mit dem Pratyekabuddhayāna erlangt. Ihre Erkenntnis ist an Tiefe noch unermesslicher und ihr meditativer Zustand und die geistigen Qualitäten, die daraus erwachsen, sind viel umfassender als bei Śrāvakayāna-Arhats. Kontempliert weiter über die Praxis von Bodhisattvas und denkt an ihre edlen Wünsche. Das selbstlose Bemühen von Bodhisattvas, zahllosen Wesen zu helfen, flößt uns größte Wertschätzung ein. Die Erkenntnis, der meditative Zustand und die geistigen Qualitäten verwirklichter Bodhisattvas sind noch unermesslicher als jene von Śrāvakayāna- und Pratyekabuddhayāna-Arhats. Und denkt schließlich an den voll erleuchteten Zustand der Buddhaschaft; man kann sich nicht einmal ansatzweise vorstellen, worin dieser erleuchtete Geisteszustand bestehen mag. Haltet euch auch die allgemeinen samsarischen Geisteszustände vor Augen, die Art und Weise, wie sie sinnentleert und auf sich selbst orientiert sind und keinen bleibenden Nutzen mit sich bringen. So könnt ihr das Festhalten an allgemeinen Belangen verringern.

Die zweite Empfehlung für Anfänger bzw. Anfängerinnen bezieht sich auf die Meditation selbst: Stützt euch immer auf Achtsamkeit und fortlaufende Bewusstheit, um den Geist davon abzuhalten, unruhig oder schläfrig zu sein. Lasst ihn in seinem natürlichen Zustand verweilen, ohne an dieser Erfahrung festzuhalten. Blickt in diesem meditativen Zustand direkt auf die leere Natur der entstehenden Gedanken oder Emotionen, frei von allen Beeinträchtigungen.

Die dritte Empfehlung für Anfänger bzw. Anfängerinnen betrifft die Art, wie man die Meditation strukturiert. Nehmt die richtige Meditationshaltung ein und entspannt sowohl den Körper als auch den Geist. Meditiert stets mit einem klaren Geist. Haltet die Sitzungen kurz. Meditiert mit ungeteilter Aufmerksamkeit und in kurzen Intervallen. Anders gesagt, hört auf zu meditieren, bevor es mühsam oder langweilig wird.

Empfehlungen für fortgeschrittene Praktizierende

Die erste Empfehlung ist, als Auftakt für die Meditation sowohl den Körper als auch den Geist zu entspannen. Natürlich solltet ihr in der korrekten Meditationshaltung sitzen, dabei allerdings niemals steif oder angespannt sein. Versteht, dass die wahre Natur des Geistes nicht-bedingt ist. Sie ist jenseits aller Begrifflichkeit und all dem, was der Geist so heraufbeschwört. Es gibt überhaupt nichts, das einen in Anspannung zu versetzen bräuchte.

Die zweite Empfehlung ist, ohne Zweifel und Zögern zu praktizieren. Lasst den Geist einfach unvoreingenommen in seinem natürlichen Zustand verweilen.

Die dritte Empfehlung ist, in entspannter Achtsamkeit zu meditieren. Wann immer während der Meditation Gedanken, Emotionen oder Vorstellungen entstehen, macht euch keine Sorgen. Seid entspannt und lasst von ihnen ab. Baut weder einen Widerstand gegen Gedanken auf noch unterdrückt sie. Verwickelt ihr euch nicht in sie, dann lösen sie sich in sich selbst auf. Luftblasen sind nichts als Wasser und zerplatzen an der Oberfläche bald. Zerplatzte Luftblasen lösen sich untrennbar in das Wasser auf und sind von diesem nicht mehr zu unterscheiden. Gleichermaßen sind die wahre Natur der Gedanken und die wahre Natur des Geistes untrennbar und ununterscheidbar. Hängt man nicht an ihnen, lösen sich entstehende Gedanken in der Weite des Geistes auf und sind damit in sich selbst befreit.

Empfehlungen für weit fortgeschrittene Praktizierende anhand von Beispielen

Die erste Empfehlung lautet: »Lasst den Geist sich so hoch erheben wie der Raum«. Das Weltall hat keine Begrenzung und so weist dieses Beispiel darauf hin, dass ihr euren Geist in einem Zustand weiter Bewusstheit verweilen lassen solltet. Dies wirkt Schwere und Schläfrigkeit entgegen.

Um gegen diese Hindernisse gewappnet zu sein, sind Achtsamkeit und fortlaufende Bewusstheit erforderlich, und genau in diesem Zusammenhang steht die zweite Empfehlung: »Seid so weit wie die Erde«. Dies bedeutet, den Geist, ganz auf Achtsamkeit und fortlaufende Bewusstheit gestützt, sich in alle Richtungen hin ausdehnen zu lassen, bis er der Stabilität und der Weite der Erde entspricht.

Die dritte Empfehlung lautet: »Seid so fest wie ein Berg«. Dies bedeutet, dass euer Selbstvertrauen so groß und unerschütterlich sein sollte wie ein Berg. Dies impliziert auch, dass ihr wechselnden Stimmungen nicht einfach nachgeben solltet – in einem Moment himmelhoch jauchzend zu sein und im anderen Moment zu Tode betrübt. Es gilt, unter allen Umständen geistige Ausgeglichenheit zu wahren. Die Empfehlung für fortgeschrittene Meditierende ist daher, zu allen Zeiten Bewusstheit aufrechtzuerhalten. Außerdem, um zu vermeiden, dass ihr euch in einer weiten Bewusstheit verliert, solltet ihr sehr achtsam in entspannter Gelöstheit praktizieren.

Die vierte Empfehlung lautet: »Seid so klar wie Licht«. Dies bedeutet, dass, während der Geist in Weite verweilt, Klarheit aufrechterhalten werden sollte, genauso wie Licht, das alles hell erleuchtet. Klare Bewusstheit sollte also immer gegenwärtig sein.

Die fünfte Empfehlung lautet schließlich: »Seid so rein wie ein Kristall«. Dies bedeutet, den meditativen Zustand so makellos wie einen Kristall zu halten. Erlaubt keiner Verdunkelung, den reinen meditativen Zustand zu beeinträchtigen. Schwankt nicht zwischen Müdigkeit und Unruhe. Haftet weder an den angenehmen meditativen Zuständen an noch betrachtet Meditation als irgendetwas anderes als das, was sie ist, eine entspannte, natürliche Erfahrung. Lasst die ganze Zeit Achtsamkeit und fortlaufende Bewusstheit wie einen aufmerksamen Sensor über die Mahāmudrā-Meditation wachen.

Darüber hinaus gibt es vier grundsätzliche Empfehlungen für das Aufrechterhalten des Meditationszustands an sich:

Seid gelassen und entspannt

Die erste Empfehlung für das Aufrechterhalten der Meditation ist, geistig entspannt zu bleiben. Bleibt der Geist gelassen in seinem natürlichen Zustand, dann wird seine wahre Natur spontan aufscheinen. Gampopa sagte dazu:

> *Jene, die den Geist vollständig entspannen können,*
> *sind die besten Meditierenden.*
> *Jene, die ihn mittelmäßig entspannen können,*
> *die durchschnittlichen,*
> *und jene, die den Geist nicht entspannen können,*
> *die schwachen.*

Wie entspannt man den Geist? Seid euch der leeren Natur all der Gedanken oder Gefühle bewusst, die im Geist aufkommen, und lasst sie los. Indem ihr nicht festhaltet an dem, was dem Wesen nach leer ist, lösen sich Gedanken und Emotionen mühelos in sich selbst auf. Ist der Geist in friedlicher Gelassenheit entspannt, drängen sich keine Sinneseindrücke mehr auf. In diesem Zustand manifestiert sich die wahre Natur des Geistes spontan als Weite. Haltet den Geist so in einem friedlichen Zustand, frei von aller Begrifflichkeit. Sogar ein einfacher Gedanke, wie »Welch beeindruckende Erfahrung, ich sehe die wahre Natur des Geistes«, ist eine Form der Begriffsbildung. Ist der Geist jedoch einmal von Gedanken in Anspruch genommen, manifestiert er sich nicht mehr in Leerheit und Reinheit. Lasst ihn stattdessen in seinem natürlichen Zustand verweilen, in dem er seine ursprüngliche Weisheit erfährt, die Untrennbarkeit von Klarheit und Leerheit.

Lasst den Geist in seinem natürlichen Zustand
Ist der Geist entspannt, dann ist er in seinem natürlichen Zustand, in dem er Erfahrungen nicht konzeptualisiert. Während eurer Meditation mag ganz plötzlich ein Gedanke im Geist aufblitzen. Lasst euch an diesem Punkt von dem einschießenden Gedanken nicht forttragen, sondern fokussiert euch stattdessen auf seine ursprüngliche Natur. Haltet ihr achtsame Eigen-Bewusstheit aufrecht, dann wird es euch leicht fallen, euch der Tatsache bewusst zu sein, dass alle flüchtigen Gedanken der Natur nach leer sind. Der Geist in Bewegung behält dann ganz von selbst seine friedliche Eigen-Bewusstheit. Belasst den Geist so in seiner bewussten Klarheit. Ihr könnt euch denken, dass er einem Baby ähnelt, das noch keine Begriffe bildet und dennoch jeder neuen Erfahrung voll Interesse und Staunen begegnet. Anders als wir hat ein Baby noch keine früheren Erfahrungen, auf die es sich beziehen kann. Anders als wir identifiziert ein Baby nicht jedes Objekt, gibt ihm einen Namen und hält dann das wahrgenommene Objekt für den Namen, der dem Objekt lediglich als Übereinkunft gegeben worden ist. Ein Baby vergleicht nicht, beurteilt nicht und zieht auch keine Schlüsse. Dies ist in etwa gemeint, wenn es heißt, man solle den Geist in seinem natürlichen Zustand belassen, ohne Begriffe zu bilden.

Lasst den Geist er selbst sein
Scheint die Natur des Geistes auf, dann nehmt sie an, wie sie ist. Seid voller Vertrauen in die klaren und lebendigen Qualitäten des Geistes und konzeptualisiert nicht.

Belasst den Geist ohne Hemmungen in seinem natürlichen Zustand
Dies bedeutet, dass ihr sogar noch entspannter sein solltet. Ein Beispiel dafür ist ein Bündel Stroh, dessen Schnur durchtrennt wird. Die Halme fallen in alle Richtungen und es spielt überhaupt keine Rolle, wie und wohin sie fallen. So sollten Meditierende allen möglichen Eventualitäten gegenüber vorbehaltlos offen sein.

Diese vier Empfehlungen zeigen auch, wie Mahāmudrā die Meditationen von Śamatha und Vipaśyanā miteinander verbindet. Śamatha besteht darin, den Geist entspannt und konzentriert in seinem natürlichen Zustand zu halten. Gleichzeitig, während der Geist in Ruhe verweilt, besteht Vipaśyanā darin, die Natur des Geistes klar zu sehen, d. h. zu erkennen, was er wirklich ist: bewusst und zugleich leer, lebendig und nicht-bedingt. So werden diese zwei Aspekte der Meditation miteinander vereint.

Empfehlungen für die Post-Meditation

Geübte Meditierende halten Achtsamkeit und fortlaufende Bewusstheit auch dann aufrecht, wenn sie nicht meditieren. In dieser Phase der sogenannten Post-Meditation werden dann alle Sinneseindrücke und entstehenden Gedanken anders wahrgenommen, als dies bei Menschen ohne diese Erfahrung der Fall ist. Natürlich werden nach wie vor Wahrnehmungsobjekte erlebt, gleichzeitig jedoch sind sich diese Meditierenden der leeren Natur von allem bewusst, was sie erleben. Was immer im Geist aufscheint, wird mühelos in seine leere Natur befreit. Diese Fähigkeit wird »augenblickliches Erkennen der wahren Natur des Geistes« genannt, wobei diese Erfahrung in ihrer Unmittelbarkeit mit dem sofortigen Erkennen eines alten Bekannten bei einer zufälligen Begegnung verglichen wird. Seid ihr einmal wirklich damit vertraut, die wahre Natur des Geistes *während der Meditation* kontinuierlich zu erleben, dann stellt sich die Frage nicht, ob ihr sie auch im Zustand der *Post-Meditation* direkt, überall und zu jeder Zeit erkennen könnt, sei es mitten in einem Gespräch oder während ihr irgendeiner Tätigkeit nachgeht. Es handelt sich dabei um ein unmittelbares Erkennen, vergleichbar damit, dass Regentropfen in das Meer fallen und augenblicklich darin verschmelzen.

Bei Meditierenden mit weniger Übung mag das Erkennen der wahren Natur von Gedanken leicht zeitverzögert einsetzen. In diesem Fall entgeht den Meditierenden die leere Natur aufkommender Gedanken, worauf dann weitere folgen. Könnt ihr jedoch Achtsamkeit und fortlaufende Bewusstheit in einem ausreichenden Maß aufrechterhalten, stellt sich die Erkenntnis der Natur dieser Gedanken sehr bald ein und ihr erkennt sie als die Leerheit und Klarheit des Geistes. Der Unterschied zwischen einem sofortigen und einem etwas zeitverzögerten Erkennen der wahren Natur von Gedanken wird gern mit leichtem Regen verglichen, der auf die Oberfläche eines erhitzten Felsens fällt. In beiden Fällen verdampfen die Tropfen, und zwar im ersten Fall augenblicklich, während es im zweiten etwas zeitverzögert geschieht.

Bei sehr weit entwickelten Meditierenden, die in einem hohen Maß damit vertraut sind, in der Meditation die ursprüngliche Natur des Geistes zu erleben, erscheint alles, was in der post-meditativen Phase in ihrem Geist auftaucht, als ursprüngliche Weisheit. Bei derart fortgeschrittenen Praktizierenden ist es tatsächlich so, dass sich die Klarheit der Einsicht in die wahre Natur des Geistes umso mehr vertieft, je mehr Gedanken und Gefühle auftauchen. Maitrīpa sagte dazu:

Je stärker die Geistestrübungen, umso größer die Weisheit.
Genauso wie [Holz für einen] Waldbrand
sind Geistestrübungen Brennstoff für Meditierende.

Je mehr Holz, umso stärker lodert das Feuer. Je mehr Geistestrübungen, umso klarer ist die Weisheit, die sich im Geist der Meditierenden entfaltet. Seid ihr einmal dazu fähig, während der Meditation in der wahren Natur des Geistes zu verweilen, dann hat diese Erfahrung auch weitreichende Auswirkungen auf die Art, wie ihr im täglichen Leben die Welt wahrnehmt. Alles, was im Leben geschieht, wird dann als die Einheit von Erscheinen und Leerheit erkannt. Es wird erlebt als etwas, das zwar lebendig erscheint, doch keine reale Eigennatur hat, genauso wie ein Trugbild oder eine Illusion.

Oft wird die Art, wie dann im Zustand der Post-Meditation wahrgenommen wird, mit einer optischen Illusion verglichen, etwa bei einer Zauber-Show. Magier können zum Beispiel Elefanten hervorbringen, die das Auge täuschen und den Geist fesseln. Während sie selbst sehr wohl wissen, dass diese Elefanten eine Illusion sind, sehen sie die Elefanten trotzdem genauso, wie das Publikum sie sieht. Der Unterschied liegt in der Tatsache, dass sie keinen Augenblick an die reale Existenz der Elefanten glauben. Bei diesem Beispiel stehen die Zauberer für fortgeschrittene Meditierende und das Publikum für allgemeine Lebewesen. So wie Zauberer sehen fortgeschrittene Meditierende also genau das, was auch wir sehen. Dennoch, obwohl sich die Sinneswahrnehmungen fortgeschrittener Meditierender nicht von den unseren unterscheiden, sind sich diese Praktizierenden vollkommen dessen bewusst, dass alles, was vor ihrem Auge erscheint, illusionsgleich ist, genau wie die trickreichen Täuschungen eines Zauberers. Und natürlich besteht ein großer Unterschied zwischen realisierten Meditierenden und selbst den berühmtesten Magiern der Welt. Die einen sind realisiert, während die anderen einfach nur ein paar schlaue Tricks beherrschen.

Wenn es heißt, dass in der Post-Meditation die Manifestationen des Geistes als etwas Illusionsgleiches erlebt werden, ist das Wort »Illusion« positiv gemeint. Im Gegensatz dazu wird der verwirrte Zustand von Lebewesen als Täuschung beschrieben, was Leid impliziert. Meditierende, die in ihrer Vipaśyanā-Meditation weit fortgeschritten sind, nehmen die Dinge also nach wie vor wahr. Sie sehen, hören, riechen, schmecken, empfinden usw., sie erleben jedoch die Phänomene nicht mehr als real existent. Da sie keiner Täuschung mehr unterliegen, erfahren sie die Welt objektiv als Illusion, als nichts anderes als Trugbilder. Auf diese Weise beeinflusst die in der Meditation erlebte Erfahrung der wahren Natur des Geistes die Art, wie Meditierende die Dinge in der Post-Meditation erleben.

Es ist schwer zu beschreiben, wie sich unsere Wahrnehmung der Welt von jener erfahrener Meditierender unterscheidet. Nehmen wir das Glas auf dem Tisch als Beispiel. Wir alle können sehen, dass es ein Glas mit seinen bestimmten Eigenschaften ist. Wenn es nun heißt, dass fortgeschrittene Meditierende das Glas als Illusion sehen, bedeutet das nicht, dass sie es nicht als Glas sehen, so wie wir. Ihr Erleben der visuellen Erfahrung ist jedoch anders. Wir sehen das Glas als eine unabhängige, als solche existierende Sache. Die Wahrnehmung von hoch entwickelten Meditierenden ist hingegen viel schwieriger zu definieren.

Werdet ihr mit der Meditationspraxis vertraut, bei der ihr euch in ursprünglicher Weisheit in Bezug auf alle Erscheinungen übt, entsteht in der Post-Meditation mühelos die Erfahrung, dass die Welt illusionsgleich ist. Stellen wir dies nochmal in den Zusammenhang mit den drei Arten der Praxis, die oben erklärt wurden: den Geist erkennen, indem man die ursprüngliche Weisheit des Geistes an sich sieht, die ursprüngliche

Weisheit von Gedanken und Emotionen erkennen und die ursprüngliche Weisheit von Sinneswahrnehmungen bzw. Erscheinungen erkennen. Habt ihr euch einmal mit den letzten beiden dieser drei Zugänge vertraut gemacht, wächst die Fähigkeit heran, in der Post-Meditation alles als illusionsgleich zu erleben.

Haben Meditierende ihren Geist vollkommen erkannt und damit den Buddha-Zustand verwirklicht, besteht kein Unterschied mehr zwischen Meditation und Post-Meditation. Solange diese Trennung besteht, ist man auf den Bodhisattva-Stufen. Für realisierte Bodhisattvas ist Meditation wie die Erfahrung des grenzenlosen Raums, während die Erfahrung der Post-Meditation darin besteht, die Welt als Trugbild zu erleben. Auf den höchsten Bodhisattva-Stufen besteht jedoch kaum noch ein Unterschied zur Erfahrung, wie ein Buddha sie erlebt.

An dieser Stelle möchte ich noch kurz auf die berühmte Aussage von Gampopa eingehen, die besagt: »Gedanken sind der Dharmakāya«. In der Geschichte des tibetischen Buddhismus wurde Gampopa für diese Ansicht vehement kritisiert. Es gab Lehrer, die sagten, sie sei unlogisch, da Gedanken oder Vorstellungen das genaue Gegenteil des Dharmakāya seien. Die Kritiker waren der Meinung, diese Aussage müsste, um ihre Richtigkeit zu haben, lauten: »Die *Natur* der Gedanken ist der Dharmakāya«. Ich werde hier nicht weiter auf diese Kritik eingehen, sondern lediglich auf den Grund dafür hinweisen, warum sie den wesentlichen Punkt völlig verfehlt. So lehrte der Buddha zum Beispiel, dass Formen, Empfindungen usw. Leerheit sind. Dies ist genau das Gleiche wie Gampopas Aussage in Bezug auf Gedanken. Es bedeutet nämlich, dass allgemeine Wesen Formen als Formen, Gedanken als Gedanken usw. wahrnehmen, während erleuchtete Wesen sie als Leerheit oder, um nur ein anderes Wort dafür zu verwenden, als Dharmakāya erleben. Daher sind Gampopas Erklärungen in völliger Übereinstimmung mit der Art, wie der Buddha lehrte.[62]

Die vier Abwege in Zusammenhang mit Leerheit

Meditierende, die die Bedeutung von Leerheit nicht ganz verstehen, können durch falsche Annahmen auf Abwege geraten. Leerheit ist kein bloßes Nichts. Ebenso wenig ist sie die Abwesenheit von etwas. Leerheit bedeutet einfach, dass sich Dinge zwar manifestieren, gleichzeitig jedoch nicht real bestehen, weil sie ihrem Wesen nach leer sind. Sie sind die Untrennbarkeit von Erscheinen und Leerheit.

Die Bedeutung von Leerheit falsch zu verstehen, kann zu höchst unerwünschten Konsequenzen führen. Es ist deshalb überaus wichtig, dass man der eigenen Auffassung von Leerheit größte Aufmerksamkeit schenkt.

1. Leerheit hinsichtlich ihrer Natur missverstehen

Der erste und schwerwiegendste Abweg hat damit zu tun, dass man die Natur der Leerheit missversteht. Leerheit bedeutet keineswegs, dass nichts existiert. Unterliegt man diesem Missverständnis, führt diese konkrete Form der Verwirrung dazu, dass man das Entstehen in Abhängigkeit und die Wirksamkeit von Handlungen negiert. Oberflächlich betrachtet scheinen Leerheit und die Kausalität zwischen Ursache und Wirkung miteinander unvereinbar zu sein. Tatsächlich jedoch ergänzen und bedingen sie einander. Ihre Untrennbarkeit wird im Mahāyāna-Buddhismus im Allgemeinen und in der Mahāmudrā-Praxis im Besonderen stark betont. Verneint ihr daher – in Zusammenhang mit der Leerheit des Geistes und der Phänomene – Karma und seine Wirkungsweise, dann seid ihr auf einen Abweg geraten.

Zu dieser Art von Missverständnis gehört auch, die Meditationspraxis auf vorgefassten Annahmen über Leerheit aufzubauen. Habt ihr ein wenig über Leerheit gelernt, kann es sein, dass ihr euch auf der Grundlage eures limitierten intellektuellen Verständnisses ein falsches Bild von ihr macht und diese Idee von Leerheit für die eigentliche Leerheit haltet. Im Laufe der Zeit gräbt sich diese Vorstellung von Leerheit, die vom eigenen begrifflichen Geist erschaffen wurde, tief ein, ohne dass man diese Gewohnheit bei sich selbst bemerkt. Man meditiert lediglich auf die eigene Vorstellung, was zu einem unüberwindbaren Hindernis wird und eine direkte Einsicht in die wahre leere Natur des Geistes unterbindet. Diese Anschauung, bei der Leerheit mit Negation verwechselt wird, impliziert indirekt, dass man sich frei wähnt zu tun, was immer man möchte, und die Kausalität von Karma wieder außer Acht lässt. Wird die natürliche Gesetzmäßigkeit zwischen Ursachen und Wirkungen auf diese Weise missachtet, dann gibt es zum Beispiel auch keinen Ansporn zur selbstlosen Art des Gebens von Bodhisattvas. Stattdessen ermutigt es undisziplinierte Menschen, allen möglichen selbstgefälligen Handlungen freien Lauf zu lassen, und dies mit den entsprechenden verhängnisvollen Konsequenzen. Jedes Ereignis im Leben geschieht im Geist. Da ein allgemeiner Mensch hinsichtlich der wahren Natur des Geistes verwirrt ist, erscheint jede Illusion, als wäre sie echt. Auf einem Fernsehbildschirm zum Beispiel erscheinen die Bilder, als wären sie lebendig, obwohl sie nichts als animierte Illusionen sind. Gleichermaßen wird alles, was im bildschirmähnlichen Geist durch die heranreifenden Samen früheren Karmas aufscheint, so lebendig erlebt, als wäre es real, obwohl es dem Wesen nach leer ist. Solange man in dieser Verwirrung verharrt, ist man vollkommen im illusionsgleichen Zyklus von Saṃsāra gefangen. Deshalb ist es von wesentlicher Bedeutung, die natürliche Gesetzmäßigkeit zwischen Ursachen und Wirkungen zu berücksichtigen, nach der das Gute und Fürsorgliche zu angenehmen Wirkungen führt, während negative Handlungen leidvolle Wirkungen nach sich ziehen.

2. *Leerheit auf dem Weg der Meditation missverstehen*

Die zweite schwerwiegende falsche Auffassung hat ebenfalls damit zu tun, Leerheit mit einem bloßen Nichts gleichzusetzen. Leerheit bezieht sich darauf, dass die wahre Natur des Geistes seit jeher leer von allen oberflächlichen Unreinheiten ist, d. h. den getäuschten Geisteszuständen und den täuschenden Erscheinungen. Gleichzeitig ist jedoch die wahre Natur des Geistes spontane Buddha-Weisheit. Ist einem dies nicht klar, versteht man unter Leerheit möglicherweise nur, dass die oberflächlichen Täuschungen zu entfernen sind, und glaubt, dass die Weisheit der Erleuchtung neu erlangt werden müsste. Da jedoch Täuschungen, d. h. Gedanken und Gefühle, ihrem Wesen nach leer sind, ist da tatsächlich überhaupt nichts, das zu entfernen wäre. Zudem gibt es, da der Zustand der Erleuchtung die dem Geist zu eigene Reinheit und Weisheit ist, überhaupt nichts, das zu erlangen wäre. Es ist genauso wie Dunkelheit, die bei

Licht nicht weiter besteht. Es lässt sich auch damit vergleichen, morgens aufzuwachen und festzustellen, dass der Traum der Nacht vorbei ist. In gleicher Weise verschwindet Verwirrung spurlos, sobald die dem Geist innewohnende Weisheit erkannt wird. Genau wie ein Traum hat die Verwirrung niemals eigenständig existiert.

3. Leerheit im Sinne eines Heilmittels missverstehen

Es heißt, das Verständnis von Leerheit sei ein Heilmittel gegen Geistestrübungen. Was ist mit dieser Aussage gemeint? Sie weist daraufhin, dass die Natur von Gedanken und Geistestrübungen nichts anderes ist als Leerheit. Diese Einsicht wirkt Geistestrübungen entgegen. Die Aussage, Leerheit sei ein Heilmittel gegen Geistestrübungen bedeutet nicht, dass man gewissermaßen die »Waffe der Leerheit des Geistes« gegen den »Feind realer Geistestrübungen« erhebt. Die Leerheit des Geistes ist die eigentliche Natur aller Geistestrübungen. Daher wäre es widersinnig, das eine gegen das andere einzusetzen.

4. Leerheit im Sinne eines angehängten Nach-Gedankens missverstehen

Der letzte dieser Abwege im Verständnis von Leerheit ist, diese im Sinne eines angehängten Nach-Gedankens zu verstehen. Bodhisattvas, die die Leerheit des Geistes erkannt haben, erfahren in Meditation den Geist als ungehinderte Eigen-Bewusstheit. In der Post-Meditation erfahren sie die Ereignisse des Alltags wie Trugbilder. So sehen sich Bodhisattvas etwa bei der Praxis des Gebens als illusionsgleiche Gebende illusionsgleicher Gaben für illusionsgleiche Empfänger bzw. Empfängerinnen.

Die illusionsgleiche Handlung des Gebens beruht auf der Erkenntnis, dass jedes Phänomen seinem Wesen nach leer ist. Die Handlung des Gebens wird mit einem reinen Geist ausgeführt, frei von Stolz und Anhaften. Dies ist die befreiende Handlung der Vollkommenheit des Gebens. Diese Vollkommenheiten, oder Pāramitās, die zu Befreiung führen, haben eine konventionelle und eine absolute Perspektive.

Das eben genannte Beispiel des Gebens beschreibt dieses Pāramitā auf der absoluten Ebene. Erfolgt die Handlung des Gebens nicht spontan mit einem reinen Geist und wird die Qualität der Leerheit erst im Nachhinein als eine Art Nach-Gedanke »angehängt«, ist der Fehler schwerwiegend. Dies gilt besonders für fortgeschrittene Meditierende, weil ihnen dann ein wesentlicher Aspekt der Situation entgeht, was das Ganze sehr künstlich werden lässt.

Leerheit ist die wesentliche Natur des Geistes, der Gedanken und jedes Phänomens, und zwar in jedem einzelnen Moment. Daher sollte zum Beispiel in der Handlung des Gebens – was die absolute Perspektive betrifft – das Verständnis von Leerheit nicht erst als ein Nach-Gedanke »angehängt« werden.

Der erste dieser vier Abwege ist der schwerwiegendste und muss unbedingt vermieden werden. Die Fehler zwei bis vier können leicht dadurch korrigiert werden, dass man sich ihrer bewusst wird.

Die drei Arten, aufgrund von Erfahrungen vom Weg abzukommen

Um zu erklären, wie man aufgrund von Meditationserfahrungen auf dreierlei Art vom Weg abkommen kann, möchte ich zunächst die verschiedenen Arten von Erfahrungen skizzieren, die in der Meditation gemacht werden. Auf der Grundlage einer guten Sitzposition wird die Śamatha-Praxis ausdauernder Meditierender, die fähig sind, kontinuierlich in Ruhe zu verweilen, von einem intensiven körperlichen Wohlbefinden begleitet sein. Auch tiefgehende und umfassende Freude und Zufriedenheit können sich einstellen.

Im Verlauf der Vipaśyanā-Meditation können ebenfalls verschiedene Erfahrungen auftreten, da die Kraft von Vipaśyanā die Wirkungsweise des getäuschten Geistes beeinflusst. Aufgrund dessen, dass vorhandene Gewohnheitstendenzen ihre Macht über das Unterbewusstsein verlieren, können Samen noch nicht herangereiften Karmas früher zur Reife kommen. Diese Samen sind sehr mächtig. Die guten und schlechten Zeiten, denen man im Leben begegnet, können auf einen einzigen Samen von herangereiftem Karma zurückgehen. Ein Leben in Freude oder Leid kann tatsächlich in einem karmischen Samen kondensiert sein. Werden nun durch die Kraft intensiver Vipaśyanā-Meditation karmische Samen »wach gerüttelt«, reifen sie dadurch früher heran und können dazu führen, dass man in der Meditation ein ganzes Leben in Wohlergehen oder in Unglück wie in einer Vision durchläuft, und das in einem einzigen Moment. Deshalb kommt es auch vor, dass Vipaśyanā-Praktizierende Dinge sehen oder Geräusche hören, die sie nicht identifizieren können. Tatsächlich ist das Spektrum solcher meditativen Erfahrungen in der Vipaśyanā-Meditation endlos und ihr Aufkommen zeigt an, dass die Meditation aufgrund kontinuierlicher Konzentration gut verläuft. Doch unabhängig davon, wie außergewöhnlich die meditativen Erfahrungen auch sein mögen, sie sind nichts als vorübergehende Illusionen im Geist. Ihr solltet verstehen, dass diese möglicherweise sogar verheißungsvollen Zeichen lediglich flüchtige Erfahrungen sind.

Ganz allgemein lassen sich meditative Erfahrungen in drei Kategorien einteilen, in die Erfahrung von Freude, von Klarheit und von Leerheit oder Nichtbegrifflichkeit.

Die Erfahrung von Freude

Die Erfahrung von Freude setzt ein, wenn ihr ein intensives körperliches Wohlbefinden erlebt. Ihr empfindet eine ruhige Zufriedenheit, fühlt euch schwerelos, vielleicht spürt ihr kaum, dass ihr überhaupt einen Körper habt. Es kann sein, dass ihr völlig sorgenfrei seid, glücklich und voller Lachen. Euer Geist ist von Freude und Heiterkeit erfüllt und euer Zeitgefühl löst sich auf, sodass ihr während der Meditation gar nicht bemerkt, wie die Zeit vergeht. Habt ihr zum Beispiel eine Woche lang freudvoll meditiert, kann es in eurem Empfinden so sein, als wäre gerade einmal eine Stunde verstrichen.

Die Erfahrung von Klarheit

Die Erfahrung von Klarheit zeigt sich in verschiedenen Formen. So könnt ihr zum Beispiel eine intensive erhellende Klarheit auf geistiger Ebene erleben. Die Erfahrung von Klarheit kann jedoch auch in einem eher physischen Sinne auftreten. So könnt ihr zum Beispiel in der Dunkelheit bequem auch ohne Licht sehen, weil in eurem Geist alles klar ist.

Manchmal, wenn ihr in den Geist anderer Menschen blickt, könnt ihr deren Gedanken lesen und es kann sein, dass es euch vorkommt, als seid ihr von strahlendem Licht erfüllt.

Die Erfahrung von Leerheit

Die Erfahrung von Leerheit bezieht sich auf einen gedankenfreien Geisteszustand, in dem ihr das Gefühl haben könnt, dass alles substanzlos sei. Dies schließt den eigenen Körper und die gesamte Außenwelt mit ein. Da alles die Qualität von feinem Nebel zu bekommen scheint, fühlt ihr euch fast so, als könntet ihr mit einer Handbewegung alles vor euch zerstreuen. Zu diesem Zeitpunkt kann es sein, dass ihr euch zum Beispiel versucht fühlt, eure Fertigkeit zu testen, durch eine Wand hindurchzugehen. Schlagt ihr mit dem Kopf dagegen, wird euch klar, dass es sich um eine sehr feste Wand handelt!

Wie können wir nun aufgrund solcher Erfahrungen vom Weg abkommen? Eine meditative Erfahrung als solche ist nichts Schlechtes. Sie wird nur dann zu einem Problem, wenn man von ihr besessen wird und eine derart außergewöhnliche Erfahrung nicht wieder verlieren will. Sobald Anhaften aufkommt, seid ihr nicht mehr in echter Meditation, sondern wieder in einem verwirrten samsarischen Geisteszustand. Gampopa sagte, dass Meditierende, die im Geisteszustand des Anhaftens sterben, mit Sicherheit in einem der samsarischen Bereiche wiedergeboren werden. Die drei Arten, aufgrund meditativer Erfahrungen vom Weg abzukommen, stehen genau damit in Zusammenhang. Bezieht sich das Anhaften am stärksten auf die Erfahrung von Freude, wird man im Bereich der Begierde wiedergeboren und somit mit einem physischen Körper zum Beispiel als Mensch oder als Tier. Richtet sich das Anhaften am stärksten auf die Erfahrung der Klarheit des Geistes, wird man im Bereich der Form wiedergeboren. Hier gibt es zwar keinen grobstofflichen Körper, unbewusst hält man jedoch die Empfindung eines solchen aufrecht. Richtet sich das Anhaften hauptsächlich auf die Erfahrung von Leerheit, wird man im Bereich der Formlosigkeit wiedergeboren und bleibt Zeitalter hindurch in einem meditativen Zustand reiner Freude, ohne das Gefühl eines physischen Körpers. Kommt der meditative Zustand in diesen Bereichen der Form und der Formlosigkeit schließlich zu einem Ende, wird man unweigerlich und unter tiefer seelischer Erschütterung wieder in einer der sechs Daseinsformen im Bereich der Begierde Geburt annehmen.

Anzuhaften – selbst an die besten meditativen Zustände – führt also zu keinem positiven Resultat und ist nichts als ein Abweichen vom Mahāmudrā-Weg zur Erleuchtung. Daher, so angenehm diese meditativen Erfahrungen auch sein mögen, solltet ihr jegliches Festhalten daran vermeiden. Es ist ohnehin zwecklos, an meditativen Zuständen festzuhalten, weil sie flüchtig und illusionsgleich sind. Sie sind zwar allesamt Manifestationen eines gefestigten Geistes, sie sind jedoch nicht der Geist an sich. Unabhängig davon, wie gut sie sind, sie sind nicht von Dauer. Haltet euch daher ihre leere Natur vor Augen. Geht ihr so vor, befreien sich die Erfahrungen in sich selbst und werden nicht zu Hindernissen auf dem Weg.

Weitere Empfehlungen in Bezug auf Hindernisse

Meditierende, die eine hohe Erkenntnisstufe erlangt haben, sollten mit den besprochenen Hindernissen gänzlich anders umgehen als allgemeine Praktizierende. Eine Begegnung zwischen Milarepa und Gampopa macht dies klar. Eines Tages suchte Gampopa seinen Lehrer Milarepa auf, um diesem seine Meditationsfortschritte zu schildern. Milarepa war mit Gampopas Meditation zufrieden und gab ihm als weitere Anleitung folgenden Rat, und zwar in Form eines Gesangs:

Du meditierst gut, Gampopa, dies steht außer Zweifel.
Du solltest jedoch Unruhe und Dumpfheit,
die in deinem Geist entstehen, nicht entfernen.
Tust du dies, ist es nämlich so, als würdest du bei Tageslicht
eine Fackel tragen. Dies hat keinerlei Nutzen.
Gampopa, stimmst du dem zu?

Meditierende auf einer fortgeschrittenen Stufe, die bereits Erkenntnis der wahren Natur des Geistes erlangt haben, sollten sich von dem, was bei ungeschulten Menschen als Unruhe oder Dumpfheit erscheint, nicht beunruhigen lassen. Tauchen derartige Ablenkungen auf, sollten sie vielmehr direkt auf deren leere Natur blicken.

Habt ihr einmal vollkommen erkannt, dass die wahre Natur des Geistes Leerheit ist, dann habt ihr auch die Erkenntnis, dass alles, was im Geist aufscheint, ebenfalls der Natur nach leer ist. Der Grund dafür ist, dass alles, was im Geist entsteht, ein Ausdruck desselben ist. Anstatt daher den Mangel an Klarheit, die Unruhe usw. abzuwehren, solltet ihr vielmehr auf deren Natur blicken. Ihr solltet eure Erkenntnis auf diese Weise nutzen und dabei eure Sichtweise einsetzen. Leerheit als die eigentliche Natur des Geistes zu erkennen, ist wesentlich, um einen der Täuschung unterliegenden Geisteszustand in den Zustand von Vipaśyanā-Einsicht zu verändern.

Sehen wir uns noch einige weitere Hindernisse an, die bei allgemeinen Praktizierenden auftreten und ihre Meditation verderben können. Diese Hindernisse werden in Zusammenhang mit »dem Kopf«, »der Zunge«, »dem Herzen« und »den Beinen« dargestellt.

Das erste Hindernis, heißt es, betreffe den Kopf. Es besteht darin, dass ihr während der Meditation ohne ersichtlichen Grund einen Mangel an Energie und Klarheit im Geist erlebt. Trägheit und Mattheit treten dann als Hemmschuh für die Meditation auf.

Das zweite Hindernis, heißt es, betreffe die Zunge. Es ist dann gegeben, wenn ihr den inneren Drang habt, eure meditativen Erfahrungen anderen mitzuteilen oder einfach über alles zu sprechen, was euch gerade in den Sinn kommt.

Das dritte Hindernis, heißt es, betreffe das Herz. Es tritt dann auf, wenn ihr ruhelos seid und die Tendenz habt, euch in müßiger Spekulation zu verlieren. Es gab einen Lama, der alles in seinem Leben aufgegeben hatte, um in einer Höhle zu meditieren. Dort angekommen, fand er jedoch keinen Frieden in seinem Herzen. Obwohl er alles aufgegeben hatte, machte er ständig Pläne, wie er die Höhle für sich und andere Meditierende komfortabler gestalten könnte. Dann machte er sich auf, um Spenden für dieses Projekt zu sammeln. Andere versuchten durchaus, ihn davon abzubringen, weil es so viel fruchtbarer sei, einfach zu meditieren, anstatt sich in weltliche Aktivitäten zu verstricken. Tragischerweise wurde er auch noch zum Alkoholiker und starb, ohne seine Ziele erreicht zu haben.

Das letzte Hindernis, heißt es, betreffe die Beine. Es besteht darin, dass ihr das Gefühl habt, nicht mehr an einem Ort bleiben und den Geist in sich verweilen lassen zu können. Ihr habt den Eindruck, woandershin gehen zu müssen, und findet schließlich nirgendwo euren Frieden.

Um diese Hindernisse zu überwinden, könnt ihr entweder die Methoden der Vorbereitenden Übungen anwenden, insbesondere die Guru Yoga-Praxis, in der ihr euch mit Gebeten an Vajradhara wendet, oder ihr praktiziert die Fünfunddreißig-Buddha-Praxis, die bereits an früherer Stelle erwähnt wurde. Die erste Praxis ist eine Vajrayāna-Übung, um Hindernisse zu beseitigen, während letztere eine entsprechende Sūtra-Methode ist. Diese Praktiken wirken deshalb unterstützend, weil die beschriebenen Hindernisse auch ein Zeichen für negatives Karma sein können, das die Praxis behindert. Gelingt es euch, diese karmischen Tendenzen zu bereinigen, werden auch die Hindernisse ausgeräumt, die ihre Auswirkungen sind.

6

Die Einsicht in die nicht-entstandene Natur des Geistes vertiefen

Dieses Kapitel besteht aus zwei Abschnitten. Darin sind Methoden beschrieben, die ihr dann anwenden solltet, wenn eure Praxis stabil geworden ist. Im ersten Teil – eine unumstößliche Gewissheit[63] erlangen – geht es darum, wie ihr euer Verständnis und eure Erfahrungen in Bezug auf die ungeborene Natur des Geistes weiter entwickeln solltet. Der zweite Teil – Schwierigkeiten in Praxis umwandeln – beschreibt, wie ihr ganz erfahrungsbezogen jede Lebenssituation nutzen könnt, um euer Verständnis von der nicht-entstandenen Natur des Geistes weiter zu vertiefen.

Eine unumstößliche Gewissheit erlangen

Was es heißt, eine unumstößliche Gewissheit zu erlangen, und wann die Methoden dafür anzuwenden sind

Im Rahmen dieser Erklärungen wurden viele Unterweisungen dazu gegeben, wie man die wahre Natur des Geistes erkennen kann. Auf dieser Grundlage werden sich im Verlauf der Praxis ein tiefgehendes intuitives Verstehen sowie meditative Erfahrungen einstellen. Ist hier von meditativen Erfahrungen die Rede, bezieht sich dies nicht nur auf die Erfahrungen, die mit stabiler Śamatha-Praxis einhergehen, sondern auch auf jene in Zusammenhang mit der Einsicht in die wahre Natur des Geistes, d. h. auf die direkte Erfahrung, dass dieser leer und nicht-entstanden ist. Es wird die Zeit kommen, in der ihr nicht-begrifflich und ohne Zweifel erlebt, dass der Geist seiner Natur nach tatsächlich nicht-entstanden ist. Da der Geist nicht zu einem bestimmten Zeitpunkt entsteht, hört er auch nicht auf, nachdem er für eine Weile existiert hat. Da er ohne greifbare Form ist, ist er jenseits aller Begrifflichkeit. Habt ihr das einmal erlebt, geht es darum, in diesem Verständnis eine unumstößliche Gewissheit zu erlangen. Dafür gibt es Methoden, die zielführend angewandt werden sollten. Sie gehen auf den Meister Gampopa zurück und heißen »das Versteckte hervorbringen«.

Der erste Schritt im Rahmen dieser fortgeschrittenen Methoden besteht darin, von jeglichem Anhaften loszulassen, das ihr an den illusionsgleichen und flüchtigen Erfahrungen von Freude, Klarheit und Leerheit, wie sie durch Śamatha-Meditation entstehen, haben könntet. Zweitens solltet ihr euren Geist klar und weit halten, sodass sich jeder aufkommende Gedanke oder jedes aufkommende Gefühl mühelos in den kontinuierlichen Zustand von Klarheit und Weite auflöst. Gelingt euch dies in einer stabilen Art und Weise und ohne Unterbrechung – und zwar sowohl in der Meditation als auch außerhalb davon –, seid ihr bereit, die folgenden fortgeschrittenen Methoden anzuwenden, um eine unumstößliche Gewissheit in eurer Meditation und in eurer Einsicht zu erlangen.

Woran erkennt ihr, dass eure Meditation ununterbrochen und stabil ist? Euer meditativer Zustand ist dann ununterbrochen und stabil, wenn ihr euch beim Fokussieren auf ein äußeres Phänomen *auch* dessen nicht-entstandener Natur vollkommen bewusst seid. Ihr erlebt es als nicht-bedingte Klarheit und Weite oder Leerheit. Fokussiert ihr euch auf innere Phänomene, wie Gedanken oder Emotionen, seid ihr euch gleichzeitig dieser Gedanken bzw. Emotionen *und* ihrer nicht-entstandenen Natur bewusst. Ist, sowohl in der Meditation als auch in der Post-Meditation, diese Fähigkeit mühelos und spontan geworden, dann wird der meditative Zustand als ununterbrochen und stabil erachtet. Es ist sehr wichtig, diese Methoden zum richtigen Zeitpunkt anzuwenden. Es darf nicht zu früh und nicht zu spät geschehen. Ihr seid nicht bereit, sie anzuwenden, bevor ihr die wahre Natur des Geistes erfahren habt und bevor dieser Zustand stabil und kontinuierlich ist. Wendet ihr sie nämlich an, bevor ihr über eine stabile Einsicht verfügt, kann es darauf hinauslaufen, dass ihr voller Eitelkeit und leerer Worte ständig von der wahren Natur des Geistes sowie von fortgeschrittenen meditativen Zuständen sprecht, ohne jedoch diese Erfahrungen tatsächlich selbst gemacht zu haben. Solche Meditierende täuschen sich selbst und auch andere. Es ist leicht, andere zu täuschen, indem man über hohe Meditationsstufen redet, ohne selbst über die entsprechenden Erfahrungen zu verfügen. Man könnte dies mit einer Villa vergleichen, die zwar eine wunderschöne Fassade hat, deren Gartentor jedoch immer verschlossen ist. Passanten bzw. Passantinnen, die durch das Tor spähen, sind voller Bewunderung und Faszination. Sie haben keine Ahnung davon, dass im Inneren dieser Villa mit ihrer schönen Fassade ein heilloses Durcheinander herrscht.

Auf der anderen Seite kann es sein, dass die Methoden zu spät angewandt werden. Dies ist dann der Fall, wenn Meditierende, die die wahre Natur des Geistes erlebt haben und deren Einsicht klar und eindeutig ist, diese Praxis hinauszögern. Sie laufen dann Gefahr, sich in einem sehr freudvollen Zustand zu verlieren und keine weitere Entwicklung mehr zu durchlaufen. Sie sind dann wie Ameisen, die dem Honig übermäßig frönen. Am Ende sind ihre feinen Beinchen hoffnungslos mit Honig verklebt, von dem sie wie besessen sind, und sie kommen nicht mehr davon los.

Die Grundlage für das Erlangen einer unumstößlichen Gewissheit

Die Grundlage dafür, eine unumstößliche Gewissheit zu erlangen, ist der Geist selbst, der von Natur aus nicht-entstanden ist. Die Natur des Geistes ist weder ein Ding noch ein Nicht-Ding, sie ist jenseits aller sich ausbreitenden Vorstellungen[64].

Zwar ist die wahre Natur des Geistes jenseits aller Begrifflichkeiten, sie kann jedoch durch direkte Erfahrung erkannt werden. Blickt ihr auf den Geist, wie er wirklich ist, entdeckt ihr, dass er nicht etwas ist, das durch das Zusammenwirken bestimmter Ursachen und Bedingungen zustande kommt. Er ist nicht-bedingt. Er ist nicht *etwas*, aber auch kein leeres Nichts. Der Geist hat zwar keinerlei wahrnehmbare Form, er kann jedoch auch nicht als nicht-existent bezeichnet werden. Sagen wir, der Geist ist *etwas*, dann machen wir mit unserem dualistischen Intellekt ein

Ding aus ihm. Sagen wir, der Geist ist *nichts*, ist dies eine weitere gedankliche Erfindung. Der Geist als solcher ist jenseits aller Spekulation und aller Vorstellungen. Er kann weder in Worte gefasst noch mithilfe irgendwelcher anderer Ausdrucksformen beschrieben werden. Hat man einmal durch direkte Einsicht intuitiv und mit Gewissheit die wahre Natur des Geistes erlebt, liegt diese Erfahrung jenseits aller Worte.

Die Methoden für das Erlangen einer unumstößlichen Gewissheit

Hierfür gibt es zwei Methoden.[65] Die erste besteht darin, auf die Natur von Gedanken und Erfahrungen zu blicken, die zweite darin, auf die Natur desjenigen zu blicken, der meditiert, sowie auf das Objekt der Meditation. Die gemeinsame Bezeichnung für diese beiden ist »durch einen völlig ungehinderten Zustand eine unumstößliche Gewissheit von der nicht-entstandenen Natur des Geistes erlangen«.

Sehen wir uns zunächst die erste Methode an. Zu Beginn lasst ihr den Geist in Meditation verweilen, in seinem nicht-entstandenen Zustand der Klarheit und ungehinderten Weite. Auf dieser Stufe seid ihr bereits auf einer fortgeschrittenen Ebene. Euer Erleben der Natur des Geistes ist ganz natürlich. Ihr erfahrt euren Geist als nicht-entstanden, leer und grenzenlos und ruht in diesem Zustand. Nach einer Weile unterbrecht ihr die Gleichmäßigkeit dieser Erfahrung, indem ihr einen Gedanken hervorbringt. Beginnt mit einem allgemeinen Gedanken. Während der Gedanke durch den Geist zieht, fokussiert euch auf seine Natur, um zu sehen, ob die Natur des entstandenen Gedankens sich irgendwie von der Natur des Geistes unterscheidet, die ihr zuvor als nicht-entstanden, klar und leer erfahren habt. Bemerkt ihr keinen Unterschied zwischen ihnen, geht einen Schritt weiter und bringt einen lästigeren Gedanken hervor, vielleicht sogar einen schmerzhaften. Während dieser nun durch den Geist zieht, fokussiert euch auf seine Natur, um zu sehen, ob die Natur dieses schmerzhaften Gedankens auf irgendeine Art verschieden ist von der nicht-entstandenen und leeren Natur des Geistes an sich. Stellt ihr fest, dass sie sich der Natur nach nicht voneinander unterscheiden, nehmt immer schmerzhaftere Emotionen, um die Richtigkeit dieser Einsicht zu testen. Wählt alternativ auch einen freudvollen Gedanken und in der

Folge immer noch freudvollere Emotionen. Wiederholt diese Schritte, so lange, bis ihr keinen Zweifel mehr daran habt, dass jeder Gedanke und jede Emotion, der bzw. die im Geist aufscheint, ausnahmslos leer, klar und der Natur nach nicht-entstanden ist.

Die Tatsache, dass alle Gedanken und Emotionen ihrer Natur nach voneinander nicht verschieden sind, impliziert keineswegs, dass sie sich dann, wenn wir sie erfahren, nicht unterscheiden würden. Schmerzhafte Gedanken und Emotionen bleiben schmerzhaft, während freudvolle angenehm bleiben. Die Tatsache, dass alle Gedanken und Emotionen ihrer Natur nach voneinander nicht verschieden sind, bedeutet einfach, dass sie – während sie in der jeweiligen Erfahrung als vorübergehende Ereignisse im Geist erlebt werden – gleichzeitig als der Natur nach nicht-entstanden erkannt werden. Gedanken und Emotionen sind der Geist in Bewegung und als solche sind sie vom Geist selbst untrennbar.

Da der Geist zu diesem Zeitpunkt bereits als nicht-entstanden und als seiner Natur nach leer erkannt ist, gilt das Gleiche für vorübergehende Gedanken und Emotionen. Die Einsicht, dass der Geist nicht-entstanden, klar und leer ist, wird dadurch verstärkt, dass wir erkennen, dass alle vorübergehenden Erfahrungen, die hier hervorgebracht werden – Gedanken und Emotionen –, die gleiche Natur haben.

Durch die Technik, verschiedene Vorstellungen im Geist hervorzubringen, werdet ihr erkennen, dass, worin auch immer diese flüchtigen Erfahrungen bestehen mögen, die Natur des Geistes unveränderlich bleibt, nämlich nicht-entstanden und leer. Indem ihr positive Gefühle, wie Mitgefühl und liebende Güte, entwickelt, erkennt ihr, dass – unabhängig davon, wie unterschiedlich sie auch als Erfahrungen sein mögen – sie ihrer Natur nach vom Geist keineswegs verschieden sind. Erlaubt eurem Geist manchmal, in einem gedankenfreien Zustand zu verweilen, und lasst zu anderer Zeit so viele Gedanken wie nur möglich aufkommen.

Die gleiche Methode lässt sich auch auf die Sinneserfahrungen und deren Objekte anwenden. Betrachtet ihr ein Objekt, könnt ihr euch entweder auf die Natur des Geistes, der es wahrnimmt, fokussieren oder auf die Natur der Erfahrung selbst. Nehmen wir als Beispiel einen Gegenstand, der in unseren Augen schön aussieht und einen anderen, der auf uns hässlich wirkt. Dann schaut auf eure Erfahrung dieser beiden Dinge.

Ihr werdet feststellen, dass hinsichtlich der *Natur* der Erfahrung dieser beiden kein Unterschied besteht. Ihr könntet zum Beispiel auch etwas Schwarzes und etwas Weißes untersuchen. Wieder werdet ihr feststellen, dass die *Natur* der Erfahrung die gleiche ist. Wie gesagt bedeutet dies nicht, dass man so verwirrt ist, dass man ein schwarzes Objekt nicht mehr von einem weißen unterscheiden könnte. Es bedeutet einfach, dass, unabhängig davon, wie verschieden und wie vielfältig Dinge in ihrem Erscheinen auch sein mögen und welche Erfahrungen man durch sie auch durchlaufen mag, sie in ihrer *Natur* immer gleich sind. Dies ist die Art, wie ihr die verschiedenen Methoden abwechselnd nutzen könnt, um die Einsicht zu verstärken, dass – unabhängig von der jeweiligen Erfahrung von Gedanken, Emotionen oder Sinnesobjekten – die Natur des Geistes immer nicht-entstanden, leer und klar ist.

Die zweite Methode, um eine unumstößliche Gewissheit zu erlangen, besteht darin, sowohl auf die Natur des Geistes, der meditiert, zu blicken als auch auf das Objekt der Meditation, das ebenfalls der Geist ist. Sind der Geist, der meditiert, und der Geist als Objekt der Meditation ihrem Wesen nach voneinander verschieden? Der Geist, der das Objekt der Meditation ist, ist jenseits aller möglichen Beschreibungen und Vorstellungen. Er ist weder etwas noch nichts. Da der Geist weder entsteht noch vergeht, kann man nicht sagen, dass er besteht oder nicht besteht. Dennoch, obwohl die Natur des Geistes jenseits aller Begrifflichkeiten ist, kann sie direkt als leer und klar erfahren werden. Bevor dies jedoch tatsächlich eintritt, ist es sinnlos, darüber zu spekulieren, auf welche Weise die Natur des Geistes leer und klar ist. Solange es ein Objekt des Geistes zu geben scheint, auf das man meditiert, scheint es auch einen Geist zu geben, der meditiert. Was die Natur des Geistes und jene des Meditationsobjekts angeht, gibt es jedoch absolut keinen Unterschied. In der nicht-entstandenen Leerheit sind sie voneinander nicht-unterschieden und untrennbar. Solange ihr nicht fähig seid, dies so zu sehen, solltet ihr weiterhin auf ihre Natur meditieren. Dadurch lösen sich allmählich alle Rückstände von Gewohnheitstendenzen, die bewirken, dass ihr dualistisch erlebt. Habt ihr diese Tendenzen einmal überwunden, dann werdet ihr sehen, dass die Vorstellung der Dualität eine Einbildung des verwirrten Geistes ist. Der Geist an sich ist völlig frei von jeglicher inhärenten Realität. Versteht daher, dass jede Form von Dualität ausnahmslos eine Täuschung ist.

Der Zeitpunkt, wenn sich unumstößliche Gewissheit einstellt

Eine unumstößliche Gewissheit zu erlangen bedeutet, dass ihr völlig zweifellos erkennt, dass die nicht-entstandene Natur von jeglichen Hemmnissen frei ist. Zu diesem Zeitpunkt solltet ihr euch vor dem Gefühl in Acht nehmen, etwas erreicht zu haben. Auch solltet ihr nicht selbstzufrieden am Gedanken festhalten, dass ihr jetzt außergewöhnliche Meditierende seid, die eine ungewöhnliche Errungenschaft erlangt hätten. Meditiert ihr, stellt sich Einsicht eben spontan ein. Es ist ein Fehler zu glauben, dass dafür mehr getan werden müsste. Es ist auch ein Fehler zu glauben, dass ihr die Einsicht aktiv in die Wege leiten müsstet. Gebt alle Gedanken auf, dass da etwas zu Erkennendes sei oder ihr die Erkenntnis aktiv herbeiführen müsstet. Habt ihr einmal alle der Täuschung unterliegenden Annahmen aufgegeben, dass der Geist auf *etwas* meditiere, dann offenbart sich seine wahre Natur spontan, frei von jeglicher Künstlichkeit.

Diese wahre Natur ist derzeit von Schleiern verhüllt. Manche davon sind offenkundig und leicht zu entdecken. Es sind dies jene, die mit Karma und Geistestrübungen[66] zusammenhängen. Andere wiederum sind äußerst subtil. Sie bestehen in sehr feinen Ebenen von Unwissenheit[67].

Sehen wir uns zunächst die Hemmnisse an, die mit Karma und Geistestrübungen zusammenhängen: Wir alle machen einschneidende Erfahrungen im Leben. Dies sind Hemmnisse, die durch unsere Handlungen ausgelöst wurden, sie gehen also auf karmisches Handeln zurück. Frühere Handlungen haben tief verwurzelte Eindrücke im Geist hinterlassen, die mit der Zeit zu den gegenwärtigen und zukünftigen Ereignissen heranreifen. Die Gesetzmäßigkeit zwischen Handlungen und ihren Auswirkungen bindet die Lebewesen wie eine Kette an den Daseinskreislauf und hält sie von der Einsicht ab, dass alle samsarischen Ereignisse, wie lebendig sie auch sein mögen, der Natur nach leer sind. Diese karmischen Hemmnisse machen es den Lebewesen unmöglich, das zu erleben, was tatsächlich gegeben ist. Sie bestehen insbesondere im physischen Körper mit seinen Sinnesfähigkeiten und in den Sinneswahrnehmungen, die uns befähigen, die Welt in unserer ganz individuellen Art und Weise wahrzunehmen. Eine wichtige Rolle spielen auch unsere selbstbezogenen Reaktionen auf unsere tagtäglichen Erfahrungen, die ebenfalls einen verdunkelnden Schleier über den Geist legen und ihn davon abhalten, seine wahre Natur zu erleben. Sie werden Hemmnisse der Geistestrübungen genannt und bestehen in Zorn, Begierde, Eifersucht, Stolz usw. Diese beiden, die Hemmnisse der Geistestrübungen und jene des Karmas, bilden die groben Verdunkelungen, die den Geist verschleiern.

Auf einer tiefer liegenden Ebene gibt es andere und viel subtilere Hemmnisse, die uns von der Erkenntnis der wahren Natur des Geistes abhalten. Sowohl die eben dargestellten offenkundigen als auch die subtilen Schleier sind im Geist all jener vorhanden, die noch keine erleuchteten Stufen erlangt haben. Im Geist hoch realisierter Bodhisattvas finden sich jedoch nur noch die sehr subtilen Schleier. Sind die offenkundigen Schleier nämlich einmal überwunden, bleiben nur mehr sehr feine Schleier zurück, die auf dem gewohnheitsbedingten Streben beruhen, den Geist mit dem Intellekt zu erfassen. Dabei geht es um die Annahme, dass dann, wenn der Geist für ein Meditationsobjekt gehalten wird, es davon getrennt auch einen Meditierenden geben müsste. Anders gesagt: wird der Geist als *etwas* gesehen, das man erkennen oder erleben kann, dann muss es auch *jemanden* oder einen Erleber geben, der ihn erkennt oder erlebt. Dies sind sehr subtile Schleier und sie verhüllen die wahre Natur des Geistes aufgrund einer unersättlichen intellektuellen Neugier.

Der wesentliche Nutzen der hier vorgestellten Methoden liegt darin, dass ihr mit ihrer Hilfe fähig werdet, diese subtilen Schleier loszulassen und die wahre Natur des Geistes, d. h. die Buddha-Natur, so zu sehen, wie sie wirklich ist. Solange nämlich Dualität im Spiel ist, wird sich uns die Erkenntnis der nicht-entstandenen Natur des Geistes immer entziehen. Haben hoch realisierte Bodhisattvas einmal die Annahme aufgegeben, den Geist dualistisch als ein Objekt der Meditation zu sehen, dann enthüllt sich ihnen die Buddha-Natur, die wahre Natur des Geistes, mühelos. Die noch vorhandenen geringfügigen Gewohnheitstendenzen bei Bodhisattvas werden mit einem hauchdünnen Dunstschleier vor der Sonne verglichen, der diese trübt. Das Sonnenlicht dringt zwar durch, aber um wie viel strahlender ist die Sonne ohne jegliche Schleier!

Ihr müsst konsequent meditieren, um den Zustand von Klarheit und Weite aufrechtzuerhalten. Gedanken tauchen gelegentlich auf, weil ihr noch nicht erleuchtet seid. Wann immer sie entstehen, lasst sie einfach wieder gehen. Hängt nicht an ihnen und folgt ihnen nicht nach. Glaubt nicht, dass überhaupt irgendetwas getan werden müsste. Haltet den Geist gleichmäßig und offen in einem friedlichen Zustand, und zwar sowohl in der Meditation als auch in der Post-Meditation. Esst und trinkt und geht euren alltäglichen Aktivitäten wie gewohnt nach. Was immer ihr tut, lasst es unmerklich in den Zustand der Klarheit und Weite oder Leerheit verschmelzen. Abgesehen von dem wirklich Notwendigen, reduziert alles andere auf ein Minimum. Es gibt zum Beispiel verschiedene Praktiken, die ihr vielleicht ausführt, wie auf eine Gottheit zu meditieren, Mantras zu rezitieren, Verbeugungen zu machen oder Rituale durchzuführen. Versteht, dass all dies vorbereitende Übungen sind, um in euch die Basis für die nachfolgende meditative Erfahrung und Erkenntnis zu schaffen. Danach ist es an der Zeit, all dies hinter euch zu lassen!

Hat sich einmal eine unumstößliche Gewissheit eingestellt, ist es wichtig, den meditativen Zustand aufrechtzuerhalten. Durch kontinuierliche Praxis wandelt sich das, was als meditative Erfahrung beginnt, allmählich in Erkenntnis. Zu diesem Zeitpunkt befreien sich Anhaften und falsche Annahmen in sich selbst. Was immer auch erfahren wird, wird in sich selbst eine Erfahrung von Freiheit. Seht ihr beispielsweise eine Form oder nehmt ihr irgendein anderes Sinnesobjekt wahr, wird dies in sich selbst zu einer befreienden Erfahrung. Denkt ihr etwas, wird dies ebenso in sich selbst zu einer befreienden Erfahrung.

Meditierende sollten auf dieser fortgeschrittenen Ebene wenige Schwierigkeiten haben. Allerdings solltet ihr auf Folgendes achten: Es mag sein, dass ihr alle geistigen Bewegungen unterdrückt, um zu verhindern, dass Gedanken aufkommen. Tut ihr dies, stellt sich keine Einsicht ein. Der Geist fällt dann einfach in seine friedliche Stabilität der Śamatha-Meditation zurück und ihr habt keine weitere Aussicht auf Erkenntnis.

Fortgeschrittene Meditierende sollten sich außerdem vor einem anderen Problem in Acht nehmen, nämlich das der Überanstrengung. Durch zu große Anstrengung erstickt ihr eine mögliche Erkenntnis, weil es euch einfach zu viel wird. Sollte das auftreten, entspannt euch sowohl körperlich als auch geistig so gut ihr könnt, um dem Druck, den ihr euch macht, entgegenzuwirken. Im Kontext der allgemeinen Śamatha- und Vipaśyanā-Meditationen sind viele Heilmittel erklärt worden. Führt euch diese vor Augen und wendet sie gegebenenfalls mit Bestimmtheit an.

Diese Mahāmudrā-Unterweisungen sind sehr fortgeschrittene Lehren. Habt ihr einen Überblick über die Erklärungen, könnt ihr sie dann schrittweise in eure Praxis integrieren. Es spielt keine Rolle, ob ihr Anfänger bzw. Anfängerinnen seid und gerade erst mit der Śamatha-Meditation beginnt. Die Erklärungen, die ihr einmal erhalten habt, sind in eurem Geist verankert.

Als Marpa seinen Schüler Milarepa unterrichtete, gab er ihm sämtliche relevanten Unterweisungen und Milarepa lernte diese gut. Solange Milarepa noch bei seinem Lehrer war, praktizierte er sie jedoch noch nicht. Später meditierte er ohne seinen Lehrer allein in einer Höhle. Er verfügte jedoch über das ganze Wissen bezüglich der praktischen Fertigkeiten und der verschiedenen Ebenen der Lehren. Er bewies, dass es durch konsequente Praxis möglich ist, vollkommene Erkenntnis zu erlangen, ohne in der physischen Gegenwart seines Lehrers bzw. seiner Lehrerin zu sein.

Um eine unumstößliche Gewissheit zu erlangen, solltet ihr euch sowohl von allen übernommenen sozialen, politischen und philosophischen Sichtweisen und Traditionen lösen als auch von den unterschiedlichen kulturellen Konventionen, die in verschiedenen Ländern gelten.

In China ist dies zum Beispiel die konfuzianische Tradition, für viele Inder bzw. Inderinnen die brahmanische usw. Eltern haben verschiedene Werte im Leben, was sich prägend auf ihre Kinder auswirkt. Wächst man zum Beispiel in einem Volksstamm auf, der nur von der ihn umgebenden Natur lebt, würde man lernen, wie man jagt und fischt, sowie all die notwendigen Überlebensstrategien in der Wildnis oder auf dem Meer. Ein Kind, das hingegen in einer Großstadt aufwächst, lernt völlig andere Überlebensstrategien, die nichts mit Fischen und Jagen zu tun haben. Verschiedene Kulturen haben unterschiedliche Traditionen.

Um wirklich zu einer unumstößlichen Gewissheit zu gelangen, solltet ihr all das, was ihr einfach übernommen habt, völlig aufgeben.[68] Hält man nämlich daran fest, wird es ganz sicher zu einem Hindernis, wenn es darum geht, die Einsicht in die Ungehindertheit des Geistes zu vertiefen.

Wenn Einsicht ununterbrochen wird

Der Geist, die Gedanken und alle äußeren Phänomene unterscheiden sich also lediglich in ihrem Erscheinen, nicht aber ihrer eigentlichen Natur nach. Es ist möglich, eine unumstößliche Gewissheit über diese Gleichheit in einem solchen Ausmaß zu erlangen, dass wir sie immer präsent haben, ohne Unterbrechung, Tag und Nacht. Der Grund dafür liegt darin, dass dann, wenn diese Einsicht tagsüber aufrechterhalten wird, sie sich natürlicherweise auch im Schlaf fortsetzt. Es ist bestimmt nicht einfach, eine Ebene zu erreichen, auf der euer Geist in der Nacht in einem traumlosen Zustand ruht und kontinuierlich in klarer Lichthaftigkeit verweilt. Allerdings ist es möglich, dass der Geist während des Schlafes soweit klar bleibt, dass ihr, sobald ihr aus eurem Schlaf erwacht, spontan wieder zur Einsicht der wahren Natur des Geistes zurückkehrt.

Schwierigkeiten in Praxis umwandeln

Allgemeine Empfehlungen für das Verhalten

Habt ihr einmal diese unumstößliche Gewissheit erlangt, könnt ihr alles zu Praxis werden lassen, was immer sich in eurem Leben auch ereignen mag. Tatsächlich wird dann alles zu einer Bereicherung für die Meditation. Bevor es jedoch um diese Ebene geht, sind vielleicht folgende allgemeine Empfehlungen hilfreich. Sie ermöglichen es euch, alles in die Praxis zu integrieren:

Sei wie ein verletzter Hirsch: Ein verletzter Hirsch geht seinen Gefährten aus dem Weg und zieht sich in eine ruhige Umgebung zurück. Dementsprechend sollten Meditierende in friedlicher Einsamkeit praktizieren.

Sei wie ein Löwe: Ein Löwe, der König der Tiere, ist tapfer und furchtlos. Genauso sollten Meditierende angesichts von Härten und Schwierigkeiten voller Mut und Selbstvertrauen sein.

Sei wie der Wind, der durch den Himmel fegt: Der Wind fegt durch den Himmel. Weder bleibt er irgendwo hängen noch kann er von irgendetwas zurückgehalten werden. Er ist völlig ungehindert. Genauso sollten Meditierende alles Zweifeln und Zögern aufgeben und in Bezug auf die Zukunft weder voll Erwartung noch ängstlich sein. Ob Verlust oder Gewinn, ob Erfolg oder Versagen – seid bereit, allem zu begegnen, was immer auch kommen mag.

Sei wie der weite Himmel: Der Himmel ist ohne Bezugspunkte. Er hat kein Vorne und kein Hinten. Ebenso wenig hat er Seiten, ein Oben oder ein Unten. Er hat keine Stütze. Er behält nichts zurück. Er ist einfach da, ohne etwas zu sein. Genauso sollten Meditierende ohne jegliche Bezugspunkte sein, ganz ohne die Gewohnheit, Begriffe zu bilden.

Sei wie ein Verrückter, völlig frei von Künstlichkeit: Ein Verrückter täuscht nichts vor, ist völlig natürlich und ungehemmt. Genauso natürlich und authentisch sollten Meditierende sein.

Als Nächstes folgt eine Beschreibung von sechs spezifischen Methoden, um Schwierigkeiten zu Praxis werden zu lassen.

Wann man die Methoden anwenden sollte

Um fähig zu sein, die unten ausgeführten Methoden anzuwenden, ist es erforderlich, die drei Arten ursprünglicher Weisheit zu verstehen, d. h. die Weisheit der ursprünglichen Natur des Geistes, jene der ursprünglichen Natur der Gedanken und jene der ursprünglichen Natur der Erscheinungen.

Bevor ihr so weit seid, Schwierigkeiten mithilfe dieser Methoden zu Praxis werden zu lassen, solltet ihr absolute Gewissheit darin erlangt haben, dass diese drei Arten ursprünglicher Weisheit ihrer Natur nach voneinander untrennbar und ununterscheidbar sind.

Hat man einmal die Gewissheit, diese fortgeschrittenen Methoden anwenden zu können, dann ist es für Meditierende wesentlich zu wissen, unter welchen Umständen sie diese Praxis anwenden sollten. Der richtige Zeitpunkt ist genau dann, wenn ihr von Begierde, Zorn oder Unwissenheit stark vereinnahmt seid, wenn ihr so massiv davon aufgewühlt oder abgelenkt seid, dass ihr beinahe die Kontrolle über euren Geist verliert. Es kann zum Beispiel sein, dass ihr irgendwann von einem Objekt der Begierde geradezu besessen seid oder dass euch ohne jede Entschädigung der eigene Besitz entwendet oder euer Ruf ungerechtfertigterweise beschädigt wird. Dies sind geeignete Zeiten, zu denen ihr diese sehr fortgeschrittenen Formen der Mahāmudrā-Meditation anwenden solltet.

Um Schwierigkeiten in Praxis umzuwandeln, werden jetzt zwar verschiedene Methoden vorgestellt, doch bleibt die grundlegende Vorgehensweise immer die gleiche: *Versteht, wie ihr Gedanken zu Praxis werden lasst.*

Jede der hier vorgestellten Methoden hat drei Schritte. Der erste ist, den entstehenden Gedanken zu bemerken und klar zu identifizieren; dies bedeutet, sich dessen bewusst zu sein, dass er da ist, und auf seine Natur zu blicken.

Der zweite Schritt besteht dann sowohl in der Einsicht, dass der Gedanke seiner Erscheinung nach illusionsgleich und seiner Natur nach nicht-entstanden ist, als auch darin, alles Anhaften daran sein zu lassen, nichts daraus zu machen, nicht zu denken, es sei so oder so.

Der dritte und letzte Schritt schließlich ist, frei von Hoffnung und Furcht zu sein. Hoffnung und Furcht sind wie Engpässe und führen nirgendwohin. Sie kündigen sich zum Beispiel in der Gestalt von Gedanken an wie »oh, das ist sehr gut« oder »das ist sehr schlecht« usw. Schränkt euch nicht ein – genau darum ging es auch in den oben gegebenen allgemeinen Empfehlungen, in denen es hieß: »Sei wie ein verletzter Hirsch; sei wie ein Löwe; sei wie der Wind, der durch den Himmel fegt; sei wie der weite Himmel; sei wie ein Verrückter, völlig frei von Künstlichkeit«. Nimmt man diese Haltungen ein, verlässt man den engstirnigen Pfad von Hoffnung und Furcht.

Die sechs spezifischen Methoden

Diese Methoden beziehen sich auf sechs Ursachen für Schwierigkeiten und wie man sie zu Praxis werden lässt:

(1) Gedanken zu Praxis werden lassen,
eine Anleitung dafür, Unglück zu etwas Nützlichem zu machen,
(2) Geistestrübungen zu Praxis werden lassen,
eine Anleitung, um Gift in Nektar zu verwandeln,
(3) böse Geister zu Praxis werden lassen,
eine Anleitung, um Hinderliches zu bezwingen,
(4) Leid zu Praxis werden lassen,
eine Anleitung, um Bodhicitta zu entwickeln,
(5) Krankheit zu Praxis werden lassen,
eine Anleitung bezüglich des Gleichgewichts der Elemente und
(6) das Sterben zu Praxis werden lassen,
eine Anleitung dazu, wie ein Kind seine Mutter erkennt.

Gedanken zu Praxis werden lassen

Seid euch zunächst dessen bewusst, dass ein Gedanke aufkommt. Identifiziert ihn als das, was er ist, und blickt auf seine Natur. Gebt als Zweites jegliches Anhaften daran auf. Interpretiert also nicht etwas in eine Illusion hinein, die leer und ihrer Natur nach nicht-entstanden ist. Drittens, seid in Anbetracht von Schwierigkeiten entschlossen und gebt sowohl Hoffnung als auch Furcht in Bezug auf das Ergebnis auf.

Geistestrübungen zu Praxis werden lassen

Es heißt zwar, es gäbe 84 000 Geistestrübungen, genau genommen sind sie jedoch zahllos. Sie alle können in den fünf Geistestrübungen zusammengefasst werden: Begierde, Zorn, Unwissenheit, Eifersucht und Stolz. Lasst ihr sie zu Praxis werden, indem ihr ihre wahre Natur erkennt, löst sich jede der 84 000 Geistestrübungen in einem Augenblick auf und eure Buddha-Natur offenbart sich spontan in der Gestalt der Fünf Weisheiten.

Dies ist das weitreichende Ergebnis davon, Geistestrübungen zu Praxis werden zu lassen.

Die grundlegende Natur des Geistes ist reine Weisheit. Anders gesagt sind die fünf Arten von Weisheit die dem Geist eigene Natur, oft als Buddha-Natur bezeichnet. Solange der Geist jedoch von Unwissenheit verhüllt ist, sind diese reinen Qualitäten des Geistes verzerrt und erscheinen in Form der fünf Geistestrübungen. Da diese in Wirklichkeit jedoch die fünf Facetten von Weisheit sind, ist die wahre Natur der Geistestrübungen in keiner Weise verschieden von der wahren Natur des Geistes. Allein dadurch, dass wir erkennen, dass der Geist und alle Geistestrübungen dem Wesen nach leer und nicht-entstanden sind, ist Unwissenheit in einem Augenblick ausgeräumt.

Geistestrübungen werden manchmal auch als Geistesgifte bezeichnet und Weisheit als Nektar. Deshalb wird diese Unterweisung, Geistestrübungen zu Praxis werden zu lassen, auch als Anleitung dafür bezeichnet, Gift in Nektar zu umzuwandeln.

Die erste Geistestrübung ist Begierde. Wird die wahre Natur von Begierde als leer und nicht-entstanden erkannt, offenbart sie sich als Unterscheidende Weisheit, die alle Dinge im Einzelnen so wahrnimmt, wie sie wirklich sind. Aussagen zur Weisheit eines Buddhas lassen sich nur insofern machen, als man sagen kann, dass ein Buddha intuitiv weiß, wie und warum Dinge so sind, wie sie sind. Es heißt, ein Buddha könne beim Anblick eines Pfauenschwanzes spontan sagen, welche karmischen Ursachen und Bedingungen zu jeder der verschiedenen Farben einer jeden Feder geführt haben.

Die zweite Geistestrübung ist Zorn. Wird die wahre Natur von Zorn erkannt, offenbart sie sich als die Weisheit der Weite, die Dharmadhātu-Weisheit.[69] Dies bedeutet, dass jede Erfahrung im Leben als untrennbar von Leerheit, der wahren Natur des Geistes, erkannt wird. In der Leerheit des Geistes ist jede Erfahrung im Leben eine Erfahrung von Weite: In der Leerheit des Geistes ereignet sich jedes entstehende Phänomen in der allumfassenden Weite und befreienden Qualität des Erwachtseins.

Die dritte Geistestrübung ist Unwissenheit. Wurde die wahre Natur von Unwissenheit einmal als leer und nicht-entstanden erkannt, offenbart sie sich als die Spiegelgleiche Weisheit, die manchmal auch Allwissende Weisheit genannt wird. Sie hat keinerlei Grenzen, weder zeitlich noch räumlich. Eine allgemeine Person kann Dinge nur der Reihe nach wahrnehmen, ein Buddha hingegen erlebt alles augenblicklich und spontan. Alles, was im Geist eines Buddhas auftaucht, ist klar und genau, es herrscht keinerlei Unsicherheit und es gibt keine Einschränkung. Alle Dinge des Lebens werden so genau wahrgenommen wie Reflexionen in einem Spiegel. Außerdem stellen auch feste Objekte kein Hindernis mehr dar. So kann ein Buddha zum Beispiel sehen, was sich hinter einer Wand abspielt, oder auch durch sie hindurchgehen.

Die vierte Geistestrübung ist Stolz oder Ich-Anhaften, d. h. das Erleben von Trennung zwischen sich selbst und anderen. Normalerweise gibt man – egal in welcher Situation – sich selbst den Vorrang. Im Zustand der Erleuchtung jedoch wird Stolz in die Weisheit der Gleichheit oder des Nicht-Trennens umgewandelt. Man erkennt, dass in der Leerheit des Geistes alle Dinge dahin gehend voneinander nicht verschieden sind, als sie gleichermaßen leer sind.

Die fünfte Geistestrübung ist Eifersucht. Im Zustand der Erleuchtung hat sie sich in die Handlungsvollbringende Weisheit verwandelt, die Weisheit der Aktivität. Ein Buddha weiß um die Wünsche, Fähigkeiten und Möglichkeiten aller Lebewesen und ist in höchstem Maße dazu fähig, ihnen zu helfen. In diesem Kontext wird der Begriff Buddha im weitesten Sinne verwendet, also nicht nur in Bezug auf einen historischen Buddha.

Die Geistestrübungen sind wie Gifte, solange sie nicht in Weisheit transformiert sind. Die Vorgehensweise, Geistestrübungen zu Praxis werden zu lassen, ist genau die gleiche wie bei Gedanken. Seid euch zunächst dessen bewusst, dass eine Geistestrübung aufkommt, identifiziert sie, indem ihr auf ihre Natur blickt. Dann überwindet alles Anhaften an das Gefühl. Seid schließlich weder ängstlich noch erwartungsvoll, was das Resultat angeht, sondern akzeptiert jede Eventualität mit Mut und Selbstvertrauen. Seid angesichts von Härten und Schwierigkeiten wie ein Löwe. Seid so frei von Anhaften wie der Wind, der durch den Himmel fegt. Seid wie ein Verrückter, frei von jeglicher Vortäuschung und Künstlichkeit. Dies solltet ihr gleichermaßen bei allen Geistestrübungen anwenden.

Von den fünf Geistestrübungen sind manche leichter zu bemerken und zu identifizieren. Zorn zum Beispiel ist normalerweise leicht zu sehen. Eifersucht und Begierde sind auch nicht besonders versteckt. Seid ihr jedoch von Stolz oder Unwissenheit vereinnahmt, merkt ihr normalerweise nicht, dass sie da sind. Ichbezogenes Denken ist eine derart tief verwurzelte Gewohnheitstendenz, dass es sowohl Zeit als auch Geduld erfordert, sie zu beseitigen. Bei Unwissenheit ist man nicht immer intelligent genug, sie zu bemerken. Habt ihr jedoch einmal mit den offensichtlicheren Geistestrübungen gearbeitet, werdet ihr im Laufe der Praxis die Fähigkeit entwickeln, auch mit den eher versteckten entsprechend umzugehen.

Manchmal haben sehr fortgeschrittene Meditierende große Mühe dabei, Wege und Methoden zu finden, um ihre Praxis und Einsicht zu vertiefen. Haben sie Geistestrübungen erfolgreich in Meditation umgewandelt, indem sie deren wahre Natur erkannt haben, können sich fortgeschrittene Meditierende dahin gehend weiter üben, dass sie absichtlich noch stärkere Geistestrübungen hervorbringen. Sie verleihen ihrer Praxis damit weiteren Schwung und bringen sie auf eine höhere Stufe von Einsicht. Außenstehende sind dann vielleicht über deren unerhörtes Verhalten verständlicherweise empört. Schließlich können sie nicht wissen, dass es sich um Meditierende handelt, die sich mit reiner Motivation darin üben, Negativität umzuwandeln und höhere Stufen der Einsicht zu praktizieren.

Marpa war ein gutes Beispiel für einen Praktizierenden, der sich in dieser Art der Praxis übte. Abgesehen davon, dass er ein großer Lehrer und Übersetzer war, hatte Marpa Landbesitz. Für Menschen, die in praktischen Dingen mit ihm zu tun hatten, war er ein ziemlich unangenehmer Zeitgenosse, stolz, aggressiv und von unersättlicher Habgier.

Dennoch sagte sein Lehrer, der große Gelehrte und Mahāsiddha Nāropa (1016–1100) einmal zu ihm:

Andere sehen dich, als jemanden mit starken Geistestrübungen.
In deinem Geist sind Trübungen jedoch wie bei einer verknoteten Schlange, die sich schneller entrollt als verknotet.

Es ist bekannt, dass sich manche Lamas in Tibet wie Marpa verhalten haben, um bei anderen den Eindruck zu erwecken, sie hätten eine so hohe spirituelle Stufe erlangt, dass starke Negativität ihre Praxis verstärkt. Sie gaben sich schamlos einem lockeren Lebensstil hin. Aber ohne Marpas Realisation war ihr Verhalten einfach nur schädlich. Es half ihrer Praxis nicht und sollte sicherlich nicht als ein Zeichen hoher Erkenntnis verstanden werden. Sie mögen sich wie Marpa verhalten haben, sie waren jedoch nicht so hoch realisiert wie dieser.

Böse Geister zu Praxis werden lassen

Die dritte Methode, Geister zur Praxis werden lassen, ist nicht schwer zu verstehen. Geister sind Ideen, die vom Bewusstsein ersonnen werden. Sie existieren, weil ihr glaubt, dass sie existieren. Dann stattet ihr sie noch mit übernatürlichen Kräften aus, auf die ihr in der Folge mit großer Besorgnis und Unsicherheit reagiert. Geister sind Projektionen der Geistestrübungen, wie Begierde, Zorn und Unwissenheit. Diese Geistesgifte verunreinigen den Geist. Projiziert ihr diese negativen Gefühle intensiv nach außen, verstärkt sich die Täuschung, die im Geist erlebt wird. Weil ihr dann auch noch emotional sehr aufgewühlt seid, ist es möglich, dass es sogar zu Begegnungen mit Geistern kommt. Als Projektionen des Geistes sind sie jedoch dem Wesen nach leer und nicht-entstanden. Die Methode besteht darin, dieses Muster zu durchschauen und somit seine hinderliche Kraft zu bezwingen. Auch hier wendet ihr die drei Schritte an, zunächst das Gefühl der Angst zu bemerken und auf seine Natur zu blicken, dann das Festhalten daran loszulassen, indem ihr sein Wesen erkennt, und drittens sich von aller Hoffnung und Furcht zu lösen.

Leid zu Praxis werden lassen

Die vierte Methode handelt davon, Leid zu Praxis werden zu lassen, und wird auch als Anleitung für das Entwickeln von Bodhicitta bezeichnet. Seid ihr mit dem Leid anderer konfrontiert, reagiert ihr darauf normalerweise verständnisvoll, mit liebender Güte und Mitgefühl. Ohne die Qualitäten von liebender Güte und Mitgefühl kann der Buddha-Zustand nicht erlangt werden. Für eine vollständige Praxis müssen diese beiden jedoch mit der Einsicht in die leere Natur des Geistes vereint werden. Ein Anfänger bzw. eine Anfängerin empfindet in Anbetracht von Leid zwar durchaus starkes Mitgefühl, ist sich jedoch nicht gleichzeitig der leeren Natur des Leids bewusst – ein Verständnis, das, wenn überhaupt, vielleicht erst im Nachhinein als weiterer Gedanke hinzukommt. Dieser Zugang, bei dem die Vorstellung von Leerheit als »Nachtrag« angehängt wird, ist für Anfänger bzw. Anfängerinnen ein nützliches Mittel. Fortgeschrittene Meditierende hingegen, die die Leerheit des Geistes, der Gedanken und der Erscheinungen erkannt haben, sollten augenblicklich, hier und jetzt, Mitgefühl mit Leerheit vereinen können.

Die Methode, um Bodhicitta hervorzubringen, ist daher, sich gleichzeitig des Leids und seiner leeren Natur bewusst zu sein. Während man die leere Natur des Leids erkennt, verbindet man daher Mitgefühl mit Leerheit. Ihr könnt natürlich auch an euer eigenes Leid denken, jedoch ist es unendlich viel besser, sich auf das Leid anderer zu besinnen. Seht euch um, es gibt so viel Leid in der Welt. Ihr braucht zum Beispiel nicht weiter als an das Tierreich zu denken und an das dort erlebte Leid. Seht ihr, wie Tiere völlig hilflos unsägliches Leiden ertragen müssen, kann euch dies tief berühren. Ihr empfindet Mitgefühl für sie, eine gewisse Beklommenheit mag entstehen. Seid euch gleichzeitig dessen bewusst, dass dieses Mitgefühl, das ihr erlebt, weil ihr euch das Leid anderer Wesen vergegenwärtigt, nicht unabhängig oder außerhalb eures Geistes existiert. Es ist ein Gefühl im eigenen Geist, das vom eigenen Geist erfahren wird. Versteht ihr, dass der Geist seiner Natur nach leer ist, dann seht ihr auch, dass alle Gefühle, die im Geist entstehen, ebenfalls ihrer Natur nach leer sind. Letztlich werdet ihr völlig zweifelsfrei verstehen, dass das Mitgefühl, so intensiv es auch sein mag, tatsächlich einer realen Eigennatur entbehrt.

Auch diese Praxis verläuft in drei Schritten: Macht euch zunächst eine Situation bewusst, in der angesichts des Leids eines Lebewesens intensives Mitgefühl in euch entsteht. Identifiziert diesen Geisteszustand und schaut auf seine wahre Natur. Zweitens, seht, dass dieses Mitgefühl seiner Erscheinung nach illusionsgleich und seiner Natur nach nicht-entstanden ist und überwindet alles Anhaften daran. Und lasst schließlich alle Hoffnung und Furcht gehen. Denkt nicht, dass an dieser Emotion irgendetwas Gutes oder Schlechtes sei. Der wesentliche Punkt, den ihr immer im Geist halten solltet, ist, dass sowohl das Leid als auch das Mitgefühl, mit dem ihr diesem begegnet, nicht real entstanden sind. Sie sind illusionsgleich. Diese Einsicht wird spontan entstehen, wenn eure Praxis weiter heranreift. Macht ihr diese Erfahrung, ist es euch gelungen, Mitgefühl mit der Erkenntnis von Leerheit zu vereinen. All dies stellt sich von selbst ein, wenn eure Praxis zur Reife kommt.

Krankheit zu Praxis werden lassen

Die fünfte Methode handelt davon, das Leid von Krankheit zu Praxis werden zu lassen. Diese Methode unterstützt den Heilungsprozess, an welcher Krankheit ihr auch immer leiden mögt, und sie verstärkt die Einsicht in die Leerheit des Geistes. Krankheit wird dadurch ausgelöst, dass Körperenergien aus dem Gleichgewicht geraten. Auf einer tieferen Ebene hängt die Balance der Energien von der Ausgeglichenheit des Geistes ab. Ist der Geist in vollkommenem Gleichgewicht, sind die Energiebahnen des Körpers frei von Störungen, sodass sich die Energien darin harmonisch bewegen können. Ist euer Körper in einem solchen idealen physischen Zustand, dann treten keine körperlichen Beschwerden mehr auf. Natürlich ist das anders mit Verletzungen, die einem zum Beispiel durch Waffen zugefügt werden oder durch Angriffe wilder Tiere etc. Dies sind jedoch keine Krankheiten – so etwas kann durch die meditative Methode von Mahāmudrā nicht geheilt werden.

Obwohl zwischen dem nicht-materiellen Geist und dem physischen Prozess der Krankheit eigentlich kein direkter Kontakt möglich ist, bestätigt der Geist das Vorhandensein einer Krankheit und ihr identifiziert euch mit der Vorstellung, krank zu sein. Trotz dieses Vorgangs bleibt die Krankheit ihrer Erscheinung nach illusionsgleich und ihrer Natur nach nicht-entstanden. Solange ihr euren Geist im natürlichen Zustand von Leerheit ruhen lasst, könnt ihr – in genau diesem Moment – nicht unter einer Krankheit leiden. Bei hoch realisierten Bodhisattvas von der siebten Bhūmi aufwärts besteht kaum ein Unterschied zwischen dem meditativen und dem post-meditativen Zustand. Aus diesem Grund leiden sie nicht an Schmerzen oder der Erfahrung von Krankheit, ganz gleich, was mit ihrem Körper geschieht. Ihr Geist ruht gleichmäßig und zu allen Zeiten im realisierten Zustand der Leerheit. In einem solchen nicht-begrifflichen meditativen Zustand erfolgt daher keinerlei Identifikation mit dem physischen Leid von Krankheit.

Die Methode, um das Leid der Krankheit zu Praxis werden zu lassen, gleicht jener, die wir bereits im Zusammenhang mit Gedanken und Geistestrübungen durchgegangen sind. Als Erstes bemerkt und identifiziert man den Zustand des Krankseins und schaut auf seine leere Natur. Dann überwindet man jegliches Anhaften daran und lässt das gehen, was seiner Erscheinung nach illusionsgleich und seiner Natur nach nicht-entstanden ist. Schließlich sieht man, dass das Leid von Krankheit weder gut noch schlecht ist und gibt diesbezüglich Hoffnung und Furcht auf.

Die Technik, jede Krankheit, an der man leidet, zu heilen, ist schwer zu meistern. Dennoch haben große Bodhisattva-Meditierende, wie Saraha oder Padmasambhava[70] sie erfolgreich angewandt. Jene, die diese schwierige Methode gemeistert haben, sollten theoretisch ewig leben können, weil ihr Körper nicht mehr verfällt. Mithilfe der Technik, Krankheit zu Praxis werden zu lassen, könnte man also, falls gewünscht, ein immerwährendes Leben erlangen. Aber nochmal: Dies ist sehr schwierig und wird selten gemeistert. Es ist jedoch möglich, das Leid der Krankheit zu nutzen, um die Einsicht in die Leerheit des Geistes zu stärken. Viele Meditierende waren fähig, diese Methode so anzuwenden.

Das Sterben zu Praxis werden lassen

Die sechste und letzte Methode ist, die Erfahrung des Sterbens zu Praxis werden zu lassen. Diese Methode heißt »das Erkennen der Mutter durch das Kind«. Um die Erfahrung im Sterbeprozess als Grundlage für Erleuchtung zu nutzen, müsst ihr euch schon während des Lebens mit der Übung vertraut machen, Gedanken zu Praxis werden zu lassen und ihre Natur im Moment ihres Entstehens zu erkennen. Durch diese Praxis erlangt ihr die »Verwirklichung des Wegs«, ein Prozess, der auch als die »Erkenntnis der wahren Natur durch den Weg« bzw. als die »Lichthaftigkeit des Wegs« bezeichnet wird. Lichthaftigkeit bezieht sich offensichtlich nicht auf Licht, wie es von einer Lampe, der Sonne oder dem Mond ausgeht, sondern vielmehr auf die absolute Natur des Geistes, die zu jeder Zeit lichthaft ist. Im Sterbeprozess bricht der Körper allmählich zusammen. Ohne diesen verlieren die verdunkelnden Schleier von Karma und selbstbezogenem Denken – zusammen mit den Schleiern der Begierde, des Zorns und der Unwissenheit – die körperliche Grundlage für ihr Wirken. Zu diesem Zeitpunkt tritt die grundlegende Natur des Geistes in aller Reinheit hervor, wenn auch nur für einen Moment. Nicht eingeschränkt durch einen Körper, offenbart sich jetzt in seiner ganzen Intensität, was zuvor – durch dichte Schleier hindurch – nur flüchtig erblickt wurde. Habt ihr euch durch Übung während eures Lebens mit der wahren Natur des Geistes wirklich vertraut gemacht, dann könnt ihr hier, zum Zeitpunkt des Todes, die eigentliche Natur des Geistes erkennen, so wie sie wirklich ist. Ihr erlangt Erleuchtung in einem Augenblick. Das Ergebnis eurer langjährigen konsequenten Praxis ist wie ein Fluss, der schließlich in die Weite des Meeres mündet. Eure durch jahrelange Praxis erworbene Einsicht wird mit einem Kind verglichen, das ohne seine Mutter ist. Für die grundlegende Lichthaftigkeit, die sich im Tod offenbart, steht die Mutter als Beispiel. Beim Aufeinandertreffen der beiden erkennt das Kind seine Mutter augenblicklich, daher der Name dieser Methode.

Dadurch, dass man während des Lebens konsequent die anderen fünf Methoden praktiziert hat, um Schwierigkeiten in Praxis umzuwandeln, wird die Einsicht in die wahre Natur des Geistes im Verlauf der Praxis kontinuierlich gestärkt. Nur dann könnt ihr darauf hoffen, dass ihr im Tod die grundlegende wahre Natur des Geistes erkennt, dass also das Kind seine Mutter erkennt.

So weit zur Theorie, wie man die Erfahrung im Sterbeprozess zu Praxis werden lässt. Konkret solltet ihr, wenn euer Tod bevorsteht, vernünftig sein. Trennt euch von allem weltlichen Besitz, um karmische Hindernisse für die Zukunft zu vermeiden. Es spielt keine Rolle, wem ihr euer Hab und Gut vermacht. Es kann eure Familie sein, Bedürftige oder Freunde bzw. Freundinnen, es kann auch in Form von Opferungen an die Drei Juwelen sein. Wichtig ist, dass ihr euren Besitz großzügig weggebt, ohne an ihm zu hängen. Meditierende, die vom Festhalten an diesem Leben loslassen, können sich dadurch von den Rückständen karmischer Handlungen entlasten.

Steht der Tod dann unmittelbar bevor, solltet ihr die Löwen-Haltung einnehmen. Dies ist die Haltung, in der der sterbende Buddha dargestellt wird. Man sollte auf der rechten Seite liegen, den Kopf auf die rechte Handfläche gestützt. Manche sagen, der Daumen sollte dabei das Ohr verschließen, aber dies ist nicht unbedingt notwendig. In dieser korrekten Haltung erwarten Meditierende den Tod. Jetzt ist die Zeit für innige Gebete, nicht nur für einen selbst, sondern für alle Lebewesen, die der gleichen unausweichlichen Not unterworfen sind. Avalokiteśvara und Buddha Amitābha haben beide auf ihrem Weg zur Erleuchtung weitherzige Wünsche gemacht, dass sie – mit Ausstrahlungen und der Manifestation reiner Welten, so zahllos wie die Härchen auf ihrem Körper – den Wesen in Saṃsāra helfen mögen. Wir sollten es ihnen gleichtun und kraftvolle und weitherzige Wünsche machen, anderen in grenzenlosem Umfang zu helfen. Jetzige Wünsche und Bestrebungen schaffen die Voraussetzungen, in der Zukunft noch mehr edle Wünsche und Bestrebungen hervorzubringen und umzusetzen.

In dieser letzten Stunde vor dem Tod ist es fast unmöglich, sich nicht mit dem alles vereinnahmenden Gedanken des Sterbens zu identifizieren. Dennoch solltet ihr gelöst auf seine Natur meditieren, in der gleichen Weise, in der ihr auf die Natur aller anderen Gedanken und Gefühle meditiert habt. Betrachtet den Prozess des Sterbens weder als gut noch als schlecht. Letzten Endes gibt es in dem, was der Natur nach leer ist, weder das eine noch das andere. Der Geist sollte zu diesem Zeitpunkt weder von Hoffnung noch von Furcht erfüllt sein. Während ihr diese Einsicht aufrechterhaltet, setzt der Sterbeprozess ein. Die Trübheit des Geistes wird immer ausgeprägter und die Sinne werden schwächer, bis sie schließlich ganz erlöschen. Zu diesem Zeitpunkt könnt ihr in den erleuchteten Zustand des Dharmakāya eintreten, denn nach der letzten Phase des Sterbens ist es möglich, vollkommene Verwirklichung zu erlangen.

Auch wenn der Körper nicht mehr funktioniert, der Geist stirbt nicht. Er verlässt den Körper, sein Gedankenfluss setzt sich ununterbrochen fort und bringt euch in den Zwischenzustand. Unmittelbar davor scheint die wahre Natur des Geistes ganz kurz auf. Gute Meditierende können sie bei diesem Aufblitzen erkennen. Viele fähige Praktizierende, die während des Lebens Erleuchtung nicht erlangen konnten, verwirklichen diese im Tod. Tatsächlich heißt es, dass die Chancen auf Erleuchtung im Moment des Todes sehr hoch seien. Bleibt verstorbenen Meditierenden die vollkommene Erleuchtung zu diesem Zeitpunkt dennoch versagt, können sie vielleicht ihre nächste Reinkarnation steuern und eine Wiedergeburt finden, die für die eigene Praxis am förderlichsten ist und reichlich Gelegenheiten bietet, anderen zu helfen. In jedem Fall erlangen sie sicher eine Wiedergeburt, in der sie ihre Meditationspraxis erfolgreich weiterentwickeln können.

7

Die Vier Yogas von Mahāmudrā, Stufen der Erkenntnis

Einleitung

Im Allgemeinen verläuft der Prozess, der in der Erkenntnis von Mahāmudrā, der wahren Natur des Geistes, gipfelt, in drei Schritten. Der erste besteht darin, dass man, nachdem man die Erklärungen zur Natur des Geistes vollständig erhalten hat, ihre Bedeutung intellektuell klar versteht. Der zweite Schritt besteht aus ganz bestimmten meditativen Erfahrungen: Die wahre Natur des Geistes wird intuitiv als freudvoll, leer und klar erlebt. Allerdings handelt es sich dabei zunächst noch um flüchtige Erfahrungen, die der wahren Natur des Geistes zwar ähneln, jedoch nicht mit ihr verwechselt werden sollten. Der dritte Schritt besteht dann darin, dass sich die wahre Natur des Geistes offenbart und direkt erkannt wird. Er erfolgt, wenn alle Unreinheiten, alle Verdunkelungen und Unvollkommenheiten des Geistes vollständig entfernt wurden.

Erkenntnis ist eine innere Erfahrung, die sich von Person zu Person unterscheidet. Dieser Prozess hängt primär von den einzelnen Praktizierenden und ihren Fähigkeiten ab, die wiederum großteils auf früheres Karma zurückgehen. Jemand, der oder die aus früheren Leben bereits mit Meditationspraxis vertraut ist, tendiert in diesem Leben zu einer schnellen Entwicklung und dazu, die Praxis augenblicklich zu verwirklichen. In diesem Fall werden Verdunkelungen in dem Moment überwunden, in dem sich Einsicht einstellt. Dies sind Praktizierende mit der sogenannten augenblicklichen Entwicklung. Sie erlangen Erkenntnis, sobald sie in Kontakt mit den Lehren kommen, sobald sie Śamatha oder Vipaśyanā praktizieren oder sobald ihnen die wahre Natur des Geistes aufgezeigt wird. Intellektuelles Verstehen, meditative Erfahrung und Erkenntnis ereignen sich gleichzeitig. Eine derartige Erkenntnis wird mit der Morgensonne verglichen, die, wenn sie die Sohle eines engen Gebirgstals erreicht, bereits so warm ist, dass sie den Boden erwärmt, sobald sie auf ihn trifft.

Bei wiederum anderen Praktizierenden treten Erkenntnisse zunächst als kurze Einsichten auf. Auch in diesem Fall ist es möglich, dass sie die Mahāmudrā-Praxis schon von früheren Leben her kennen. Vielleicht haben sie auch in großem Ausmaß positiv zum Wohl anderer gewirkt und verfügen deshalb in diesem Leben über einen besonders durchdringenden Intellekt. In ihrer Meditation entstehen, auf der Basis früherer Verwirklichungen, zwar sporadisch Einblicke, es dauert jedoch eine Weile, bis sie ihr Verständnis festigen können. Ihre Erfahrungen sind zunächst nicht stabil. Man könnte diesen Entwicklungsprozess mit der Sonne vergleichen, wenn vor ihr immer wieder einzelne Wolken vorbeiziehen: mal scheint sie, mal ist sie wieder verdeckt. Intellektuelles Verstehen, meditative Erfahrung und Erkenntnis entfalten sich in diesen Fällen nicht gleichzeitig, sondern müssen stufenweise durchlaufen werden. Dennoch können diese Praktizierenden einige Entwicklungsschritte überspringen.

Dann gibt es noch eine dritte Gruppe von Praktizierenden, die vermutlich keine Meditationserfahrungen aus früheren Leben mitbringen. Sie müssen ihr intellektuelles Verständnis, ihre meditative Erfahrung und ihre Erkenntnis stufenweise über einen systematischen Prozess entwickeln. Die meisten Praktizierenden gehören zu dieser dritten Gruppe. Indem sie genauen Erklärungen zuhören, entwickeln sie ein Verständnis von Mahāmudrā. Dann praktizieren sie entsprechend, wodurch es allmählich zu Erfahrungen kommt. Nachdem sie lange Zeit hindurch verschiedene Erfahrungen gemacht haben, entsteht nach und nach Erkenntnis. Sie erreichen also durch einen schrittweisen Zugang die Erkenntnis von Mahāmudrā, die sich erst entfaltet, nachdem die Verdunkelungen des Geistes durch einen konsequenten Prozess der Meditation und der Anwendung der Heilmittel überwunden wurden. Diese allmähliche Entwicklung wird mit einem Sonnenaufgang über einer Ebene verglichen: Die Sonnenstrahlen brauchen lange, bis sie die Kraft haben, den Boden zu erwärmen. Gleichermaßen benötigen Praktizierende dieses schrittweisen Zugangs lange Zeit, um den Zenit ihrer Fähigkeit, d. h. die Erkenntnis von Mahāmudrā, zu erreichen. Doch unabhängig davon, wie lange es braucht, es geht darum, den Weg der Meditation in Richtung Erkennen der wahren Natur des Geistes fortzusetzen, ohne nachzulassen.

Meister bzw. Meisterinnen in der Vergangenheit haben das stufenweise Sich-Entfalten der Mahāmudrā-Erkenntnis in vier Ebenen eingeteilt, die als die Vier Yogas von Mahāmudrā bekannt sind. Dieser Entwicklungsweg beginnt mit der allgemeinen Art von Śamatha und Vipaśyanā und setzt sich mit der spezifischen Form von Mahāmudrā Śamatha und -Vipaśyanā mit deren verschiedenen Schlüsselunterweisungen fort. Letztere bestehen zum Beispiel darin, wie man verschiedene Fehler vermeidet, die drei Arten ursprünglicher Weisheit[71] versteht, eine unumstößliche Gewissheit erlangt und Schwierigkeiten in Praxis umwandelt.

Die erste Ebene des Weges, auf dem sich Mahāmudrā-Erkenntnis entfaltet, heißt der »Yoga der Einspitzigkeit«, die zweite ist der »Yoga des Freiseins von sich ausbreitenden Vorstellungen«, die dritte der »Yoga des einen Geschmacks« und die vierte und höchste ist der »Yoga ohne Meditation«.[72]

Diese Yogas bilden das grobe Raster und innerhalb jeder Ebene gibt es mehrere Stufen der Erkenntnis. Phagmo Drupa (1110–1170), ein herausragender Schüler Gampopas, teilte daher die vier Yogas in jeweils drei weitere Stufen ein, nämlich in die sogenannte anfängliche, mittlere und fortgeschrittene Ebene. So umfasst die Stufe des »Yogas der Einspitzigkeit« eine anfängliche, eine mittlere und eine fortgeschrittene Phase. Da jeder der vier Yogas drei Unterteilungen hat, werden somit zwölf Stufen der Erkenntnis unterschieden. Der zweite Shamarpa, Kachö Wangpo (1350–1405), lehrte eine noch detailliertere Darstellung dieser Stufen, indem er insgesamt vierundzwanzig Ebenen unterschied. Hier stelle ich jedoch das System mit den zwölf Ebenen vor, da dieses am häufigsten verwendet wird.

Der »Yoga der Einspitzigkeit«

»Einspitzig« steht dafür, dass man ohne Ablenkung und völlig stabil im Geist ruht und sich gleichzeitig konzentriert der Natur des Geistes bewusst ist. Wach erkennt man die Natur jedes Gedankens oder jeder Wahrnehmung, der bzw. die im Geist auftaucht, und lässt sie mit der Erfahrung der Natur des Geistes eins werden. Das Wort »einspitzig« bezieht sich daher sowohl auf mühelose Achtsamkeit als auch auf mühelose fortlaufende Bewusstheit. Hört ihr, dass der »Yoga der Einspitzigkeit« der erste der Yogas ist, kann es sein, dass ihr ihn für keine besonders fortgeschrittene Einsicht haltet. Es handelt sich jedoch um einen Mahāmudrā-Zustand. Er übertrifft sogar die höchste Stufe von Śamatha und Vipaśyanā auf allgemeiner Ebene. Der meditative Zustand ist so stabil, dass die Meditierenden mühelos darin verweilen. Sehen wir uns nun die drei Unterteilungen des »Yogas der Einspitzigkeit« an:

Die anfängliche Ebene des »Yogas der Einspitzigkeit«: Diese Stufe beginnt, wenn ihr die Natur des Geistes als leer, klar und freudvoll erlebt. Allerdings fällt es euch auf dieser Ebene noch schwer, diese Erfahrung aufrechtzuerhalten. Gedanken, die während der Meditation aufkommen, gehen mühelos im stabilisierten Geist auf. In der Post-Meditation scheinen Gefühle der Freude grenzenlos. Zwar gibt es höhere Ebenen von Errungenschaften mit noch größerer Wonne, doch seid ihr in dieser Phase so überglücklich, dass euch das nicht kümmert. Ihr seid von dieser neuen Errungenschaft auch ein wenig überwältigt. Die tagsüber erlebte Klarheit des Geistes erstreckt sich auch auf die Nacht. Euer Schlaf ist friedlich und euer Geist ist dabei klar, jedoch seid ihr noch nicht fähig, Träume zu steuern. Die Zustände der Einsicht in Leerheit und Klarheit auf dieser Ebene schwanken noch etwas und bedürfen weiterer Stabilisierung.

Die mittlere Ebene des »Yogas der Einspitzigkeit«: Die meditative Einsicht in Leerheit und Klarheit wird stabil und ununterbrochen. Möglicherweise braucht es zu Beginn der Meditation noch ein bewusstes Bemühen, danach ist jedoch keine besondere Anstrengung mehr nötig, um die Meditation aufrechtzuerhalten. Entstehen Gedanken, lösen sie sich mühelos in den unwandelbaren Geist auf, der immer als leer und klar erlebt wird. Der meditative Zustand ist stabil. Das Gefühl von Freude in der Post-Meditation wird immer intensiver. An diesem Punkt habt ihr bereits eine gewisse Kontrolle über Träume im Schlaf.

Die fortgeschrittene Ebene des »Yogas der Einspitzigkeit«: Auf dieser Ebene reißt die Einsicht in die leere, klare und freudvolle Natur des Geistes weder in der Meditation noch in der Post-Meditation ab. Im Schlaf dehnt sich dieser Zustand auf die meisten Träume aus. Auf dieser Ebene betrachtet ihr den meditativen Zustand immer noch mit Faszination. Ihr tendiert dazu, ihn als wunderbare Errungenschaft zu sehen. Leerheitserfahrungen stellen sich in verschiedener Form ein. Spontan erlebt ihr jedes Phänomen als eine Spiegelung des Geistes. Ihr erfahrt den Geist und jedes Phänomen als leer, und Leerheit gleichzeitig als Freude. Habt ihr diese Mahāmudrā-Einsicht tatsächlich erlangt, ist dies mit einem Adler vergleichbar, der durch den Himmel schwebt. Worte können die eigentliche Erfahrung nicht wirklich beschreiben.

Wie man überprüft, ob diese Stufe erreicht ist

Falls ihr daran zweifelt, ob ihr die Stufe des »Yogas der Einspitzigkeit« erlangt habt, könnt ihr euch sechs Fragen stellen, durch die sich dies überprüfen lässt. Sie stammen von Tsangpa Gyare Yeshe Dorje (1161–1211), einem sehr angesehenen Mahāmudrā-Meister. Diese sechs Fragen sind auf alle Vier Yogas anwendbar:

(1) Nehme ich die Natur des Geistes so wahr, wie sie auf dieser Ebene wahrgenommen werden sollte?

(2) Habe ich die Fertigkeiten vervollkommnet, die für diese Ebene relevant sind?

(3) Gehen entstehende Gedanken mühelos in die Meditation über?

(4) Habe ich die Qualitäten entwickelt, die für diese Ebene relevant sind?

(5) Kann ich Einfluss auf Phänomene ausüben?

(6) Habe ich Ursachen dafür aufgebaut, mich in der Zukunft als Buddha zum Wohl aller Wesen zu manifestieren?

(1) Nehme ich die Natur des Geistes so wahr, wie sie auf dieser Ebene wahrgenommen werden sollte?
Die Natur des Geistes ist leer und klar. »Leer« bedeutet, dass der Geist in keiner Weise identifiziert oder charakterisiert werden kann, denn er hat weder eine Grenze noch eine Einschränkung. »Klar« bedeutet, dass dem Geist nichts im Wege steht. Nichts stellt sich als Hemmnis für ihn dar. Auf der Ebene des »Yogas der Einspitzigkeit« erfährt sich der Geist frei von Ablenkung als Leerheit und Klarheit. Seid ihr fähig, mit Gewissheit und jenseits aller Zweifel zu sehen, dass der Geist unwandelbar leer und klar ist, habt ihr die Ebene des »Yogas der Einspitzigkeit« erlangt. Anderenfalls, wenn ihr während der Meditation den Geist zwar manchmal als leer und klar erlebt, gleichzeitig jedoch nicht erkennt, dass ihr die wahre Natur des Geistes seht, dann habt ihr die Ebene des »Yogas der Einspitzigkeit« noch nicht erlangt. Ist man mitten in einer Menschenmenge, sieht man zwar die Gesichter, weiß aber nicht, wer die Personen sind. Gleichermaßen könnt ihr durchaus vorübergehende Erfahrungen von der Natur des Geistes haben, sie jedoch nicht notwendigerweise auch als solche erkennen. In diesem Fall seid ihr noch nicht fähig, die wahre Natur des Geistes mit Gewissheit zu erleben.

(2) Habe ich die Fertigkeiten vervollkommnet, die für diese Ebene relevant sind?
Habt ihr die Fertigkeiten dieser Ebene vervollkommnet, solltet ihr die wahre Natur des Geistes stabil, ununterbrochen und zu jeder Zeit als leer und klar erfahren. Ist diese Erfahrung ohne Stabilität und Kontinuität, müsst ihr die Fertigkeiten, die für diese Ebene relevant sind, noch vervollkommnen.

(3) Gehen entstehende Gedanken mühelos in die Meditation über?
Ruht der Geist in seinem natürlichen Zustand, der leer und klar ist, entstehen gelegentlich vorübergehende Gedanken. Ist die Ebene des »Yogas der Einspitzigkeit« erlangt, lösen sich die entstehenden Gedanken wie von selbst in den Geist als solchen auf, d. h. alle Gedanken werden sofort als ein Ausdruck der Leerheit und Klarheit des Geistes gesehen und sind somit Meditation. Falls ihr noch Mühe aufbringen müsst, um Gedanken zu befrieden und danach wieder in einen meditativen Zustand zu gelangen, dann habt ihr den »Yoga der Einspitzigkeit« noch nicht erlangt.

(4) Habe ich die Qualitäten entwickelt, die für diese Ebene relevant sind? Habt ihr den »Yoga der Einspitzigkeit« erlangt, verfügt ihr über Hellsicht und seid damit fähig, Wunder zu wirken. Ihr könnt Dinge tun, die im Gegensatz zu den allgemeinen natürlichen Gesetzmäßigkeiten stehen. Außerdem sind auf dieser Ebene die zahllosen Mikroorganismen im Körper befriedet. Vorher sind diese ruhelosen Wesen in ständiger Bewegung und stellen damit eine konstante Quelle des Unbehagens für Meditierende dar. Auf dieser Ebene sind sie schließlich zur Ruhe gekommen. Daher fühlt ihr euch schwerelos und erlebt ein bislang nicht gekanntes Wohlbefinden. Dazu kommt, dass weltliche Angelegenheiten euch nicht mehr vereinnahmen. Ihr habt jegliches Interesse an Sinnesgenüssen verloren und kümmert euch ebenso wenig um Ruhm, Gewinn oder Besitz. Es ist nicht so, dass ihr euch mit Widerwillen von der Welt abkehrt. Vielmehr ist der wonnige Zustand von Leerheit und Klarheit, der auf eurer Einsicht in die wahre Natur des Geistes beruht, so großartig, dass ihr einfach kein Interesse mehr an weltlichen Angelegenheiten empfindet.

Falls ihr hingegen keine dieser Qualitäten entwickelt habt, dann müsst ihr die Ebene des »Yogas der Einspitzigkeit« erst noch erreichen. Anders gesagt, seid ihr nicht hellsichtig, könnt ihr keine Wunder vollbringen, sind die Mikroorganismen im Körper nicht befriedet und habt ihr nach wie vor einen starken Hang zu weltlichen Belangen, dann müsst ihr die Fähigkeiten, die zu dieser Ebene gehören, erst noch entwickeln.

An diesem Punkt sollten wir das Thema der Hellsicht und der Wunderfähigkeiten klären. Oberflächlich betrachtet geht es dabei um außergewöhnliche Fähigkeiten, die sich allen rationalen Erklärungsversuchen entziehen. Ihr solltet euch jedoch darüber im Klaren sein, dass der Geist von Natur aus weiß. Seine Wahrnehmungsfähigkeit ist unendlich. Derzeit begrenzen wir diese Funktion des Geistes auf den engsten Rahmen der fünf nach außen gerichteten Sinne. In der Meditation solltet ihr jenseits dieser Begrenzungen gelangen, die ihr euch selbst auferlegt. Mit der Zeit werden Hellsicht und Wunderfähigkeiten ganz natürliche Eigenschaften. Ihr hattet sie schon immer, nur war euch dies einfach nicht bewusst. Hellsicht oder übersinnliche Wahrnehmung ist nichts Geheimnisvolles. Entwickeln sich die latenten Fähigkeiten des Geistes, wird Hellsicht durchaus möglich. Milarepa konnte durch Felsen hindurchgehen, doch war das für ihn kein Wunder, sondern das Natürlichste auf der Welt! Wären die Felsen und Milarepas Körper tatsächlich etwas Festes gewesen, dann hätte Milarepa, als er durch einen Felsen hindurchging, ein großartiger Magier sein müssen, der eine solche Illusion zuwege bringt. Anders gesagt, wären beide real existent, könnte niemand, nicht einmal ein Milarepa, durch einen Felsen gehen. Da sein Körper für ihn jedoch unwirklich war – so wie in einem Traum – und der Felsen ebenso nicht substanziell existent war, ist es etwas Anderes. In Meditation erkennt ihr mit Gewissheit, dass alle Dinge illusionsgleich sind. So wie in einem Traum sind sie ohne jegliche inhärente Realität. Aus dieser Perspektive ist es durchaus möglich, durch einen Felsen zu gehen. In seinem erleuchteten Zustand hat Milarepa die letztendliche Wirklichkeit erkannt. Wir sind nur aufgrund unserer Täuschung unfähig, die Dinge so zu sehen wie er.

(5) Kann ich Einfluss auf Phänomene ausüben?

Auf dieser Ebene seid ihr euch während der Meditation der leeren Natur des Geistes deutlich bewusst. Als Ergebnis davon seid ihr im Zustand der Post-Meditation fähig zu sehen, wie Ursachen zu Wirkungen heranreifen. Mit der Klarheit des Geistes, die von seiner leeren Natur untrennbar ist, kennt ihr somit die Ursachen für das, was euch tagaus, tagein begegnet. Anders gesagt, ihr habt ein klares Verständnis von der Funktionsweise von Karma. Die buddhistischen Lehren sprechen von der Gesetzmäßigkeit zwischen Ursachen und Wirkungen. Gute Handlungen führen zu Wohlergehen, während negative Handlungen Leid nach sich ziehen. Vielleicht vertraut ihr diesen Lehren, weil ihr dem Buddha vertraut. Vielleicht ist logisches Schlussfolgern eure Art, mehr über Karma herauszufinden: Wurden Ursachen einmal gesetzt, kommt es unvermeidbar zu deren Wirkungen. In unserem Kontext hier erfolgt die Kenntnis von der Funktionsweise von Karma jedoch weder durch das Vertrauen in die Lehren des Buddha noch rational durch logisches Schlussfolgern. Hier handelt es sich um ein intuitives Verstehen durch tiefgehende Meditation. Mit einem solchen direkten Wissen verfügt ihr über Einsicht in die relative Wirklichkeit, über ein direktes und klares Wissen um Ursachen und Wirkungen. Fehlt euch dieser direkte Zugang zur Funktionsweise von Karma, dann müsst ihr die Ebene des »Yogas der Einspitzigkeit« erst noch erlangen.

(6) Habe ich die Ursachen dafür geschaffen, mich in der Zukunft als Buddha zum Wohl aller Wesen zu manifestieren?

Die Fähigkeit, diese Ursachen aufzubauen, hängt im Wesentlichen davon ab, ob ihr sehen könnt, welche Handlungen welche Wirkungen nach sich ziehen. Durch Meditation habt ihr zu diesem Zeitpunkt bereits intensives Mitgefühl für andere entwickelt. Auf dieser Basis und mit dem umfassenden Wissen um das Wirken von Karma macht ihr nun Wünsche, die damit zu geeigneten Ursachen dafür werden, allen Wesen durch zukünftige Manifestationen als ein Buddha zu helfen. Als praktizierende Bodhisattvas schafft ihr somit die Ursachen für zukünftige Manifestationen durch die Kraft von Wünschen. Buddha Amitābha hat, als er noch ein Bodhisattva war, aus liebender Güte und Mitgefühl unzählige Wünsche gemacht, zahllos vielen Wesen zu helfen. Als er Erleuchtung erlangte, manifestierte er in Erfüllung seiner edlen Wünsche sein reines Land, um den Wesen in grenzenloser Weise zu helfen. Bodhisattvas können nach ihrer Erleuchtung auch in einer grobstofflichen Form erscheinen, genauso wie Buddha Śākyamuni dies getan hat. Beide Arten der Manifestation, die grob- und die feinstofflichen sind die Erfüllung der Wünsche, die Bodhisattvas aus reinem Mitgefühl vor ihrer Erleuchtung praktiziert haben.

Ist Mitgefühl untrennbar von der Einsicht in die leere Natur des Geistes, dann lässt sich der volle Nutzen aus der Kraft der Wünsche ziehen, die richtigen Ursachen für das zukünftige heilsame Wirken als Buddha zu setzen. Habt ihr diese Fähigkeit erlangt, dann habt ihr als praktizierende Bodhisattvas die Ebene des »Yogas der Einspitzigkeit« vollkommen erreicht.

Man sollte zwischen Praktizierenden unterscheiden, die ernsthafte Wünsche machen, anderen zu helfen, und Praktizierenden, die deutlich wissen, welche Wünsche in Bezug auf zukünftige Manifestationen gemacht werden müssen. Habt ihr die Einsicht in Leerheit nicht vervollkommnet, könnt ihr noch kein reines Mitgefühl für andere empfinden. Da ihr folglich Leerheit nicht ganz in euer Mitgefühl integrieren könnt, neigt ihr zu Selbstbezogenheit, auch in euren mitfühlenden Taten. Ohne vollkommene Einsicht in die Leerheit bzw. die Reinheit des Geistes werden die Ursachen für zukünftige Manifestationen, als Buddha zum Wohl anderer zu wirken, nicht wirklich aufgebaut. In diesem Fall müsst ihr die Ebene des »Yogas der Einspitzigkeit« erst noch vervollkommnen. Dies bedeutet nicht, dass ihr durch eure mitfühlenden Handlungen kein Verdienst aufbauen würdet und dass ihr als Meditierende völlig ohne Einsicht wärt. Ihr könnt tatsächlich auf einer sehr fortgeschrittenen Ebene sein. Wegen des Ich-Anhaftens seid ihr jedoch noch nicht fähig, die Einsicht in Leerheit und Klarheit ganz in das Mitgefühl zu integrieren. Daher entsteht in den täglichen Aktivitäten reines Mitgefühl nicht immer spontan.

Alles in allem, erlebt ihr auf der Ebene des »Yogas der Einspitzigkeit« den Geist als leer und klar, ist dies noch keine direkte Erkenntnis der wahren Natur des Geistes. Um diese Ebene von Einsicht in Klarheit und Leerheit zu halten und zu vertiefen, solltet ihr dahingehend achtsam sein, mit wem ihr euch in euren täglichen Aktivitäten umgebt. Menschen mit sehr negativem Karma oder Menschen, die in ihrem Beruf oder anderweitig sehr unethisch handeln, belasten euren Geist, da sie euch negativ beeinflussen. Enger Kontakt mit ihnen wirkt sich bei ernsthaften Meditierenden ungünstig auf die Meditation aus, denn er überschattet die meditativen Erfahrungen. Der Geist verliert seine Klarheit, gleitet in Schläfrigkeit ab und der meditative Zustand verliert sich. Als Gegenmaßnahme solltet ihr viele Male den Text des Zufluchtsgebets rezitieren und die entsprechende Visualisierung aufrechterhalten. Es ist dabei nicht nötig, auch Verbeugungen zu machen. Könnt ihr dies einige Tage hindurch praktizieren, sollte dies dem negativen Einfluss entgegenwirken.

Hindernisse bei der Praxis auf der Ebene des »Yogas der Einspitzigkeit«

Auf der Ebene des »Yogas der Einspitzigkeit« habt ihr gelegentlich Einsichten in die Natur des Geistes. Eine Einsicht ist jedoch noch keine Erkenntnis, sondern eine vorübergehende Erfahrung. Obwohl die Natur des Geistes als leer, klar und freudvoll erfahren wird, begegnen euch auf diesen ersten Stufen der Mahāmudrā-Praxis alle möglichen Schwierigkeiten. Es kann daher sein, dass ihr lange Zeit auf dieser Ebene bleibt, bevor ihr die nächste erlangt. Die weitere Entwicklung wird häufig durch

Anhaften unterbunden. Daher ist es hilfreich zu wissen, wie man diese überwindet, um sich zum »Yoga frei von sich ausbreitenden Vorstellungen« weiterentwickeln zu können. Diese Hindernisse lassen sich im Allgemeinen in drei Arten einteilen: Anhaften an sich selbst, Anhaften an Besitz und Anhaften an Meditation.

Anhaften an sich selbst: Um dieses zu überwinden, solltet ihr euch von der engen Bindung an Verwandte und Bekannte lösen. Könnt ihr auch den konventionellen Lebensstil aufgeben, ist das umso besser. Ihr solltet außerdem aufhören, Familie und Freunde bzw. Freundinnen zu bevorzugen und Gegnern bzw. Gegnerinnen sowie Feinden bzw. Feindinnen gegenüber voreingenommen zu sein. Tatsächlich solltet ihr alles Mögen und Nicht-Mögen hinter euch lassen. Seid in Bezug auf den Körper auch nicht übertrieben besorgt, verhätschelt ihn nicht. Seht ihn vielmehr als ein sinnvolles Werkzeug, um anderen zu helfen.

In der Zeit zwischen den Meditationen könnt ihr die »Chö-Opferung«[73] eines Kuśali praktizieren: Da ihr auf dieser Entwicklungsstufe bereits eine hervorragende Vipaśyanā-Praxis habt, seid ihr in eurer Meditation fähig, euren Körper als Opferung zu visualisieren und den hungrigen Geistern als Festmahl anzubieten. Gleichzeitig manifestiert ihr bei der Chö-Opferung euren Körper als eine reine Welt und opfert diese den Drei Juwelen. Dies ist eine wunderschöne Praxis, durch die eine Fülle von Verdienst aufgebaut wird. Da ihr hier auf einer Ebene von Vipaśyanā seid, auf der ihr geschickt Einfluss auf die illusionsgleichen Phänomene ausüben könnt, sollte es euch ohne zu große Schwierigkeiten gelingen, illusionsgleiche Phänomene wie diese Visualisationen hervorzubringen. Ihr seid auf einer Ebene, auf der ihr diese Praxis des Ansammelns von Verdienst mit eurer Erfahrung von Leerheit verbinden könnt, indem ihr seht, dass alles dem Erscheinen nach illusionsgleich und der Natur nach leer ist. Die Fähigkeit, diese Praxis durchzuführen, ist wie Feuer mit Brennstoff zu nähren. Ihr werdet in eurer Mahāmudrā-Praxis in großen Schritten vorankommen und eure Einsicht wird sich vertiefen.

Anhaften an Besitz: Es ist einfach, Besitz aufzugeben. Allerdings solltet ihr versuchen, ihn in einer sinnvollen Weise zu verteilen. Ihr könnt ihn zum Beispiel den Drei Juwelen opfern, dem Buddha, dem Dharma und dem Sangha. Mit Sangha ist hier nicht jeder bzw. jede gemeint, der oder die die Robe trägt, sondern jene, die meditieren bzw. die Lehren ernsthaft anwenden. Diese Praktizierenden besitzen manchmal nicht einmal das Notwendigste und brauchen dringend Unterstützung, um ihre Grundbedürfnisse zu decken. Den Besitz dem Dharma zu opfern, ist ebenso nützlich. Mithilfe solcher Opferungen kann der Dharma umfassend gelehrt werden, was wiederum den Lebewesen hilft. Das Gleiche trifft für die Opferung an den Buddha zu. Natürlich könnt ihr euren Besitz auch Armen und Notleidenden geben. Grundsätzlich sollte die Handlung des Gebens nicht durch Gedanken von Festhalten und Anhaften beeinträchtigt werden, wie zum Beispiel, dass diese oder jene Person es nicht verdiene. Gebt jeden Besitz weg, weise und großzügig.

Anhaften an Meditation: Für jemanden mit wenig Meditationserfahrung mag es als das Leichteste auf der Welt erscheinen, das Anhaften an Meditation aufzugeben. Auf fortgeschrittenen Stufen jedoch, wenn die Freude des meditativen Zustands erlebt wird, ist es gar nicht leicht, von diesem Anhaften loszulassen. Die größten Vergnügungen in der Welt verblassen nämlich angesichts dieser Freude. Damit ihr dieses Anhaften lösen könnt, solltet ihr euch klar dazu entscheiden und die Heilmittel gegen das Anhaften an Meditation anwenden, wie sie an früherer Stelle gelehrt wurden. Im Verlauf dieser Erklärungen zur Mahāmudrā-Praxis wurden viele erprobte Gegenmittel vorgestellt. Studiert sie sorgfältig und findet heraus, welche für euch am besten geeignet sind.

Während ihr den Zustand der Klarheit und Leerheit auf dem »Yoga der Einspitzigkeit« pflegt und vervollkommnet, seid ihr fast bereit, den zweiten der vier Yogas zu erlangen, den »Yoga des Freiseins von sich ausbreitenden Vorstellungen«. Wie oben ausgeführt hält man auf der Ebene des »Yogas der Einspitzigkeit« immer noch am meditativen Zustand fest, nämlich daran, dass der Geist klar und leer ist. Solange diese Faszination bestehen bleibt, schafft ihr eine Distanz zwischen euch und dem meditativen Zustand und haltet diesen für etwas sehr Besonderes, d. h. ihr trennt zwischen ihm und euch. Habt ihr dieses dualistische Denken einmal bereinigt, hört ihr damit auf, die Erfahrung als etwas von euch Getrenntes zu erleben, dann seid ihr bereit, in die Ebene des »Yogas des Freiseins von sich ausbreitenden Vorstellungen« einzutreten.

Der »Yoga des Freiseins von sich ausbreitenden Vorstellungen«

Auf dieser Ebene wird die Natur des Geistes direkt erkannt und es handelt sich dabei nicht mehr um eine vorübergehende Erfahrung. In der direkten Erkenntnis der Natur des Geistes wird dieser als raumgleich erlebt.

So wie man in der Weite des Raumes keine Namensschilder anbringen kann, genauso wenig kann irgendeine Form der Etikettierung des Geistes erfolgen. Weder ist er *etwas* noch ist er *nichts*. Da er nicht substanziell existiert, ist er nicht entstanden. Was nicht entsteht, verschwindet auch niemals. Da er ohne Begrenzung ist, gibt es weder eine Mitte noch Bezugspunkte, die auffindbar wären. Der Geist ist in seinem natürlichen Zustand jenseits aller Identifikation, jenseits aller Modifikation oder Künstlichkeit. Deshalb wird diese Ebene der Meditation das »Freisein von sich ausbreitenden Vorstellungen« genannt. Auch diese Stufe kann in drei Ebenen unterteilt werden, die anfängliche, die mittlere und die fortgeschrittene.

Die anfängliche Ebene des »Yogas des Freiseins von sich ausbreitenden Vorstellungen«: Hier entsteht zwar schon direkte Erkenntnis, jedoch seid ihr noch nicht frei von Konzeptualisierungen bzw. dem Gedanken des Festhaltens daran, dass dies eine Realisation sei. Ihr macht die Erkenntnis zu *etwas*. Im post-meditativen Zustand erlebt ihr außerdem die vage Befürchtung, diese Realisation wieder zu verlieren, und habt die Erwartung, noch höhere Ebenen zu erlangen.

Die mittlere Ebene des »Yogas des Freiseins von sich ausbreitenden Vorstellungen«: Während der Meditation sind die begrifflichen Vorstellungen, die für die anfängliche Ebene beschrieben wurden, überwunden. In der Post-Meditation tauchen jedoch immer noch Gedanken auf, die die Erkenntnis des Geistes als leer und klar identifizieren. Daher kommt es im täglichen Leben zu Gedanken wie »dies ist Leerheit«, »dies ist die Natur des Geistes« usw.

Die fortgeschrittene Ebene des »Yogas frei von sich ausbreitenden Vorstellungen«: Ihr bildet hinsichtlich der Erscheinungen oder des Geistes keine Begriffe mehr. Ihr haftet nicht mehr an der Leerheit des Geistes oder der Erscheinungen an und identifiziert sie nicht mehr – weder in der Meditation noch in der Post-Meditation. Ihr habt erkannt, dass der Geist der Natur nach leer und gleichzeitig ohne jegliche Identität ist. Im Allgemeinen verleiht man dem Geist oder den Phänomenen allein dadurch eine gewisse Identität, dass man sie als leer benennt; man gibt ihnen damit die Identität der Leerheit. Dies ist nichts anderes als eine »sich ausbreitende Vorstellung«. An diesem Punkt, in der wahren, direkten Erkenntnis des Geistes, schreibt ihr ihm keine Identität mehr zu. Gleichermaßen konzeptualisiert ihr Erscheinungen nicht mehr und schreibt auch ihnen keine Identität zu. Ihr erkennt einfach ihre leere Natur und belasst es dabei.

Wie man überprüft, ob die Stufe erreicht ist

Falls ihr daran zweifelt, ob ihr die Stufe des »Yogas des Freiseins von sich ausbreitenden Vorstellungen« erlangt habt, könnt ihr dies wieder anhand der sechs Punkte des großen Mahāmudrā-Meisters Tsangpa Gyare Yeshe Dorje überprüfen:

(1) Nehme ich die Natur des Geistes so wahr, wie sie auf dieser Ebene wahrgenommen werden sollte? Auf der Ebene des »Yogas des Freiseins von sich ausbreitenden Vorstellungen« erkennt ihr den Geist, ohne ihm eine Identität zuzuschreiben. Er ist leer wie die Weite des Raums. Fasst ihr die Natur des Geistes nicht in Begriffe und erkennt ihr ihn als leer, ohne ihm eine Identität zuzuschreiben, habt ihr die Natur des Geistes erkannt, wie sie wirklich ist. Verbindet ihr hingegen eure vermeintliche direkte Erkenntnis des Geistes mit dem Konzept der Leerheit, indem ihr *denkt*, dass er leer sei, und schreibt ihm damit eine Identität zu, habt ihr die Ebene des »Yogas des Freiseins von sich ausbreitenden Vorstellungen« noch nicht erlangt.

(2) Habe ich die Fertigkeiten vervollkommnet, die für diese Ebene relevant sind? Auf der Ebene des »Yogas des Freiseins von sich ausbreitenden Vorstellungen« sind die Fertigkeiten der übersinnlichen Wahrnehmungen als leer erkannt. Ist dies nicht der Fall, müsst ihr die Fertigkeiten dieser Ebene noch vervollkommnen.

(3) Gehen entstehende Gedanken mühelos in die Meditation über? In der Post-Meditation kommen weiterhin Gedanken auf. Ihr solltet

feststellen, ob ihr gleichzeitig mit dem Entstehen der Gedanken ihre Leerheit erkennt. Ist dies der Fall, dann gehen Gedanken mühelos in die Meditation über. So könnt ihr herausfinden, ob ihr die Erkenntnis dieser Ebene vervollkommnet habt.

(4) Habe ich die Qualitäten entwickelt, die für diese Ebene relevant sind? Auf dieser Ebene ist die Natur des Geistes frei von sich ausbreitenden Vorstellungen erkannt, frei von allen begrifflichen Identifikationen. Mit direkter Erkenntnis habt ihr die Fähigkeit entwickelt, euch gezielt in zahllose Samādhis zu vertiefen. Darüber hinaus seid ihr in umfassenden Zuständen meditativer Vertiefung fähig, zahllose Wunder zu wirken. Ob ihr die Ebene des »Yogas des Freiseins von sich ausbreitenden Vorstellungen« erlangt habt, könnt ihr daher an eurer Fähigkeit ablesen, gezielt in tiefe Samādhis einzutreten und zahllose Wunder zu vollbringen.

(5) Kann ich Einfluss auf Phänomene ausüben? Auf dieser Ebene habt ihr die leere Natur der Phänomene erkannt. Daher seid ihr fähig, ihre Erscheinung so zu verändern, wie ihr sie erscheinen lassen möchtet. Seid ihr dazu nicht fähig, dann habt ihr die Ebene des »Yogas des Freiseins von sich ausbreitenden Vorstellungen« noch nicht erlangt. Die Transformation von Erscheinungen wird mit der direkten Erkenntnis möglich, dass alle Dinge ihrem Wesen nach leer sind.

(6) Habe ich Ursachen dafür aufgebaut, um mich in der Zukunft als Buddha zum Wohl aller Wesen zu manifestieren? In der direkten Erkenntnis der Leerheit des Geistes und der Erscheinungen ist Mitgefühl nichtdualistisch; es bezieht sich nicht mehr auf ein spezifisches Objekt des Mitgefühls. Ungekünsteltes Mitgefühl auf dieser Ebene der Erkenntnis ist untrennbar von der Leerheit des Geistes. Aktiviert ihr eure Fähigkeit, Phänomene zu transformieren, könnt ihr die jeweiligen Ursachen für zukünftige Manifestationen beim Erlangen der letztendlichen Erleuchtung schaffen. Seid ihr jedoch nicht fähig, Leerheit und Mitgefühl als voneinander untrennbar zu erleben, dann könnt ihr auch noch nicht die dieser Ebene entsprechenden Ursachen für zukünftige Manifestationen und Erscheinungen als Buddha schaffen, um den Lebewesen so zu helfen.

Der »Yoga des einen Geschmacks«

Meditierende, die auf der Ebene des »Yogas des Freiseins von sich ausbreitenden Vorstellungen« die nicht-begriffliche Erkenntnis der Leerheit des Geistes aufrechterhalten, sind in einem äußerst freudvollen Zustand, in dem ihnen weltliche Angelegenheiten völlig uninteressant erscheinen. Für diese Praktizierenden besteht noch ein großer Unterschied zwischen dem erhabenen Zustand der Leerheit und Freude und den vergleichsweise glanzlosen weltlichen Dingen des Alltags.

Von diesem »Yoga des Freiseins von sich ausbreitenden Vorstellungen« geht die Entwicklung weiter zum »Yoga des einen Geschmacks«, bei dem das Trennen zwischen Leerheit und Erscheinungen zu einem Ende kommt. Schließlich kann es zwischen diesen beiden letztlich keinen Qualitätsunterschied geben! Besteht in eurer direkten Erkenntnis kein Unterschied mehr zwischen dem erhabenen Zustand der Leerheit einerseits und den Erscheinungen bzw. den normalen täglichen Erfahrungen andererseits, dann habt ihr die Ebene des »Yogas des einen Geschmacks« erlangt. Wie die anderen Ebenen wird auch sie in drei Stufen unterschieden.

Die anfängliche Ebene des »Yogas des einen Geschmacks«: Hier ist die Erkenntnis erlangt, dass Erscheinungen Leerheit sind und dass daher alle Erscheinungen untrennbar von der Leerheit des Geistes sind. Dennoch identifiziert oder benennt ihr diese Erkenntnis immer noch, indem ihr denkt: »Dies ist der Zustand des ‚einen Geschmacks', die Gleichheit aller Erscheinungen und Leerheit«.

Die mittlere Ebene des »Yogas des einen Geschmacks«: Die im Zusammenhang mit der anfänglichen Ebene beschriebene Identifikation der Erkenntnis ist nicht länger vorhanden. Augenblicklich und ohne »Etikettieren« wird erkannt, dass Erscheinungen untrennbar von Leerheit sind.

Die fortgeschrittene Ebene des »Yogas des einen Geschmacks«: Hier sind die Meditierenden völlig frei von jeglicher gewohnheitsmäßiger, reflexartiger Identifikation. Das Erkennen, dass alle Erscheinungen von der Leerheit des Geistes untrennbar sind, ist sowohl in der Meditation als auch in der Post-Meditation ungekünstelt und ununterbrochen vorhanden.

Wie man überprüft, ob die Stufe erreicht ist

(1) Nehme ich die Natur des Geistes so wahr, wie sie auf dieser Ebene wahrgenommen werden sollte? Erkennt ihr augenblicklich, dass alle Erscheinungen von der Leerheit des Geistes untrennbar sind, dass sie also unter allen Umständen und Bedingungen ihrem Wesen nach von »gleichem Geschmack« sind, dann habt ihr die Natur des Geistes so erlebt, wie sie auf dieser Ebene der Realisation wahrgenommen werden sollte. Werden hingegen nicht alle Erscheinungen als untrennbar von der Leerheit des Geistes und als von »einem Geschmack« wahrgenommen, dann müsst ihr erst noch zu dieser Erkenntnis gelangen. Solange das Erkennen auch nur die geringste Begriffsbildung oder Identifikation beinhaltet, habt ihr diese Ebene der Erkenntnis noch nicht vervollkommnet.

(2) Habe ich die Fertigkeiten, die für diese Ebene relevant sind, vervollkommnet? Seid ihr fähig – in allen Erfahrungen und Situationen –, alles als von der Leerheit des Geistes untrennbar und daher als von »einem Geschmack« wahrzunehmen, dann habt ihr die dieser Ebene entsprechenden Fertigkeiten vervollkommnet. Kommt euch diese Erkenntnis manchmal noch abhanden, entsteht sie nicht spontan und werden das Erhabene und das Weltliche nicht augenblicklich als ihrer Natur nach ohne Unterschied wahrgenommen, müsst ihr die mit dieser Ebene einhergehenden Fertigkeiten erst noch vervollkommnen.

(3) Gehen entstehende Gedanken mühelos in die Meditation über? Ist der »Yoga des einen Geschmacks« verwirklicht, denken Meditierende nicht mehr dualistisch. Ihr seid nicht mehr der Erleber, der etwas erlebt. Lösen sich alle entstehenden Gedanken unter allen Umständen und Bedingungen von selbst in die Leerheit des Geistes auf, habt ihr die Erkenntnis dieser Ebene erreicht. Ist die Wahrnehmung hingegen manchmal undeutlich, sodass ein, wenn auch geringfügiges, Fokussieren erforderlich ist, dann seid ihr noch nicht unter allen Umständen und Bedingungen frei von dualistischem Denken und müsst diese Ebene der Erkenntnis erst noch vervollkommnen.

(4) Habe ich die Qualitäten entwickelt, die für diese Ebene relevant sind? Diese Ebene besteht in der Erkenntnis, dass es keine Trennung zwischen dem eigenen Körper, den Erscheinungen und dem Geist gibt; es ist die

Erkenntnis, dass sie alle den »einen Geschmack« von Leerheit haben. Da ihr unter allen Umständen und Bedingungen nicht-dualistisch erlebt, seid ihr fähig, Phänomene in einer Weise zu transformieren, die den natürlichen Gesetzmäßigkeiten entgegenstehen. Ihr habt damit die Fähigkeit, Wunder zu wirken. Seid ihr noch nicht fähig, Phänomene zu verändern und Wunder zu vollbringen, dann müsst ihr die Entwicklung der dem »Yogas des einen Geschmacks« entsprechenden Qualitäten noch vervollkommnen.

(5) Kann ich Einfluss auf Phänomene ausüben? Habt ihr die Erkenntnis des »Yogas des einen Geschmacks« erlangt, dann habt ihr direkt erkannt, dass alle Dinge ihrer Natur nach leer sind. Die natürliche Gesetzmäßigkeit zwischen Ursache und Wirkung beruht auf der Wahrheit, dass jedes Phänomen seiner Natur nach leer ist. Wären Phänomene nämlich ihrer Natur nach nicht leer, wären sie also substanziell existent, dann könnten sie weder entstehen noch vergehen. Wäre jedes Phänomen statisch und unveränderlich, gäbe es keine Ursachen und keine Wirkungen. Ohne diese gäbe es kein Ansammeln von Verdienst und Saṃsāra würde für immer andauern. Käme Saṃsāra zu keinem Ende, dann könnte Erleuchtung niemals erlangt werden. Die Fähigkeit, die Gesetzmäßigkeit zwischen Ursache und Wirkung als etwas zu sehen, das auf der Leerheit der Phänomene beruht, bedeutet zu sehen, dass auch ein einziger Augenblick entweder die Fortsetzung von Saṃsāra oder aber der Moment letztendlicher Erleuchtung sein kann. In ihrer Leerheit sind alle Dinge von »einem Geschmack«, sei dies Saṃsāra oder Erleuchtung. Es hängt gänzlich davon ab, wie der Geist erlebt. Mit einer solchen Erkenntnis habt ihr Meisterschaft über Phänomene erlangt, wie sie auf dieser Ebene von Meditation erlangt werden sollte. Seid ihr nicht fähig, die Gesetzmäßigkeit zwischen Ursache und Wirkung so differenziert wahrzunehmen, dass ihr seht, wie sie in einem einzigen Augenblick funktioniert, dann ist die Realisation von Ursache und Wirkung noch leicht verschleiert. In diesem Fall habt ihr noch keine vollständige Meisterschaft über Phänomene erlangt. Da euer Geist noch verdunkelt ist, erkennt ihr nicht, wie die Dinge wirklich sind. Auf den Bodhisattva-Stufen sind Verdunkelungen bezüglich der Phänomene noch immer in subtiler Art vorhanden. Ein Bodhisattva löst sie nach und nach auf, bis auf der achten Stufe keine Spur davon mehr

übrig ist. Die gröberen Ebenen der Verdunkelungen, die mit Geistestrübungen und Karma zu tun haben, sind auf diesen hohen Stufen der Erkenntnis nicht mehr vorhanden.

(6) Habe ich die Ursachen dafür geschaffen, mich in der Zukunft als Buddha zum Wohl aller Wesen zu manifestieren? Meditierende, die die Ebene des »Yogas des einen Geschmacks« erlangt haben, haben die Untrennbarkeit von Leerheit und Mitgefühl vollständig erkannt. Diese Erkenntnis ist völlig ungekünstelt und ziemlich anders als alles, was wir uns derzeit darunter vorstellen können. Natürlich entwickelt ihr auf den anfänglichen Stufen der Praxis zunächst positive geistige Qualitäten und erlangt im weiteren Verlauf des Wegs eine gewisse Einsicht in die Natur des Geistes. Nicht-bedingtes Mitgefühl ist jedoch für Anfänger bzw. Anfängerinnen, die normalerweise dualistisch denken und deren Geist durch gewohnheitsmäßiges Festhalten oder Anhaften verdunkelt ist, nicht vorstellbar. Bei Meditierenden, die den »Yoga des einen Geschmacks« erlangt haben, ist Mitgefühl völlig nicht-begrifflich und unparteiisch. Da es untrennbar von der Erkenntnis der Leerheit ist, ist es so unermesslich wie das Weltall. Hilfreiches Wirken beschränkt sich dabei nicht auf jene, die Hilfe suchen. Ununterbrochen strahlt es zu allen Wesen aus – völlig frei und ohne jegliche Parteilichkeit.

Es gibt viele Geschichten über fortgeschrittene Praktizierende, die in Höhlen meditierten. Wilde Tiere, die sich normalerweise von Menschen fern halten, haben ihre natürliche Furcht überwunden und sich solchen einsamen Meditierenden genähert, die spontan Segen und Unterstützung ausstrahlen. Diese Bodhisattva-Meditierenden ziehen die wilden Tiere nicht absichtlich an; es passiert einfach. Haben Meditierende solche Qualitäten des Mitgefühls erlangt, schaffen sie die Ursachen für zukünftige Manifestationen als Buddhas, um allen Wesen zu helfen. Sind diese Qualitäten von Mitgefühl mit der Fähigkeit, anderen allumfassend und unparteiisch zu helfen, noch nicht vervollkommnet, dann müssen die Ursachen für die zukünftigen Manifestationen als Buddha erst noch geschaffen werden.

Es gibt eine sehr bekannte Geschichte über den vierten Karmapa, Rölpe Dorje (1340–1383), der einmal an den Hof des Kaisers von China eingeladen war. Die Prinzen, Minister, Höflinge und Diener baten ihn alle darum zu unterrichten, und trotz der Tatsache, dass die Menschen am Hof verschiedene Sprachen sprachen und der Karmapa auf Tibetisch unterrichtete, wurde er von allen Anwesenden verstanden. Dies ist ein Beispiel dafür, wie ein Bodhisattva anderen hilft und dabei alle Barrieren überschreitet.

Der »Yoga ohne Meditation«

Ist die Erkenntnis des »Yogas des einen Geschmacks« vervollkommnet und sind damit Verdunkelungen ganz entfernt, erreicht ihr die vierte und höchste Ebene der Mahāmudrā-Praxis, den »Yoga ohne Meditation«. Mittlerweile erfordert der meditative Zustand keinerlei Intention oder Mühe mehr. Auch gebt ihr ihm kein »Etikett« mehr. In subtilen Schritten ist diese völlig jenseits aller Bezeichnung liegende Erkenntnis soweit eins mit der Natur des Geistes geworden, dass sie von dieser ununterscheidbar und untrennbar ist. Diese Ebene heißt »ohne Meditation«, weil ihr keine Meditationsstufen mehr durchläuft. Vollkommene Erkenntnis ist erlangt. Ihr seid sozusagen nicht länger auf dem Weg, sondern am Ziel. Ihr habt letztendliche Erleuchtung erlangt, den Zustand vollkommener Buddhaschaft. Sehen wir uns nun die drei Ebenen dieses Yogas an:

Die anfängliche Ebene des »Yogas ohne Meditation«: Ihr fokussiert euch nicht mehr absichtlich. Ihr meditiert nicht mehr, sondern seid natürlicherweise in einem meditativen Zustand, der nur noch als einer Fata Morgana gleich beschrieben werden kann, obwohl immer noch ein vager Nachhall des Gefühls da ist, in Meditation zu sein.

Die mittlere Ebene des »Yogas ohne Meditation«: Die Erkenntnis, jetzt gleichbedeutend mit vollkommener Weisheit, ist umfassend und kontinuierlich. Trotzdem kann sich in der Post-Meditation ganz gelegentlich das allgemeine Bewusstsein noch »einmischen«. Allerdings ist dies eine vernachlässigbare Einmischung, die die innewohnende Weisheit nicht mehr beeinträchtigt. Auf dieser Ebene ist alles weit jenseits der Vorstellung von allgemeinen Meditierenden.

Die fortgeschrittene Ebene des »Yogas ohne Meditation«: Dies ist die vollkommene Erleuchtung des Buddha-Zustands. Denkt an Buddha

Śākyamuni, wie er an diesem Glück verheißenden Vollmondtag im Mai unter dem Bodhi-Baum meditiert und Erleuchtung erlangt hat. Am Vorabend hatte er die »Horden Māras«[74] besiegt, ist dann gegen Mitternacht in einen Zustand vollkommener Meditation eingetreten und hat schließlich zu Sonnenaufgang den Zustand vollkommener Erleuchtung verwirklicht. In der Terminologie von Mahāmudrā ist damit die fortgeschrittene Ebene des »Yogas ohne Meditation« gemeint. In Sūtras wie dem *Samādhirāja-Sūtra* heißt diese letzte Meditation, die zu vollkommener Erleuchtung führt, das »Vajra-gleiche Samādhi«. Samādhi bedeutet tiefe Meditation, Vajra bezieht sich auf etwas, das unzerstörbar ist. Dies ist der meditative Zustand, in den Bodhisattvas eintreten, bevor sie vollkommene Erleuchtung erlangen, eine Meditation, die das allgemeine Bewusstsein vollkommen transformiert. Sie dauert nur einen Augenblick. Da die fortgeschrittene Ebene des »Yogas ohne Meditation« der Höhepunkt und die Frucht aller meditativen Ebenen ist, kann man sie eigentlich nicht mehr als Stufe bezeichnen. Ihr seid nicht mehr auf der Reise, ihr seid angekommen. Dies ist das letztendliche Ziel, vollkommene Buddhaschaft.

Wie man überprüft, ob die Stufe erreicht ist

(1) Nehme ich die Natur des Geistes so wahr, wie sie auf dieser Ebene wahrgenommen werden sollte? Gibt es noch etwas, das es zu erkennen oder zu entwickeln gilt, habt ihr die Quintessenz des Geistes noch nicht vollkommen erkannt. Gibt es nichts mehr, das noch zu erkennen oder zu entwickeln wäre, dann habt ihr die absolute Natur des Geistes vollkommen verwirklicht.

(2) Habe ich die Fertigkeiten vervollkommnet, die für diese Ebene relevant sind? Wird die Meditation in irgendeiner Art und Weise noch dualistisch erfahren, dann habt ihr die Fertigkeiten der Ebene »ohne Meditation« nicht vervollkommnet. Ist die Meditation völlig nicht-dualistisch, dann habt ihr die Fertigkeiten, wie sie dieser höchsten Ebene der Meditation entsprechen, vervollkommnet.

(3) Gehen entstehende Gedanken mühelos in die Meditation über? Auf dieser Ebene sind alle Gedanken in Weisheit umgewandelt. Genau

genommen ist diese dritte Frage hier nicht mehr anwendbar. Das Allem-zugrundliegende Bewusstsein ist der Ursprung der Unwissenheit, aus der alle anderen allgemeinen Geisteszustände entstehen. Ist dieses grundlegende Bewusstsein einmal in Weisheit umgewandelt, gehen alle Geisteszustände auf subtile Weise in den realisierten Zustand ohne Meditation über. Ist auch nur die geringste Vorstellung eines Körpers vorhanden, von Erscheinungen und eines Geistes, der erfährt, oder eines meditativen Zustands, der erfahren wird, dann muss dieser entstehende Gedanke noch in den realisierten Zustand ohne Meditation übergehen.

(4) Habe ich die Qualitäten entwickelt, die für diese Ebene relevant sind? Sind die innewohnenden Qualitäten des Geistes vollkommen herangereift, transformiert sich der allgemeine physische Körper in den Weisheitskörper. Dieser Weisheitskörper, der einem Trugbild gleicht, wird im Allgemeinen als »Regenbogenkörper«[75] bezeichnet. Wie alles andere ist er ein Ereignis im Geist. Wird das Bewusstsein in Weisheit umgewandelt, wird der physische Körper zur Verkörperung von Weisheit, während die wahre Natur des Geistes als Dharmakāya realisiert wird, der Zustand vollkommener Erleuchtung. Hat eine solche Transformation stattgefunden, dann habt ihr die dem Geist innewohnenden Qualitäten voll zur Reife gebracht. Sollte die Vorstellung eines allgemeinen Körpers oder Bewusstseins noch auftauchen – und sei es in einem noch so geringfügigen Ausmaß –, müsst ihr die dem Geist innewohnenden Qualitäten, wie sie im »Yoga ohne Meditation« entfaltet sind, erst noch zur Reife bringen.

(5) Habe ich die illusionsgleichen Phänomenen bereinigt? Auf der Ebene des »Yogas ohne Meditation« erlebt ihr Phänomene nicht mehr als etwas, auf das ihr Einfluss ausübt. Aus diesem Grund lautet auch die Frage hier anders. Auf der Ebene des »Yogas ohne Meditation« seid ihr völlig jenseits davon, Einfluss auf etwas auszuüben, was seinem Erscheinen nach illusionsgleich und seiner Natur nach leer ist. Stattdessen seid ihr fähig, illusionsgleiche Phänomene zu transformieren. Sind diese vollständig transformiert, könnt ihr all die vollendeten Fähigkeiten eines vollkommen erleuchteten Buddhas manifestieren. Die Eigenschaften eines Buddhas sind grenzenlos. Sie lassen sich weder in Worte fassen noch in der Vorstellung ergründen. Manche dieser Qualitäten werden zwar in

Texten wie zum Beispiel dem *Uttaratantraśāstra*[76] geschildert, tatsächlich jedoch sind sie jenseits aller Worte. Sind diese Qualitäten immer noch ein wenig verschleiert, dann habt ihr den Prozess der Transformation noch nicht ganz abgeschlossen.

Es gibt drei Faktoren, die die innewohnenden Buddha-Qualitäten daran hindern, sich zu manifestieren. Zunächst ist da der menschliche Körper, der auf frühere Handlungen oder früheres Karma zurückgeht. Er macht es unmöglich, dass sich die vollkommenen physischen Eigenschaften eines Buddhas manifestieren. Zum Zweiten gibt es die Gewohnheitstendenzen, die aufgrund von Unwissenheit in zahllosen Wiedergeburten angesammelt wurden. Die Rückstände dieser Gewohnheitstendenzen können unbereinigt im Geist festsitzen und verhindern, dass sich die ihm inhärenten ursprünglichen Qualitäten eines Buddhas manifestieren. Zum Dritten hält das nicht verwandelte Bewusstsein die innewohnenden Buddha-Qualitäten davon ab, manifest zu werden. Ziehen wir, um das besser herauszuarbeiten, das Beispiel von Milarepa heran, der in einem einzigen Leben vollkommene Erleuchtung erlangt hat. Sein physischer Körper war die Auswirkung von Karma. Aufgrund früherer Handlungen, die in Unwissenheit verwurzelt waren, war sein Körper weit davon entfernt, vollkommen zu sein. Buddha Śākyamuni wurde hingegen mit einem perfekten Körper, mit den zahlreichen Glück verheißenden physischen Zeichen eines Buddhas geboren. Sein Körper war nicht die Wirkung von Karma. Er kam vielmehr dadurch zustande, dass der Buddha zahllose Lebenszeiten hindurch als Bodhisattva aktiv gewesen war und grenzenlos viele Handlungen der liebenden Güte und des Mitgefühls vollbracht hatte. Man könnte sagen, dass Milarepa auf physischer Ebene nicht die Qualitäten eines Buddhas verkörpert habe. Oder man könnte sagen, dass seine Erleuchtung ein Erwachtsein war, das in seinem Geist stattgefunden hatte, von außen jedoch nicht sichtbar war. Ob er nun die Gewohnheitstendenzen vollständig überwunden und sein Bewusstsein ganz transformiert hatte, wusste niemand außer ihm selbst. Man könnte sagen, dass in seiner Erleuchtung sein Körper ein gewöhnlicher, auf Karma zurückgehender Körper war, ohne die besonderen Merkmale eines Buddhas.

(6) Habe ich die Ursachen dafür geschaffen, mich in der Zukunft als Buddha zum Wohl aller Wesen zu manifestieren? Auf dieser höchsten Ebene ist die sechste Frage kaum anwendbar. Auf der Ebene der Frucht werden keine Ursachen für zukünftige Manifestationen mehr aufgebaut, vielmehr werden zu diesem Zeitpunkt die angesammelten Ursachen für das hilfreiche Wirken als Buddha Wirklichkeit. Die Ebene »ohne Meditation« bezeichnet eine Weisheit, die vom Zustand der Erleuchtung untrennbar ist. In der Erleuchtung wird jedes Phänomen als seiner Natur nach leer wahrgenommen, und Weisheit ist genau diese Erkenntnis, dass jedes Phänomen seiner Natur nach leer ist. Die Tatsache, dass jedes Phänomen seiner Natur nach leer ist, bietet grenzenlosen Raum, in dem grenzenlose Manifestationen entstehen. Es ist falsch zu denken, dass man Erleuchtung *erlangt* und dass es da einen erleuchteten Zustand gäbe, den es zu erreichen gelte. Weisheit und Erleuchtung sind im »Yoga ohne Meditation« voneinander untrennbar. Keinerlei dualistisches Denken findet mehr statt.

Ein Buddha wirkt spontan zum Wohlergehen aller Wesen. Als eine reine Welt nötig war, in der Lebewesen wiedergeboren werden konnten, manifestierte sich einfach eine solche aus dem erleuchteten Geist von Buddha Amitābha. Als die Wesen Erklärungen brauchten, manifestierte sich ein Buddha als ein Prinz in dieser Welt, der sein Königreich aufgab, Entbehrungen auf sich nahm, vollkommene Erleuchtung manifestierte und dann unentwegt lehrte, um in unermesslicher Weise zahllosen Wesen zu helfen. So weit zu den Buddha-Aktivitäten von Buddha Amitābha und Buddha Śākyamuni.

Eine Manifestation ist niemals im Voraus geplant, sondern immer eine Erwiderung auf das, was die Lebewesen gerade brauchen. Seid ihr fähig, solche Buddha-Aktivitäten zu manifestieren, dann habt ihr die Ursachen, die ihr vor der Erleuchtung zum Wohl der Wesen angesammelt habt, Wirklichkeit werden lassen. Seid ihr dazu nicht fähig, dann habt ihr die Ursachen, die ihr auf eurem Weg angesammelt habt, noch nicht Wirklichkeit werden lassen.

Es heißt, dass Bodhisattvas vor ihrer vollkommenen Buddhaschaft in einer reinen Welt Unterweisungen gäben, d. h., dass sie in diese reine Welt kommen, um dort zu lehren, dort bleiben, um zu lehren, und diese nach dem Lehren wieder verlassen. Demgemäß ist der Bodhisattva Maitreya zurzeit im Bereich von Tuṣita[77], wo er Unterweisungen gibt. Natürlich sind wir nicht fähig zu beurteilen, auf welcher Stufe er ist, aber es heißt, dass er sich jetzt dort aufhalte und unterrichte. Manifestiert ihr die Wirkungen der vollkommenen Erleuchtung, braucht ihr jedoch nirgendwo mehr hinzugehen, weil sich diese Wirkungen spontan einstellen.

8

Abschließende Empfehlungen

Wollt ihr den erleuchteten Zustand eines Buddhas erlangen, dann solltet ihr zu allererst eure allgemeine Art zu denken und zu handeln in jene eines Bodhisattvas verändern. Entwickelt eine mitfühlende Haltung mit dem größtmöglichen Wunsch, anderen von Nutzen zu sein. Seid euch dessen bewusst, dass alle Dinge ihrer Erscheinung nach illusionsgleich und ihrer Natur nach leer sind. Mitgefühl ist davon nicht ausgenommen; auch diese innere Haltung ist der Natur nach leer. Die Art und Weise, wie die Leerheit und Klarheit des Geistes erkannt wird, ist hier im Detail dargelegt worden. Was ernsthafte Meditation angeht, solltet ihr euch vor allem einer mitfühlenden Haltung verpflichtet fühlen – zusammen mit dem klaren Verständnis, dass Mitgefühl, wie alles andere, der Natur nach leer ist.

Seid euch dessen bewusst, dass ihr von eurer Kultur und euren individuellen Lebensbedingungen beeinflusst seid, und lasst euer Engagement, anderen zu helfen, davon nicht beeinträchtigen. Ob ihr aus einer asiatischen oder westlichen Kultur kommt, lasst nicht zu, dass eure Verpflichtung, anderen von Nutzen zu sein, durch bestimmte Traditionen eingeschränkt wird. Wendet ihr die in diesem Handbuch beschriebenen Methoden für das Entwickeln von Weisheit und Mitgefühl an, solltet ihr fähig sein, euren Weg in Richtung letztendlicher Erleuchtung kontinuierlich fortzusetzen.

Der große Meister Gampopa fasste die Essenz des Dharma in einer sehr prägnanten Form, den sogenannten »Vier Dharmas«, zusammen. Der erste dieser Dharmas ist »Wende deinen Geist dem Dharma zu«. In der Praxis der Śrāvaka- und Pratyekabuddhayānas bedeutet dies, Saṃsāra aufzugeben, um Befreiung zu erlangen und in das Nirvāṇa einzugehen. Im Bodhisattvayāna bedeutet es, den vollkommenen Buddha-Zustand anzustreben und sich ganz dem Wohlergehen aller Lebewesen zu widmen. Der zweite von Gampopas Vier Dharmas ist »Folge dem Dharma als Weg«. Dies bedeutet, dass man sich ein klares Verständnis davon aneignen sollte, wie der Weg eines Bodhisattvas zielführend praktiziert wird. Śāntidevas *Bodhicaryāvatāra* legt dies zum Beispiel in aller Klarheit dar. Der dritte Dharma lautet »Löse Täuschungen auf dem Weg auf«. Auf dem Weg der Meditation kann man in vielerlei Hinsicht auf Abwege geraten. Räumt daher jene Fehler aus, auf die hingewiesen wurde, indem ihr die verschiedenen Methoden nutzt, die in diesem Handbuch erklärt worden sind. Der vierte und letzte von Gampopas Dharmas lautet »Lass Täuschung als Weisheit aufscheinen« und beschreibt damit eine Verwirklichung, die sich auf der höchsten Ebene einstellt, dem Zustand »ohne Meditation«.

In diesem Handbuch habe ich den Prozess der Meditation dargestellt und damit aufgezeigt, wie ihr euch auf dem Mahāmudrā-Weg bis hin zur höchsten Ebene, der Buddhaschaft, entwickeln könnt. Ich möchte euch dazu ermutigen, diese Mahāmudrā-Lehren genauso anzuwenden, wie sie hier dargelegt wurden.

Anhang 1

Die höheren Daseinsformen, die Wirkung von Śamatha-Praxis, die nicht mit Vipaśyanā verbunden wurde

Als Wirkung reiner Śamatha-Meditation erlangen Meditierende eine bestimmte Ebene meditativer Sammlung. Zu diesem Zeitpunkt solltet ihr darauf achten, die Einheit von Śamatha und Vipaśyanā zu entwickeln, da selbst die tiefsten Zustände innerer Ruhe nicht befreiend wirken. Sie können nur zu immer umfassenderen Zuständen immer tieferer Ruhe und Gelassenheit führen und, nach dem Tod, zu Wiedergeburten in den Bereichen der Form und der Formlosigkeit. Im Bereich der Form haben Meditierende zwar keinen materiellen Körper, sie halten jedoch in ihrer Vorstellung weiterhin am Erleben eines solchen fest. Im Bereich der Formlosigkeit hält man nicht einmal mehr das Konzept eines Körpers aufrecht. Im folgenden Abschnitt finden sich die wörtlichen Übersetzungen der Namen dieser meditativen Zustände.[78]

Der Bereich der Form
(Skr.: *rūpadhātu*; Tib.: *gzugs kyi khams / sugkyi kham*)

Der Bereich der Form besteht aus vier Stufen, die wiederum in insgesamt siebzehn Ebenen unterteilt werden. Sie werden anhand des Ausmaßes an Frieden unterschieden, wie er von Meditierenden erlebt wird, die sich schrittweise durch die siebzehn Ebenen entwickeln:

Die erste Stufe der Meditation mit ihrer dreifachen Unterteilung:
- Brahmās Gruppe zugehörig (Skr.: *brahmakāyika*; Tib.: *tshangs ris / tsangri*)
- Vor Brahmā (Skr.: *brahmapurohita*; Tib.: *tshangs mdun / tsangdün*)
- Großer Brahmā (Skr.: *mahābrahmāṇa*; Tib.: *tshangs chen / tsangchen*)

Die zweite Stufe der Meditation mit ihrer dreifachen Unterteilung:
- Begrenztes Licht (Skr.: *parīttābha*; Tib.: *'od chung / öchung*)
- Grenzenloses Licht (Skr.: *apramāṇābha*; Tib.: *tshad med 'od / tsemed ö*)
- Klares Licht (Skr.: *ābhāsvara*; Tib.: *'od gsal / ösal*)

Die dritte Stufe der Meditation mit ihrer dreifachen Unterteilung:
- Begrenzte Tugend (Skr.: *parīttaśubha*; Tib.: *dge chung / gechung*)
- Grenzenlose Tugend (Skr.: *apramāṇaśubha*; Tib.: *tshad med dge / tseme ge*)
- Allgegenwärtige Tugend (Skr.: *śubhakrtsna*; Tib.: *dge rgyas / ge gye*)

Die vierte Stufe der Meditation mit ihrer achtfachen Unterteilung:
- Wolkenlos (Skr.: *anabhraka*; Tib.: *sprin med / trin me*)
- Verdienstgeboren (Skr.: *puṇyaprasava*; Tib.: *bsod nams skye / sönam kye*)
- Große Frucht (Skr.: *bṛhatphala*; Tib.: *'bras bu che ba / drebu chewa*)
- Nicht Groß (Skr.: *avṛha*; Tib.: *mi che ba / mi chewa*)
- Ohne Hitze (Skr.: *atapa*; Tib.: *mi gdung ba / mi dungwa*)
- Hervorragende Erscheinung (Skr.: *sudṛśa*; Tib.: *gya nom snang ba / gyanom nangwa*)
- Hervorragendes Sehen (Skr.: *sudarśana*; Tib.: *shin tu mthong ba / shintu thongwa*)
- Die höchste (wörtl. nicht nieder) (Skr.: *akaniṣṭha*; Tib.:*'og min / ogmin*)

Der Bereich der Formlosigkeit
(Skr. ārūpyadhātu; tib. gzugs med kyis khams / sugme kyi khams)

Im Bereich der Formlosigkeit wird keine physische Welt erfahren. Aus diesem Grund erleben die Meditierenden auch keinen physischen Körper mehr. Es gibt vier verschiedene Ebenen. Da diese jedoch kaum voneinander unterscheidbar sind, ist eine weitere Unterteilung unmöglich. Die vier Ebenen werden lediglich hinsichtlich des Objekts unterschieden, auf das der Geist konzentriert ist:

- Grenzenloser Raum (Skr.: *ākāśānantya*; Tib.: *nam mkha' mtha yas / namkha thaye*)
- Grenzenloses Bewusstsein (Skr.: *vijñānānantya*; Tib.: *rnam shes mtha' yas / namshe thaye*)
- Überhaupt nichts (Skr.: *ākiṃcanya*; Tib.: *ci yang med pa / chiyang mepa*)
- Weder Wahrnehmung noch Nichtwahrnehmung, auch der »Gipfel weltlicher Existenz« genannt (Skr.: *naivasaṃjñānā saṃjña*; Tib.: *yod min med min / yömin memin* oder Skr.: *bhavāgra*; Tib.: *srid rtse / sitse*)

Dies sind keine Zustände der Befreiung aus Saṃsāra, dem Kreislauf der Wiedergeburten. Nachdem Meditierende Millionen Jahre in einem dieser Zustände tiefer Konzentration verweilt sind, fallen sie unfreiwillig wieder in den Bereich der Begierde und werden als Gott, Halbgott, Mensch, Tier, Hungergeist oder Höllenwesen wiedergeboren. Detaillierte Erklärungen zu diesem Thema finden sich in Vasubandhus »Schatz des Wissens« (Skr.: *Abhidharmakoṣa*), Asangas »Kompendium Höherer Lehren« (Skr.: *Abhidharmasamuccaya*) oder in Mipham Rinpoches »Das Tor zum Verständnis eines Pandita« (Tib.: *Kejug*)[79].

Anhang 2

Endnoten

1. Eine englische Übersetzung dieses Buchs wurde von Lobsang P. Lhalungpa im Jahr 1986 unter dem Titel *Mahāmudrā, the Moonlight Quintessence of Mind and Meditation* publiziert. Der vollständige tibetische Titel lautet *Nges don phyag rgya chen po'i sgom rim gsal bar byed pa'i legs bshad zla ba'i 'od zer*, der Kurztitel *Phyag chen sgom rim zla ba'i 'od zer*, das »Mondlicht der Meditationsabfolge von Mahāmudrā«. Im Jahr 2019 ist eine neue, sehr empfehlenswerte Übersetzung ins Englische von Elizabeth Callahan erschienen: *Moonbeams of Mahāmudrā by Dakpo Tashi Namgyal. With Dispelling the Darkness of Ignorance by Wangchuk Dorje, the Ninth Karmapa.* Boulder: Snow Lion Publications

2. Skr.: *amanasikāra*; tib. Umschrift: *yid la mi byed pa*; tib. Lautschrift: *yi la mi je pa*. Maitrīpa zählt, genauso wie Saraha, zu den großen indischen Siddhas und Vorvätern der Dagpo Kagyü-Tradition, in der Mahāmudrā auch losgelöst von Ermächtigung und tantrischer Übung gelehrt und praktiziert werden kann. In diesem Zusammenhang fällt oft der von Maitrīpa viel verwendete Begriff »Amanasikāra«, das »Nicht Vorstellen«. Der Sanskrit Begriff »A-manasikāra«, wird in den Werken von Maitrīpa und seinen Schülern wie folgt erklärt: »A«, die erste Silbe dieses Kompositums, steht für die Leerheit aller Phänomene, und zwar in dem Sinne, dass die Meditierenden frei von jeglichem Festhalten an Merkmalen sind, die das allgemeine samsarische Bewusstsein den äußeren Erscheinungen und inneren Erfahrungen zuschreibt. Die Meditierenden sind daher frei davon, diese entweder für etwas real Bestehendes zu halten oder sie zu negieren. Aus diesem Grund bestehen ihre »manasikāras«, d.h. ihre »geistigen Vorgänge«, in der nicht-dualistischen und begriffsfreien Erkenntnis der Wirklichkeit. Maitrīpa setzt außerdem die Silbe »A«, die gängiger Weise für Leerheit steht, mit Lichthaftigkeit gleich, die hier wiederum die dem Geist inhärente Weisheit verdeutlicht. Insgesamt lässt sich festhalten, dass »Amanasikāra« in diesem Zusammenhang für die Kontinuität des nicht-dualen Weisheitsgeistes steht, in der die Erkenntnis von Leerheit und Mitgefühl untrennbar voneinander sind.

Siehe in diesem Zusammenhang das von Klaus-Dieter Mathes im Jahr 2015 publizierte Buch: *A Fine Blend of Mahāmudrā and Madhyamaka: Maitrīpa's Collection of Texts on Non-conceptual Realization (Amanasikāra)*. Es enthält die Übersetzung von Maitrīpas *Amanasikāra*-Werken aus dem Sanskrit bzw. dem Tibetischen. Siehe auch sein 2021 erschienenes Buch: *Maitrīpa. India's Yogi of Nondual Bliss*. Boulder: Shambala Publications

3. Tib. Umschrift: *theg chen blo sbyong*; tib. Lautschrift: *thegchen lojong*. Dieses Geistestraining kam mit dem indischen Meister Atiśa (980–1054) nach Tibet. Im Westen ist diese Form der Praxis oft unter dem Stichwort »Geben und Nehmen« bekannt. Der Schwerpunkt der Praxis besteht im Entwickeln der Einheit von relativem und letztendlichen Bodhicitta. Im tibetischen Buddhismus gibt es zahlreiche Erklärungen zu dieser Praxis, von denen einige bereits in westliche Sprachen übersetzt wurden. Shamar Rinpoche selbst hat einen in Englisch verfassten Kommentar dazu geschrieben, dessen deutsche Übersetzung unter dem Titel *Lojong, der buddhistische Weg zu Mitgefühl und Weisheit* erschienen ist.

4. Skr. *Avalokiteśvara*; tib. Umschrift: *spyan ras gzigs*. Der Name eines Buddha-Aspekts, der besonders die Qualität von Mitgefühl und Weisheit verkörpert. Die Praxis auf Chenresig, mit der die Rezitation des Mantras *om mani padme hum* einhergeht, zählt zu den besonders viel verwendeten Meditationen im tibetischen Buddhismus und wurde auch von Shamar Rinpoche sehr empfohlen.

5. Eine Anleitung, die Shamar Rinpoche zu dieser Praxis auf Chenresig im Bodhi Path-Zentrum in Renchen-Ulm gab, ist dort als Broschüre erhältlich.

6. Skr.: *abhiṣeka*; tib. Umschrift: *dbang*; tib. Lautschrift: wang. »*Abhiṣeka*« bzw. »Ermächtigung« bezeichnet einen spirituellen Prozess, in dem ein Meister bzw. eine Meisterin einen Schüler bzw. eine Schülerin in die Erkenntnis der Natur des Geistes einführt und ihn bzw. sie in Zuge dessen auch dazu befähigt, auf diesen Buddha-Aspekt zu meditieren.

7. Alle Titel sind im Norbu Verlag erschienen.

8. Skr.: *praṇidhāna*; tib. Umschrift: *smon lam*; tib. Lautschrift: *mönlam*. Der Sanskritbegriff »praṇidhāna« bedeutet u.a. »Streben, Bestrebung, Anwendung, Gelöbnis, Gelübde, Vertiefung und Bemühung«. Im Tibetischen wurde er mit »mönlam« wiedergegeben, das wörtlich übersetzt »Wege des Strebens« bedeutet. Die Ausrichtung, die im buddhistischen Kontext gemeint ist, ist jene eines Bodhisattvas und damit das Streben nach dem Wohlergehen aller Wesen. Im Mahāyāna Buddhismus steht der Begriff auch kurz für die Praxis von Gebeten, die diese Bestrebung zum Ausdruck

bringen. Im Deutschen übliche Übersetzungen sind »Wünsche«, »Wunschgebete« und »Wege des Strebens«.

9. Gemeint sind die sechs Pāramitās: Geben, Ethik, Akzeptanz, freudige Anstrengung, Meditation und Weisheit.

10. »Meditation« ist u. a. die Übersetzung des Sanskritbegriffs *bhāvanā* (tib. Umschrift: *sgom*; tib. Lautschrift: *gom*). In unserem Kontext bedeutet dieses Wort sowohl, sich zu fokussieren, seine Gedanken auf ein Objekt oder Thema zu richten und geistesgegenwärtig zu sein, als auch, sich mit etwas vertraut zu machen. Letztlich handelt es davon, in der wahren Natur des Geistes zu ruhen und mit dieser vertraut zu werden.

11. Das Sanskrit-Wort »Yāna« bedeutet wörtlich übersetzt »Fahrzeug« und bezeichnet in diesem Zusammenhang bestimmte Vorgehensweisen buddhistischer Praxis. Aus Sicht des Mahāyāna Buddhismus wird in das sog. Śrāvakayāna, das Pratyekabuddhayāna und das Bodhisattvayāna unterschieden. »śrāvaka« heißt wörtlich »Hörer«, »Pratyekabuddha« heißt wörtlich »aus sich selbst heraus erwacht« und »Bodhisattva« kann in etwa als »jene, die nach dem Erwachen streben« übersetzt werden. Im nächsten Abschnitt geht Shamar Rinpoche kurz auf diese drei ein.

12. Skr.: *śamatha*; tib. Umschrift: *gzhi gnas*; tib. Lautschrift: *shine*.

13. Skr.: *vipaśyanā*; tib. Umschrift: *lhag mthong*; tib. Lautschrift: *lhagtong*.

14. Die zehn negativen Handlungen sind: (1) Töten, (2) Stehlen, (3) sexuelles Fehlverhalten, (4) Lügen, (5) Zwietracht säen, (6) verletzende Worte, (7) sinnlose Rede, (8) Habgier, (9) Missgunst und (10) falsche Ansichten. Diese zehn negativen Handlungen zu unterlassen, sind die zehn positiven. Deren jeweiliges Gegenteil zu praktizieren, so zum Beispiel Leben zu schützen, sind die zehn besonders positiven Handlungen.

15. Skr.: *māyopama samādhi*; tib. Umschrift: *rgyu ma lta bu'i ting nge 'dzin*; tib. Lautschrift: *gyuma tabü ting nge dsin*.

16. Die zwölf Glieder des abhängigen Entstehens sind: (1) Unwissenheit, (2) gestaltendes Karma, (3) Bewusstsein, (4) Name und Form, (5) die Sinne, (6) Kontakt, (7) Empfindungen, (8) Festhalten, (9) Ergreifen, (10) Werden, (11) Geburt und (12) Altern und Tod.

17. Es handelt sich dabei um eine Zeremonie, in der man das Versprechen ablegt, zum Wohl aller Wesen Buddhaschaft anzustreben und sich dem Entwickeln von relativem und letztendlichem Bodhicitta zu widmen. Dieses Versprechen wird dann, als Teil der eigenen Bodhisattva-Praxis, täglich wiederholt bzw. erneuert.

18. »Verdienst« steht für heilsames Denken und Handeln und den inneren und äußeren Freiraum, der dadurch entsteht.

19. Skr.: *skandha*; tib. Umschrift: *phung po*; tib. Lautschrift: *pungpo*. Traditionell werden fünf Skandhas aufgezählt, nämlich Form, Empfindungen, Unterscheidungen, Formkräfte und Bewusstsein, die eine Person konstituieren und im Erleben des Einzelnen den Eindruck einer konstanten Ich-Identität bewirken.

20. Zur Auflistung der sog. Bereiche der Form und der Formlosigkeit, siehe Anhang.

21. Skr.: *dhyāna*; tib. Umschrift: *bsam gtan*; tib. Lautschrift: *samten*.

22. Skr.: *bodhicitta*. Die Geisteshaltung eines Bodhisattvas, der bzw. die Buddhaschaft zum Wohl aller Wesen anstrebt und diese Haltung des sog. relativen Bodhicitta durch die Praxis der sechs Pāramitās, d. h. der Vollkommenheiten, umsetzt, bis er bzw. sie schließlich absolutes Bodhicitta verwirklicht und als Buddha in grenzenlosem Ausmaß zum Wohl aller Wesen wirkt.

23. Energiebahnen (Skr. *nāḍī*; tib. Umschrift: *rtsa*; tib. Lautschrift: *tsa*;) bezeichnen feinstoffliche Strukturen im Körper, über die sich Energien im Körper bewegen und Körperfunktionen steuern. Energiewinde (Skr. *prāṇā*; tib. Umschrift: *rlung*; tib. Lautschrift: *lung*) handeln von den eng mit dem Bewusstsein verbundenen Körperenergien, die sich in diesen Energiebahnen bewegen. Tropfen (Skr. *bindu*; tib. Umschrift: *thig le*; tib. Lautschrift: *thigle*) bezeichnet die Essenzen oder Grundbausteine des Körpers und des Bewusstseins. Durch bestimmte Körperübungen und Visualisationen werden *nāḍīs*, *prāṇā* und *bindu* so beeinflusst, dass körperliche und geistige Gelöstheit sowie Wohlgefühl entstehen, die das Verweilen in der Natur des Geistes erleichtern.

24. Skr.: *smṛti*; tib. Umschrift: *dran pa*; tib. Lautschrift: *drenpa*. *Achtsamkeit* (bzw. *mindfulness* auf Englisch) ist mittlerweile die Standardübersetzung des Sanskrit-Begriffs *smṛti*, des Pāli *sati* und des tibetischen *dran pa*. Das Nomen *smṛti* leitet sich von der Sanskrit-Wurzel *smṛ* ab. *Smṛti* bedeutet wörtlich »Erinnern« bzw. »Vergegenwärtigen«. Diese Bedeutung steht zum Beispiel bei den sowohl im Theravāda- als auch im Mahāyāna-Buddhismus verwendeten drei bzw. sechs Vergegenwärtigungen im Vordergrund (das Vergegenwärtigen von Buddha, Dharma und Sangha sowie von Ethik, Großzügigkeit und von Devas). Der Begriff wird auch verwendet, wenn es um das Sich-Erinnern an frühere Lebenszeiten geht. Im Kontext von Meditation steht die bekannteste Verwendung von *smṛti* in Zusammenhang mit dem sog. vierfachen »Gegenwärtig Sein in Achtsamkeit« (Skr.: *smṛtyupasthāna*; Pāli: *satipaṭṭāna*; Tib.: *dran pa nye bar gzhags pa*) in Bezug auf den Körper, Empfindungen, Geisteszustände und den Dharmas; oft werden sie auch als die vier »Grundlagen der Achtsamkeit« bezeichnet. Im Kontext der Meditation, wie sie im vorliegenden Buch dargestellt wird, bedeutet *smṛti*, dass man gegenwärtig bleibt, also seinen Fokus ohne abzuschweifen

aufrechterhält und sich des gegenwärtigen Moments bewusst ist. *Achtsamkeit* steht somit für Präsenz; sie wirkt der Tendenz entgegen, abgelenkt oder geistesabwesend zu sein bzw. den Geist in Gedanken oder in Schläfrigkeit abgleiten zu lassen.

25. Skr.: *saṃprajanya*; Pāli: *sampajañña*; tib. Umschrift: *shes bzhin*; tib. Lautschrift: *sheshin*. Im Kontext von Meditation erfordert *Achtsamkeit* die Überstützung von *fortlaufender Bewusstheit*. Für letzteren Begriff hat sich bislang noch keine englische bzw. deutsche Standardübersetzung eingebürgert. Übersetzungen, die man derzeit dafür findet, sind im Englischen zum Beispiel *vigilance, alertness, awareness, clear comprehension* oder *introspection* und analog im Deutschen *Wachheit, Bewusstheit, klare Einsicht* und *Innenschau*. Wörtlich bedeutet das Sanskrit *prajanya* (das Partizip Präsens des Verbs *wissen*) *wissend*. Die Vorsilbe *sam*, die in diesem Fall eine Verstärkung impliziert, vermittelt, dass es sich um ein genaues oder klares Wissen handelt und in diesem Sinne um *fortlaufende Bewusstheit*. Im Tibetischen wurde *samprajanya* mit *shes bzhin* wiedergegeben. *Shes* bedeutet *wissen, bzhin* verdeutlicht, dass es sich dabei um einen fortlaufenden Prozess handelt. *Fortlaufende Bewusstheit* bedeutet also, sich kontinuierlich und genau dessen bewusst zu sein, was im eigenen Geist vor sich geht. So ist man sich zum Beispiel dann, wenn der Geist bei seinem Fokus verweilt, dessen bewusst, dass dem so ist. Wandert er hingegen umher, so registriert man diese Bewegung usw. *Fortlaufende Bewusstheit* ist also die Grundlage, um einer konditionierten und automatisierten Reaktivität entgegenwirken zu können. Sie befähigt Meditierende, mit allem, was sich ereignet, in einer heilsamen Art und Weise umzugehen, ohne aufkommende Impulse zu unterdrücken oder sie einfach auszuagieren. In modernen, teilweise auch säkularen Darstellungen buddhistischer Meditation wird *Achtsamkeit* häufig als Überbegriff für sowohl *Achtsamkeit* als auch *fortlaufende Bewusstheit* verwendet.

26. Die genauen tibetischen Begriffe sind: sems (1) *'jog par byed*, (2) *kun tu 'jog par byed*, (3) *nges par 'jog par byed*, (4) *nye bar 'jog par byed*, (5) *'dul bar byed*, (6) *zhi bar byed*, (7) *nye bar zhi bar byed*, (8) *rgyun gcig tu byed* und (9) *mnyam par 'jog par byed*.

27. Autor: Asaṅga (4. Jh. AD).

28. Die tibetischen Begriffe sind: *chos* (1) *rnam par 'byed pa*, (2) *rab tu rnam 'byed pa*, (3) *yongs su rtog pa* und (4) *yongs su dpyod par byed pa*.

29. Skr.: *praśrabdhi*; tib. Umschrift: *shin sbyang*; tib. Lautschrift: *shinjang*.

30. Auch als Vajra-Sitz bezeichnet.

31. Auch als Bodhisattva-Haltung bezeichnet.

32. Eine im tibetischen Buddhismus häufig durchgeführte Form einer dreijährigen Zurückziehung, die unter der Anleitung eines Meditationsmeisters meist in

einer Gruppe durchgeführt wird. Der Inhalt der Praxis ist, je nach Tradition, etwas unterschiedlich. Meistens liegt der Schwerpunkt auf Vajrayāna-Übungen. Das bekannteste Retreat-Zentrum der Karma Kagyü-Tradition im Westen ist in der Auvergne in Frankreich.

33. Beim sog. Bodhi-Baum (ficus religiosa) handelt es sich um eine Pappelfeige, die im Buddhismus eine wichtige Rolle spielt, da der Buddha den Zustand des Erwachtseins unter diesem Baum in Bodhgaya erlangt haben soll. Es heißt, dass die Nonne Sanghamitta, eine Tochter des Kaisers Aśoka (304–232 v. Chr.), einen Zweig des ursprünglichen Baums aus Bodhgaya, dem Ort Buddhas Erleuchtung, nach Sri Lanka gebracht habe und dass später wiederum ein Ableger von diesem Baum in Bodhgaya gepflanzt worden sei. In jedem Fall gelten der Bodhi-Baum bzw. auch seine Blätter als Symbol für den Zustand des Erwachtseins und des Friedens und letztlich für das Potential jedes einzelnen Lebewesens.

34. Der tibetische Begriff, der üblicherweise als »Werden« und auch als »bedingte Existenz« wiedergegeben wird, ist *sid pa* (tib. Umschrift: *srid pa*) und bedeutet u. a. »Möglichkeit«.

35. Shamar Rinpoche hat selbst eine kurze Abhandlung zu den fünf Skandhas verfasst, die bald erhältlich sein wird. Siehe zum Beispiel auch Mipham Rinpoche, *Das Tor zum Verständnis eines Pandita*, vol. 1, Norbu Verlag 2023

36. Hier wird die spirituelle Entwicklung im Mahāyāna angesprochen: die Fünf Pfade oder Wege und die Zehn Bodhisattva-Stufen. Die Fünf Wege sind der Weg der Ansammlung, der Überleitung, der Einsicht, des Übens oder der Meditation und des Nicht-mehr-Lernens. Der Weg der Einsicht entspricht der ersten Bodhisattva-Stufe und ist die erste Stufe der Erleuchtung. Innerhalb der zehn Bodhisattva-Stufen, die sich über den Weg des Übens oder der Meditation erstrecken, unterscheidet man in die sog. unreinen, von der ersten bis zur siebten, und die sog. reinen, von der achten bis zur zehnten Bodhisattva-Stufe. Die elfte Stufe ist die Verwirklichung vollkommener Buddhaschaft, der Weg des Nicht-mehr-Lernens.

37. Bei den Begriffen »untersuchen« und »analysieren« handelt es sich um zwei Fachbegriffe (Tib.: *rtog pa* und *dpyod pa*), die ein immer tiefer gehendes Betrachten ausdrücken sollen. Im Kontext der Meditation kann »untersuchen« auch bedeuten, die Aufmerksamkeit dem jeweiligen Objekt zuzuwenden und »analysieren«, die Aufmerksamkeit dort zu halten. Genaue Erklärungen zu diesen Vorgängen finden sich zum Beispiel im *Saṃdhinirmocanasūtra*, in der *Śrāvakabhūmi* oder auch im *Abhidharmasammucaya*.

38. Der tibetische Titel dieses Sūtra, wie er in Dagpo Tashi Namgyals »Mahāmudrā-Mondlicht« angegeben wird, lautet *Nam mkha' lta bu'i ting nge 'dzin gyi mdo*, wörtlich

das »Sūtra des raumgleichen Samādhis«. Ein entsprechender Sanskrit-Titel ließ sich nicht ermitteln.

39. Obwohl in tibetischen Texten oft *kusāli* steht, ist dies vermutlich eine falsche Transliteration des Sanskrit-Begriffs *kuśali*, der eine Person bezeichnet, die Heilsames tut.

40. Sarahas Daten sind unsicher. Moderne Historiker bzw. Historikerinnen verorten ihn ca. im 9. Jahrhundert unserer Zeitrechnung. Die Begründung ist, dass einige der Werke, die er kommentierte, in dieser Zeit entstanden sein sollen. Laut traditioneller tibetischer Quellen lebte er einige hundert Jahre früher, irgendwann in der Zeit zwischen zwei Generationen nach dem Leben des Buddha (als Schüler von Buddhas Sohn Rāhula) und dem zweiten Jahrhundert (als Nāgārjunas Lehrer). Shamar Rinpoche bezieht sich hier auf Saraha als Lehrer von Nāgārjuna.

41. Tib. Umschrift: *phyag rgya chen po.*

42. Die tibetischen Kurzbezeichnungen für diese drei Herangehensweisen sind (1) tib. Umschrift: *rjes dpag lam byed*, tib. Lautschrift: *jepag lam dsche*; (2) tib. Umschrift: *byin rlabs kyi lam*, tib. Lautschrift: *djinlab kyi lam* und (3) tib. Umschrift: *mngon sum lam byed*, tib. Lautschrift: *ngönsum lam dsche.*

43. Siehe Abschnitt: Allgemeine Vipaśyanā-Praxis im Detail.

44. Skr.: *amanasikāra*; tib. Umschrift: *yid la mi byed pa*; tib. Lautschrift: *yi la mi je pa.*

45. Skr.: *sahaja*; tib. Umschrift: *lhan cig skye pa*; tib. Lautschrift: *lhen chig kye pa.*

46. Divination bezeichnet hier eine bestimmte Form der Wahrsagekunst, eine spirituelle Vorgehensweise, die einen Lehrer bzw. eine Lehrerin darin unterstützt, SchülerInnen gut anzuleiten. Im tibetischen Buddhismus bestehen derartige Divinationen meist darin, dass der/die LehrerIn sich in seine/ihre eigene Meditationspraxis vertieft, meistens in Bezug auf einen bestimmten Buddha-Aspekt oder Yidam, und im Verlauf dieser Praxis Hinweise bezüglich der jeweiligen Fragestellung bekommt.

47. Tib. Umschrift: *phyag chen yi ge bzhi pa'i khrid.*

48. Tib. Umschrift: *phyag chen lhan cig skyes sbyor gyi khrid.*

49. Ursprünglichkeit steht für »ursprüngliche Weisheit« bzw., wörtlich übersetzt, die »gleichzeitig bestehende Weisheit«. Skr.: *sahajajñāna*; tib. Umschrift: *lhan cig skyes pa'i ye shes*; tib. Lautschrift: *lhenchig kyepe yeshe*. Siehe weitere Erklärungen dazu im Abschnitt »Ursprüngliche Weisheit, die Mahāmudrā-Weisheit«.

50. Eine deutsche Übersetzung ist unter diesem Titel im Norbu Verlag erhältlich. Der tibetische Kurztitel von diesem Werk ist in tib. Umschrift: *Phyag chen nges don sgron me*; tib. Lautschrift: *Chag chen ngedön drön me*.

51. Eine deutsche Übersetzung ist unter diesem Titel im Theseus Verlag erhältlich. Der tibetische Kurztitel von diesem Werk ist in tib. Umschrift: *Phyag chen nges don rgya mtsho*; tib. Lautschrift: *Chag chen ngedön gyamtso*.

52. Die entsprechenden Bücher und Texte für diese Übungen sind in deutscher Übersetzung in den Bodhi Path-Zentren und weiteren Karma Kagyü-Zentren sowie teilweise auch im Buchhandel erhältlich.

53. Während diese vier genannten spezifischen Mahāmudrā-Vorbereitungen zum Vajrayāna und damit zum tantrischen Buddhismus zählen, handelt es sich bei der sog. Fünfunddreißig Buddha-Praxis, das auch als »Sūtra dreier umfangreicher Aspekte der Praxis« bezeichnet wird, um eine Übung auf allgemeiner Mahāyāna- oder Sūtra-Ebene. Es ist eine im tibetischen Buddhismus sehr beliebte Rezitation eines Ausschnitts von einem längeren Sūtra, dem eine stark reinigende Wirkung zugeschrieben wird. Dabei werden zunächst fünfunddreißig bestimmte Buddhas visualisiert. Dann (1) drückt man zunächst seine Wertschätzung für sie aus und macht, entweder in der Vorstellung oder tatsächlich, Verbeugungen vor ihnen. In der Folge (2) bekennt man negative Handlungen, die man in der Vergangenheit verübt hat und verspricht, keine unheilsamen Handlungen mehr zu setzen. Zuletzt (3) erfreut man sich an allen heilvollen Handlungen, die man selbst getan hat bzw. auch an all jenen von anderen, einschließlich aller erleuchteten Wesen, und widmet schließlich das Heilsame dem Wohl aller Wesen.

54. Tib. Umschrift: *bum chen*; tib. Lautschrift: *bum chen*. Es handelt sich dabei um eine yogische Atemübung, bei der der Atem in einer bestimmten Art und Weise gehalten wird.

55. Dies ist die wörtliche Übersetzung eines in der Mahāmudrā-Terminologie beliebten Begriffs für die Leerheit des Geistes. Tib. Umschrift: *gzhi med rtsa bral*; tib. Lautschrift: *shime tsadral*.

56. Tib. Umschrift: *rang rig rang gsal*; tib. Lautschrift: *rangrig rangsal*.

57. Dies ist ein wichtiges Konzept buddhistischer Philosophie, eine Sicht, die sowohl Teil der Cittamātra-Lehrmeinung ist, der sog. Nur-Geist-Schule, als auch der Madhyamaka-Lehrmeinung, dem sog. Mittleren Weg. In diesen Lehrmeinungen

werden die komplexen Funktionsweisen des Geistes eingehend erforscht, um darzulegen, dass sich alles, was es gibt, innerhalb des Geistes ereignet.

58. Skr.: *sahajajñāna*; tib. Umschrift: *lhan cig skyes pa'i ye shes*; tib. Lautschrift: *lhenchig kyepe yeshe.*

59. Gomchung Sherab Jangchub (1130–1173) war ein Neffe und direkter Schüler von Gampopa. Er verbrachte viel Zeit in Zurückziehung, war jedoch auch als Abt des Daglha Gampo-Klosters tätig, das Gampopa begründet hatte. In seiner Hagiografie heißt es, dass er übernatürliche Fähigkeiten gehabt habe, wie zum Beispiel, sich unsichtbar zu machen.

60. Tib. Umschrift: *phyag chen lhan cig skyes sbyor*; tib. Lautschrift: *chagchen lhenchig kye jor.*

61. Tib. Umschrift: *rdzogs chen*, Skr.: *mahā ati.* Ein vorwiegend in den Nyingma- und Kagyü-Schulen verwendeter Zugang zu Meditation, der große Ähnlichkeit mit dem Mahāmudrā-System aufweist.

62. Im Jahr 2001 schrieb Shamar Rinpoche einen kurzen Text auf Tibetisch, in dem er dieses Thema bespricht: »Der Schmuck von Gampopas Absicht, die Klärung von Unsicherheiten in Bezug auf »Gedanken-Dharmakāya« (Tib.: *Rnam rtog chos sku'i dogs sel sgam po'i dgongs rgyan).* Eine Übersetzung dieses Textes ist in Vorbereitung.

63. Der tibetische Begriff hierfür lautet *la zlo ba* (tib. Lautschrift: *la dowa*) wörtlich übersetzt »einen Bergpass überschritten haben«. Er impliziert, dass Meditierende auf der Grundlage ihrer meditativen Schulung und der damit einhergehenden Erfahrungen jede Form von Zweifel und Unsicherheit in Bezug auf die wahre Natur des Geistes überwunden haben. Er kann daher als »definitive, eindeutige, transzendente oder unumstößliche Gewissheit« wiedergegeben werden.

64. Skr.: *prapañca*; tib. Umschrift: *spros pa*; tib. Lautschrift: *tröpa.* »Prapañca« bedeutet wörtlich übersetzt »Entfaltung« und bezeichnet die Gewohnheit des samsarischen Bewusstseins, allem, sowohl inneren Erfahrungen als auch vermeintlich äußeren Objekten, Seinsweisen zu- oder abzuschreiben und somit subjektive und konditionierte Vorstellungen über alles auszubreiten.

65. Als Shamar Rinpoche diese Unterweisungen in Hongkong gab, erklärte er, dass Meditierende, bevor sie diese zwei Methoden anwenden, zum Lama beten sollten, allerdings unter der Voraussetzung, dass dieser Lehrer bzw. diese Lehrerin tatsächlich die Einheit von Leerheit und Mitgefühl erkannt und damit die Fähigkeit hat, die Praktizierenden mit Segen zu unterstützen. Später hat er diese Empfehlung aufgrund des verbreiteten Missbrauchs des Guru Yoga und damit verbundener Praktiken weggelassen.

66. Skr. *karmāvaraṇa* und *kleśāvaraṇa*; tib. Umschrift: *las kyi sgribpa* und *nyon mongs pa'i sgrib pa*; tib. Lautschrift: *lekyi dripa* und *nyönmong pe dribpa*;). Hier geht es um unterschiedliche Verdunklungen, die den Geist trüben und hemmen.

67. Skr. *jñeyāvaraṇa*; tib. Umschrift *shes bya'i sgribs pa*; tib. Lautschrift: *sheje dribpa*). Diese bestehen in äußerst feinen begrifflichen Verdunkelungen, die bewirken, dass man in sehr subtilen geistigen Vorgängen, äußeren und inneren Phänomene Seinsweisen zu- oder abschreibt, die sie nicht haben.

68. Dies bedeutet natürlich nicht, dass man ein ethisches Verhalten außer Acht lässt. Auf der Ebene, um die es hier geht, gibt es – wenn überhaupt noch – kaum mehr Impulse, sich selbst oder anderen Leid zuzufügen.

69. In den gängigen Darstellungen heißt es, dass Zorn in die Spiegelgleiche Weisheit und Unwissenheit in die Dharmadhātu-Weisheit verwandelt werde. Shamar Rinpoche folgt hier jedoch den Erklärungen, wie sie im »Mahāmudrā-Mondlicht« von Dagpo Tashi Namgyal gegeben werden.

70. Padmasambhava (8./9. Jh.), in Tibet auch als Guru Rinpoche bezeichnet, war ein Tantriker, der vom damaligen tibetischen König Trisong Detsen (765–796) nach Tibet eingeladen worden war und maßgeblich daran beteiligt war, dass der Buddhismus in Tibet Fuß fassen konnte. Er wird daher in vielen Traditionen des tibetischen Buddhismus, insbesondere der Nyingma-Schule, wie ein zweiter Buddha verehrt.

71. In dem Prozess, durch den Praktizierende mit der Natur des Geistes vertraut werden, erfahren sie, (1) die ursprüngliche Weisheit des Geistes als solchen, (2) die ursprüngliche Weisheit der Gedanken und Emotionen und (3) die ursprüngliche Weisheit der Erscheinungen bzw. Sinneswahrnehmungen.

72. (1) tib. Umschrift: *rtse gcig*; tib. Lautschrift: *tsechig*; (2) tib. Umschrift: *spros bral*; tib. Lautschrift: *trödral*; (3) tib. Umschrift: *ro gcig*; tib. Lautschrift: *rochig*; und tib. Umschrift: (4) *sgom med*; tib. Lautschrift: *gom me*.

73. »Chö« (tib. Umschrift: *gcod*) bedeutet wörtlich »durchtrennen« und steht für eine bestimmte Praxis im tibetischen Buddhismus, in der die Prajñāpāramitā-Lehren der Leerheit aller Phänomene mit einem Vajrayāna-Ritual verknüpft werden. Es heißt, dass Praktizierende mit dieser Meditation, in der sie sich darin üben, alles Festhalten am Ich loszulassen, in ihrer Vorstellung auch den eigenen Körper zu opfern usw., eine Fülle von Verdienst aufbauen und damit ihre Fähigkeit, Leerheit zu erkennen, in hohem Maße fördern.

74. Diese Formulierung spielt auf das Geschehen an, dass sich in Buddha vor seinem vollkommenen Erwachen vollzogen haben soll. Es heißt, Māra, das personifizierte Negative, habe immer wieder versucht, ihn von seinem Entschluss abzubringen,

Erleuchtung zu verwirklichen. Insbesondere in der Phase knapp vor dem Erlangen des Buddha-Zustands habe sich Māra dafür in vielen Formen gezeigt, zum Beispiel verführerisch in Form seiner liebreizenden Töchter, als auch furchterregend in Form von Angriffen durch Stürme, Waffen u. Ä. Buddha selbst sagt, Māra sei nichts anderes als Begehren, Ablehnung, Unwissenheit, Verlangen, Trägheit, Angst, Unsicherheit, Rastlosigkeit, Streben nach Gewinn, Lob, Ehre und Ruhm usw.

75. »Regenbogenkörper« (tib. Umschrift: *'ja' lus*; tib. Lautschrift: *ja lü*): Dies ist ein äußeres Zeichen höchster Erkenntnis. Das Phänomen des Regenbogenkörpers wird sowohl im Dzogchen- als auch im Mahāmudrā-System erklärt und ist in der Geschichte des tibetischen Buddhismus immer wieder dokumentiert worden. Haben sich die dem Geist inhärenten Qualitäten ganz entfaltet, unterliegt auch der physische Körper keinen allgemeinen Prozessen mehr. Eine Auswirkung dieser Realisation kann sein, dass der Körper des Verstorbenen kurz nach dessen Tod stark schrumpft oder sich vollständig auflöst, wobei lediglich die Fingernägel, die Zehennägel und das Haar zurückbleiben.

76. Das auf Maitreya/Asaṅga zurückgehende *Uttaratantraśāstra* oder das »Höchste Kontinuum«, auch unter dem Titel *Ratnagotravibhāga* bekannt, zählt zu jenen Werken, in denen die Buddha-Natur ausführlich erläutert wird. Es gilt als ein besonders wichtiger Text für die Mahāmudrā-Lehren in der Kagyü-Tradition. Eine vollständige Übersetzung des Textes, einschließlich des Kommentars von Asaṅga, ins Englische ist 2014 erschienen: Karl Brunnhölzl, *When the Clouds Part. The Uttaratantra and Its Meditative Tradition as a Bridge between Sūtra and Tantra*, Boston & London: Snow Lion.

77. »Tuṣita« bezeichnet die vierte von sechs Ebenen in jenem Götterbereich, der zum Bereich der Begierde zählt.

78. Der Vollständigkeit halber sind die Bezeichnungen der jeweiligen Stufe in Sanskrit und im Tibetischen angegeben. Die Umschrift und die Lautschrift der tibetischen Bezeichnungen sind im Text lediglich mit einem Schrägstrich voneinander getrennt.

79. Jamgon Mipham Rinpoche, translated by Erik Pema Kunsang, *Gateway to Knowledge: A Condensation of the Tripitaka*, (vol. 1–4), Rangjung Yeshe Publications. Auf Deutsch: Das Tor zum Verständnis eines Pandita, aus dem Tibetischen von Heiko Michel, Band 1, Norbu Verlag 2023

Anmerkungen der Herausgeberin

Der Einfachheit halber wurden für »geistige Ruhe« und »tiefe Einsicht« fast durchgängig die Sanskrit-Begriffe Śamatha und Vipaśyanā verwendet. Im Gegensatz zur Sanskrit-Transliteration ist die genaue Transliteration des Tibetischen für jene, die mit dieser Sprache nicht vertraut sind, schwer zu lesen. Aus diesem Grund wurden im Text selbst die tibetischen Begriffe in einer allgemeinen Lautschrift wiedergegeben. Hier wird »ch« als »tsch« gesprochen, »j« als »dsch« und »sh« als »sch«. In den Endnoten, die von der Übersetzerin stammen, steht Skr. für Sanskrit und Tib. für Tibetisch. Hier werden die tibetischen Fachbegriffe sowohl in ihrer genauen tibetischen Umschrift als auch in ihrer leicht lesbaren Lautschrift wiedergegeben. Eckige Klammern in den Übersetzungen tibetischer Texte kennzeichnen Einfügungen, die das Verständnis erleichtern sollen. Im Sanskrit werden, so wie im Deutschen, Nomina in Maskulina (m.), Feminina (f.) und Neutra (n.) unterschieden. Bei der Übertragung von Wörtern aus dem Sanskrit ins Deutsche haben sich in manchen Publikationen und im allgemeinen Sprachgebrauch fallweise Ungenauigkeiten eingeschlichen. Die korrekte Zuordnung, wie sie im vorliegenden Buch verwendet wird, ist: bodhicitta (n.), dharma (m.), dhātu (m.), karma (n.), mahāmudrā (f.), mahāyāna (n.), māla (f.), maṇḍala (n.), mantra (m.), mudrā (f.), pāramitā (f.), śamatha (m.), samādhi (m.), sangha (m.), śāstra (n.), skandha (m.), sūtra (n.), tantra (n.), theravāda (m.), vajra (m.), vajrayāna (n.), vipaśyanā (f.) und yāna (n.).

Im Großen und Ganzen wurde in diesem Buch durchgängig gegendert. Dennoch wurden an manchen Stellen, an denen dies das Lesen unnötig erschwert hätte, nur die Maskulinformen verwendet, die dann natürlich für beides stehen.

Buchtitel werden im vorliegenden Buch kursiv dargestellt, wenn es sich um Publikationen handelt, die unter diesem Titel herausgegeben wurden, zum Beispiel *Grenzenloses Erwachen*. Titel in Sanskrit, Pāli und tibetisch sind ebenso in Kursivschrift, zum Beispiel das *Saṃdhinirmocanasūtra*. Die deutschen Übersetzungen dieser Titel bzw. auch Abkürzungen derselben werden jedoch in Anführungszeichen gestellt, zum Beispiel das »Sūtra, das die Absicht enthüllt« oder das »Mahāmudrā-Mondlicht«.

Zum Autor

Shamar Rinpoche, Mipham Chökyi Lodrö (1952–2014), war der 14. Shamarpa. Im tibetischen Buddhismus bezeichnet »Shamarpa« oder »Rot-Hut[-Lama]« die zweit älteste Reinkarnationslinie nach jener des Karmapa. Shamar Rinpoche, der aus Derge in Osttibet stammte, wurde im Jahr 1957 vom 16. Karmapa anerkannt und im Jahr 1963 als 14. Shamarpa inthronisiert. Auch der 14. Dalai Lama sprach ihm seine Anerkennung aus. Unter der Anleitung des 16. Karmapa und zahlreicher anderer buddhistischer Meister widmete sich Shamarpa viele Jahre dem Studium des Buddhismus und der Meditation. Seit 1980 lehrte er in Karma Kagyü-Zentren überall auf der Welt. Shamar Rinpoche war ein international hochgeschätzter und respektierter verwirklichter buddhistischer Meister und Lehrer. 1996 begann er die »Bodhi Path« Zentren zu organisieren, ein internationales Netzwerk buddhistischer Zentren, in denen Meditation frei von schulspezifischer Abgrenzung geübt wird. Außerdem gründete er im Laufe der Jahre einige gemeinnützige Organisationen, die weltweit karitativ tätig sind. So schuf er zum Beispiel Ausbildungseinrichtungen für Kinder in Armut und eine Organisation, die sich für die Rechte der Tiere einsetzt.

Shamar Rinpoche ermutigte seine Schüler und Schülerinnen, zu lernen und zu meditieren. Im Laufe seines Lebens verfasste er dazu eine Reihe von Büchern, so zum Beispiel *Ein goldener Schwan in stürmischen Gewässern* (Engl. 2012; dt. voraussichtlich 2019), eine detaillierte Darstellung des Lebens des 10. Karmapa, und *Grenzenloses Erwachen. Das Herz buddhistischer Meditation* (Engl. 2013; dt. 2014), ein kurzes Handbuch für Meditation. Ein weiteres Buch von Shamar Rinpoche ist *Lojong, der Weg zu Mitgefühl und Weisheit* (Engl. 2009, 2014; dt. 2010), in dem er das »Sieben-Punkte-Geistestraining« von Chekawa Yeshe Dorje erklärt. Es handelt sich dabei um einen zeitgemäßen Leitfaden für ein erfüllendes Leben als Buddhist bzw. Buddhistin und ein praktisches Handbuch für Meditationstechniken. In der Einleitung des vorliegenden Buchs erklärt Shamar Rinpoche, wie seine drei Handbücher, d.h. *Grenzenloses Erwachen, Lojong – Der Weg zu Mitgefühl und Weisheit* und *Grenzenlose*

Weisheit – Ein Handbuch für die Mahāmudrā-Praxis miteinander als Anleitung für die eigene Meditation verbunden werden sollten.

Zur Herausgeberin und Übersetzerin

Dr. Martina Draszczyk promovierte in Buddhismuskunde und Tibetologie, ist Übersetzerin sowie Dharma- und Achtsamkeitslehrerin. Seit den frühen 80er Jahren lernte und praktizierte sie u.a. unter der Anleitung von Shamar Rinpoche. Von 1992 bis 2005 vertiefte sie ihre buddhistischen Studien im Karmapa International Buddhist Institute (K.I.B.I.) in Neu-Delhi und war dort als Übersetzerin tätig. In ihrer akademischen Tätigkeit widmet sie sich seit vielen Jahren dem Zusammenspiel zwischen buddhistischer Philosophie und Meditation und hat zahlreiche Publikationen dazu, vor allem in Bezug auf die Karma Kagyü-Tradition, im Englischen veröffentlicht. Gemeinsam mit ihrem Mann hat sie darüber hinaus eine ganze Reihe von Unterlagen für Meditationspraxis sowie einige Bücher im Deutschen herausgegeben. Außerdem betreut sie das Karma Kagyü Sangha-Zentrum in Wien und unterrichtet in den Bodhi Path-Zentren in Europa.

Nähere Informationen zu Shamar Rinpoche und Bodhi Path

Bodhi Path Renchen-Ulm
Buddhistisches Zentrum e.V.
Kaierstr. 18, D-77871 Renchen-Ulm
www.bodhipath-renchen-ulm.de

International:
www.bodhipath.org
www.shamarpa.org

Weitere Bücher des Norbu Verlags

Gampopa

Der kostbare Schmuck der Befreiung

Gebundene Ausgabe,
2 Lesebändchen
304 Seiten | € 26,90
ISBN 978-3-940269-00-3

Shamar Rinpoche

Buddha-Natur

Unser Potential für Weisheit, Mitgefühl und Freude

mit dem zugrundeliegenden Werk des 3. Karmapa »Das Aufzeigen der Buddha-Natur«

Paperback
92 Seiten | € 18,–
ISBN 978-3-944885-35-3

Shamar Rinpoche

Lojong

Der buddhistische Weg zu Mitgefühl und Weisheit

Paperback
176 Seiten | € 20,–
ISBN 978-3-944885-32-2

Lodjong
Der große Weg des Erwachens

Grundlagentexte des Mahayana-Geistestraining mit einer ausführlichen Biographie von Djamgön Kongtrül und den Lebensgeschichten der wichtigsten Mahamudra-Linienhalter

Gebundene Ausgabe mit Schutzumschlag,
2 Lesebändchen
416 Seiten | € 28,90
ISBN 978-3-940269-02-7

Mahamudra
Das Licht des wahren Sinnes

Ein praxisbezogener Überblick über den Mahamudra-Weg

mit einer ausführlichen Biographie von Djamgön Kongtrül und den Lebensgeschichten der wichtigsten Mahamudra-Linienhalter

Gebundene Ausgabe, Lesebändchen
387 Seiten | € 28,90
ISBN 978-3-944885-00-1